THE ANCHOR BOOK OF FRENCH QUOTATIONS

Norbert Guterman held several degrees from the Sorbonne, contributed to many French and American literary magazines, and earned a considerable reputation for himself as a translator. He is author (with Henri Lefebvre) of *La Conscience Mystifiée* and co-editor-translator, with Francis Steegmuller, of *Sainte-Beuve: Selected Essays*. He died in 1984.

THE ANCHOR BOOK OF

French Quotations

WITH ENGLISH TRANSLATIONS

Compiled by Norbert Guterman

ANCHOR BOOKS
DOUBLEDAY
NEW YORK   LONDON   TORONTO   SYDNEY   AUCKLAND

AN ANCHOR BOOK
PUBLISHED BY DOUBLEDAY
a division of Bantam Doubleday Dell Publishing Group, Inc.
666 Fifth Avenue, New York, New York 10103

ANCHOR BOOKS, DOUBLEDAY, and the portrayal of an anchor
are trademarks of Doubleday, a division of Bantam Doubleday
Dell Publishing Group, Inc.

The Anchor Book of French Quotations was originally published
in hardcover by Doubleday in 1963
as *A Book of French Quotations*.

Grateful acknowledgment is made to the following for permission to quote from copyrighted works:

ÉDITIONS BERNARD GRASSET for an excerpt from *Chantecler* by Edmond Rostand.

ÉDITIONS GALLIMARD for excerpts from *Alcools, Le Pont Mirabeau, Marizibill, Calligrammes, La jolie rousse, Le Guetteur mélancolique* by Guillaume Apollinaire; *Art poétique, La Ville, Cinq Grandes Odes* (Les Muses), *La muse qui est la grâce, Correspondance avec André Gide, Conversations dans le Loir-et-Cher, L'Oiseau noir dans le soleil levant, Tête d'or* by Paul Claudel; *Pour vivre ici, Capitale de la douleur, Poésie et vérité, Liberté, L'Évidence poétique* by Paul Eluard; *Les Sept contre Paris, Les Tapisseries, Eve, Présentation de la Beauce, Les Cahiers de la quinzaine, Clio, Note sur M. Bergson et la philosophie bergsonienne* by Charles Péguy; *Ébauche d'un serpent, Le cimetière marin, Palme, Littérature, Variété I. La Crise de l'esprit, Mélanges, Mauvaises pensées et autres, Inscription, Musée de L'Homme* by Paul Valéry.

FARRAR, STRAUS & COMPANY, INC. for an excerpt from Racine's *Phaedra*, translated by Robert Lowell. Copyright © 1960, 1961, by Robert Lowell; 1961 by Farrar, Straus & Cudahy, Inc.

ALFRED A. KNOPF, INC. for excerpts from *Le Mythe de Sisyphe*, Copyright 1942, Librairie Gallimard, copyright 1955 by Alfred A. Knopf, Inc.; *La Peste*, Copyright 1948 by Librairie Gallimard, copyright 1947 by Librairie Gallimard; *La Chute*, Copyright 1956 by Librairie Gallimard, copyright 1956 by Alfred A. Knopf, Inc., by Albert Camus. *Les Faux Monnayeurs* (from *The Counterfeiters*, copyright 1927 by Alfred A. Knopf, Inc.); *Les Nourritures terrestres* (from *The Fruits of the Earth*, copyright 1949 by Alfred A. Knopf, Inc.); *Les Nouvelles Nourritures* (from *The New Fruits*, copyright 1949 by Alfred A. Knopf, Inc.); *La Symphonie pastorale* (from *Two Symphonies*, copyright 1931 by Alfred A. Knopf, Inc.), all by André Gide.

MERCURE DE FRANCE for excerpts from *Les Campagnes hallucinées, Les Forces tumultueuses* by Émile Verhaeren.

Library of Congress Cataloging-in-Publication Data
Book of French quotations.
 The Anchor book of French quotations : with English translations /
compiled by Norbert Guterman.
  p. cm.
 "Originally published in hardcover as A Book of French quotations by
 Doubleday . . . in 1963"—T.p. verso.
 1. Quotations, French. 2. Quotations, French—Translations into
English. I. Guterman, Norbert, 1900–1984. II. Title.
PN6086.B66 1990   90-31615
084'.1—dc20   CIP
ISBN 0-385-41392-0

INTRODUCTION

The fact that this book contains a profusion of what might be called "literary gems" and "witty sayings"—a reflection of permanent elements of French literary taste—is incidental to the compiler's primary purpose. This purpose was to quote short passages that the reader of French literature will often encounter, either repeated verbatim or alluded to in the works of subsequent French writers.

More than most literatures, the French is characterized by a continuity of tradition, one writer echoing another over the centuries. Many of Pascal's *Pensées*, for example, are attempts to answer remarks by Montaigne, and are in turn explicitly or implicitly cited or contradicted by countless writers down to Paul Valéry. The ability to recognize such allusions is often essential to the correct interpretation of a text, and at the very least adds enjoyment to reading.

Every French writer expects a literate reader to be more or less familiar with these texts. This is particularly true of the passages from classical authors. Others have obtained a degree of currency because they were singled out by distinguished critics, as the condensed essence of a given author's conceptions. Still others have, under various circumstances, caught the fancy of the public for reasons that may vary widely: aptness of expression, delightful wit, biting irony —and also involuntary comedy, as when an author, carried away by his rhetoric, falls into a burlesque of his own style, or when a poignant passage lends itself to derisive misapplication.

The texts cited range from some of the earliest extant French writings to some of the most recent, although living authors have been deliberately excluded. They reflect less the compiler's personal preferences than his opinion as to what a modern reader of French literature and criticism is apt to encounter—modern because volumes of quotations compiled at different times have different contents, mirroring the interests and tastes of the age. Ronsard and other poets of the sixteenth century, condemned by Boileau in the seventeenth, returned to favor only in the nineteenth, and new old names are still constantly coming into favor and prominence. Although quotation in itself implies a certain degree of resistance to the ravages of time, there are fashions here as elsewhere. Critics and anthologists often seem to follow the admonition given by Archbishop Rémy when he baptized Clovis, king of the Franks, in A.D. 496: "Adore what you once burned, burn what you once adored" (the quotation which in French reads, *Adore ce que tu as brûlé, brûle ce que tu as adoré* is from St. Gregory of Tours' *Historia francorum*, dating from the sixth century). Sometimes the sole reason for reviving an old text is its relevance of one kind or another to modern times, as when we find a medieval author lamenting "the good old days" or writing almost like a Surrealist.

As for the translations, no single, consistent practice has been followed; the only consistency has been an attempt to make the book useful to those who do, as well as those who do not, read French literature in French. Quotations lead a life independent of their original contexts, and the aim has been to provide English equivalents that would bring out as much as possible the quality that made a given passage a quotation. For this reason it was not always possible to use existing translations: the fact that they have not been used is not necessarily a reflection on their excellence. This is especially true in the case of poetry. Some modern poetic texts, for example, those dependent on purely musical effects or having the character of almost magical incantations, as well as certain jewel-like classics (the deceptively simple La Fontaine, for one), are not really "translatable." In many cases it seemed preferable to supply what amounts to a "crib," leaving it to the reader to imagine what a great translating poet might have accomplished. Miracles such as Spenser performed with Du Bellay are not frequent.

THE ANCHOR BOOK OF FRENCH QUOTATIONS

LA VIE DE SAINT-ALEXIS

(c. 1040)

Bons fut li siecles al tens ancienor
Quer feit i ert et justise et amor,
Si ert credance, dont or n'i at nul prot.
Toz est mudez, perdude at sa color;
Ja mais n'iert tels come fut als ancessors.

GUILLAUME D'AQUITAINE

(1071–1127)

Farai un vers de dreyt rien:
Non er de mi ni d'autra gen
Non er d'amor ni de joven,
Ni de ren au,
Qu'emans fo trobatz en durmen
Sobre chevau.

LA CHANSON DE ROLAND

(c. 1100)

Desuz un pin, delez un eglenter,
Un faldestoed i unt, fait tout d'or mer:
La siet li reis di dulce France tient.
Blanche ad la barbe e tut flurit le chef,
Gent ad le cors et le cuntenant fier.
S'est kil demandet, ne l'estoet enseigner.　　*v. 114–19*

[2]

The Life of St. Alexis, written ç. 1040 by an anonymous poet, is the story of a Roman noble who leaves his bride to lead a saintly life, first in Syria, then in his parental home where he returns without revealing his identity. His wife and parents discover who he was only after his death.

> Great were the centuries of olden times
> For faith there was, and justice, too, and love,
> And men believed, as few or none do now.
> Now all is altered, has another cast;
> Our elders' days will never come again.

Guillaume d'Aquitaine, Count of Poitiers and Duke of Aquitania, the earliest known troubadour; only a few of his chansons have come down to us.

> These verses are about nothing at all,
> Neither of me nor of other folk,
> Not about love, not about youth,
> Or anything else.
> They came to me while I was asleep
> Sitting on my horse.

The Song of Roland is the earliest and most celebrated of about a hundred *chansons de geste,* epic poems recounting the exploits of historical or legendary heroes. Roland was a historical character; he accompanied the Emperor Charlemagne on his expedition to Spain in 778, and during the return march commanded the rearguard that was ambushed and destroyed by Basques in the pass of Roncevaux.

> Under a pine tree, by a wild rose bush,
> A throne is set up, all of pure gold made:
> There sits the king who rules lovely France.
> His beard is white, and all white is his head,
> His body is handsome, and his bearing proud.
> Who seeks the king need not be directed.

Cumpainz Rollant, sunez vostre olifan,
Si l'orrat Carles, ki est as porz passant.   *v. 1070–71*

Ne placet Deu, ço li respunt Rollant,
Que ço seit dit de nul hume vivant,
Ne pur paien, que ja seie cornant!   *v. 1072–75*

Ne placet Damnedeu ne ses angles
Que ja per mei perdet sa valur France!   *v. 1089–90*

Rollant est proz et Oliver est sage.   *v. 1093*

Mult ad apris ki bien conuist ahan.   *v. 2524*

ROBERT WACE

(1100?–1174?)

Pour remembrer des ancessours
Les faits et les dits et les mours,
Doit l'on les livres et les gestes
Et les histoires lire aux festes,
Les felonies des felons
Et les barnages des barons.
                    Le Roman de Rou, Prologue

Bien entends et connais et sais
Que tous mourront, et clerc et lai,
Et moult aura leur renommée
Après leur mort courte durée,
Si par clerc non est mise en livre:
Ne peut par el durer ni vivre.   *Ibid.*

[4]

"Roland, my comrade, sound your oliphant,
Charles will hear it, going through the pass."

"May God forbid," Roland says in reply,
"That ever man alive could say of me
I had for the pagans sounded the alarm!"

"The Lord God and his angels all forbid
That by my fault France be disgraced!"

Roland is valiant and Oliver is wise.

Much has he learned who sorrow has known well.

Robert Wace, a native of the island of Jersey, lived in Normandy (he was a canon of Bayeux). His *Romance of Rollo*,
commissioned by Henry II of England, is a chronicle of the
Dukes of Normandy down to the Battle of Tinchebray
(1106) when it breaks off.

To bring our forebears back to mind,
Their deeds and words and ways of life,
We must their books and chronicles
And histories read out at feasts:
The foul deeds of the disloyal,
The noble deeds of the brave.

I understand and know full well
That all will die, both clerk and lay,
And very brief will be their fame
As soon as they have passed away,
Unless a clerk sets it all down
In books so it may live and last.

CHANSONS

Tous les amoureux se sont endormis:
Je suis belle ėt blonde, si n'ai point d'ami.   *Chanson*

Tendez tous vos mains à la fleur d'été
   A la fleur de lis,
     Pour Dieu, tendez y!   *Chanson*

GACE BRULÉ
(c. 1159–c. 1212)

Quand vois l'aube du jour venir
Nulle rien ne dois tant haïr,
Qu'elle fait de moi départir
Mon ami que j'aime par amour.
Or ne hais rien tant com le jour,
Ami, qui me départ de vous.   *Chanson*

HÉLINAND DE FROIDMONT
(c. 1160–c. 1229)

Que vaut beauté, que vaut richesse,
Que vaut honneur? que vaut hautesse,
Puisque Mort tout à sa devise
Fait sur nous pluie et sécheresse,
Puisqu'elle a tout en sa déstresse,
Quauqu'en despist et quauqu'en prise?
        Les Vers de la Mort

These excerpts from folk songs date from the early twelfth century.

All the lovers have gone to sleep,
I'm blonde and pretty yet I have no swain.

Stretch out your hands to summer's finest bloom
 To the lily flower of France
 And hold, 'for God, hold fast!

Gace Brûlé, a native of Champagne, was one of the most famous *trouvères*.

When the day begins to break,
Of all things this I most despise
That now from me must go away
The dear one whom I dearly love.
Daylight I hate the most of all,
Dear one, that makes of us two.

Hélinand was a monk at the abbey of Froidmont. His *Vers de la Mort*, written c. 1195, was much imitated by medieval poets.

What is beauty worth, or wealth,
Or honor, or exalted station,
Now that Death hath all on her device,
Unleashing on us rain and drought alike,
Now that She holdeth in her right hand
All man despiseth, all man prizeth?

MARIE DE FRANCE

Ensemble peuvent bien durer,
Mais qui puis les veut dessevrer,
Le codre meurt hâtivement
Et le chevrefeuil ensement.
"Bele amie, si est de nous:
Ni vous sans moi, ni moi sans vous!"

Le Lai de Chevrefeuil

AMALRIC ARNAUD

(?–1225)

Tuez-les tous, Dieu reconnaîtra les siens.

GUILLAUME DE LORRIS

(d. 1237)

Ce est li Rommanz de la Rose
Où l'ars d'Amors est tote enclose.

Le Roman de la Rose, I

Marie de France, born in France (*Marie ai num, si sui de France*), lived in England (some writers believe that she was a natural daughter of Geoffrey Plantagenet, and abbess of Shaftesbury from 1181 to 1215). She wrote a collection of fables and a number of *lais*, among them the famous *Chevrefeuil*, based on an episode from the legend of Tristram and Iseult.

> Together they can long endure,
> Yet once they are separated
> The hazel dies almost at once,
> The honeysuckle very soon.
> "My darling, it is so with us:
> No you sans me, no me sans you!"

Amalric Arnaud, Abbé of Citeaux, later Archbishop of Narbonne, was one of the leaders of the crusade against the Albigensians.

> Kill them all, God will know his own.
>
> [*Said during the sack of Béziers (1209) to soldiers asking him how they were to distinguish between Catholics and heretics*]

Guillaume de Lorris is the author of the first part of the *Roman de la Rose* (4058 octosyllabic verses). Composed between 1225 and 1237, the poem combines three currents of earlier writing—dream literature, allegory, and the conception of love as an art. (Cf. Jean de Meung, p. 15.)

> It is the Romance of the Rose
> In which al the art of love I close.*

Le tens qui s'en va nuit et jor
Sans repos prendre et sans sejor,
Et qui de nous se part et emble
Si celéement, qu'il nous semble
Qu'il s'arreste adès en ung point
Et il ne s'i arreste point,
Ains ne fine de trepasser
Que nul ne puet néis penser
Quex tens ce est qui est présens.   *Id.*

Qui en maints lieus son cœur départ
Par tout en a sa petite part.   *Id.*

AUCASSIN ET NICOLETTE

En paradis qu'ai-je à faire?... Mais en enfer veux-je aller, car
en enfer vont les beaux clercs, et les beaux chevaliers qui sont
morts aux tournois et aux riches guerres, et les bons sergents et
les francs hommes: avec ceux veux-je aller; et s'y vont les belles
dames courtoises, qui ont deux amis ou trois avec leur barons,
et s'y va l'or et l'argent et le vair et le gris, et s'y vont harpeurs et
jongleurs et les rois du siècle: avec ceux veux-je aller, mais que
j'aie Nicolette, ma très-douce amie, avec moi.

The Tyme, that passeth night and day
And restlees travayleth ay,
And steleth from us so prively,
That to us seemeth sikerly
That it in oon point dwelleth ever,
And certes, it ne resteth never,
Bot goth so faste and passeth ay,
That there nis man that thinke may
What time that now present is.*

To many his herte that wol depart,
Everyiche shall have but litel part.*

* Tr. attr. to Chaucer; first published in 1532.

Aucassin et Nicolette, by an unknown author, was written before 1250. It is a *chante-fable,* consisting of alternating poems and prose passages, with music supplied to the former.

In Paradise what have I to do? . . . but to Hell I am willing to go. For to Hell go the fine scholars and the fair knights who die in tournies and in glorious wars; and the good men-at-arms and the well-born. With them I will gladly go. And there go the fair courteous ladies whether they have two or three friends besides their lords. And the gold and silver go there, and the ermines and sables; and there go the harpers and the jongleurs, and the kings of the world. With these will I go, if only I may have Nicolette, my very sweet friend, with me.

Tr. Henry Adams

JEAN, SIRE DE JOINVILLE

(1224–1317)

Lequel vous aimeriez mieux, ou que vous fussiez messiaus, ou que vous eussiez fait un péché mortel? Et je, qui oncques ne lui mentis, lui répondis que j'en aimerais mieux avoir fait trente que messiaus. . . . Et il me dit: Vous dites comme hâtif musard; car vous devez savoir que nulle si laide mezelerie n'est comme d'être en péché mortel, pource que l'âme qui est en péché mortel est semblable au diable.   *Histoire de Saint Louis*

Il me demanda si je lavais les pieds aux pauvres le jour du grand Jeudi: Sire, dis-je, en malheur! les pieds de ces vilains ne laverai-je jà!   *Id.*

BRUNETTO LATINI

(1230–1294)

Si l'on demandait pourquoi ce livre est écrit . . . selon le langage des Français, puisque nous sommes Italiens, je dirais que c'est pour deux raisons: l'une, car nous sommes en France; et l'autre, parce que ce parler est plus délectable et plus commun à toutes gens.   *Livre du Trésor*

Joinville took part in the First Crusade (1248–52); in 1282 was called as a witness at the canonization proceedings of King Louis IX. His memoirs, written at the request of Jeanne de Navarre, wife of Philippe le Bel, are distinguished by a spontaneous, vivid, personal prose.

Which of the two would you like better [asked the King], to be a leper or to commit a mortal sin? And I, who never lied to him, told him that I had rather commit thirty mortal sins than be a leper. . . . And he said to me: You spoke rashly; for you ought to know that no leprosy, be it ever so ugly, is as ugly as mortal sin, because the soul that is in mortal sin resembles the devil.

He asked me whether I washed the feet of the poor on Maundy Thursday. Sire, I said, what a dreadful thing! never will I wash the feet of such creatures!

Brunetto Latini, born in Florence, was a teacher of Dante and a leader of the Guelfs. In 1260 he fled to France where he stayed until 1269. Author of *Le Livre du Trésor*, a kind of encyclopedia; the quotation given below, from the introduction, is an early testimony to the growing popularity of the French language.

Were I asked why this book is written in the language of the French (for I am Italian), I should say it is for two reasons: first, because I am in France; and second, because this way of speaking is the most delightful and the most common to all people.

RUTEBEUF

(d. 1280)

Que sont mes amis devenus
Que j'avais si près tenus
    Et tant aimés?   *La Complainte Rutebeuf*

Qu'oncques tant comme Dieu m'assaillit
    En maint côté
M'en vit un seul en mon côté.   *Ibid.*

    L'amour est morte:
Ce sont amis que vent emporte,
Et il ventait devant ma porte.   *Ibid.*

JEAN DE MEUNG

(1237?–c. 1305)

Un grand vilain entr'eux élurent,
Le plus ossu de quanqu'ils furent,
Le plus corsu et le graignor,
Si le firent prince et seignor.
        Le Roman de la Rose, II

Les princes ne méritent pas
Qu'un astre annonce leur trépas
Plutôt que la mort d'un autre homme:
Leur corps ne vaut pas une pomme
De plus qu'un corps de charretier.   *Id.*

Et sans fol ne peut nul homme vivre
Tant cum il veuille Amour s'ensuivre.   *Id.*

Rutebeuf was contemporaneously well known for his writings and opinions (he was pro-Crusades, anti-Dominican, and anti-Franciscan). His poetic works include *fabliaux*, satires, etc.

> What became of the friends I had
> With whom I was always so close
>   And loved so dearly?
>
> Not once, since God afflicted me
>   From every side,
> Has one of them come to see me.
>
>   Friendship is dead:
> They were friends who go with the wind,
> And the wind was blowing at my door.

Jean Clopinel, born at Meung-sur-Loire, wrote the second part of the *Roman de la Rose* between 1266 and 1277. He added elements of mythology, classical lore, medieval science, and social satire. The completed poem which runs to 22,074 lines (ending, "It was day and I awoke") was extremely popular; nearly one-third of it was translated into English under the title *The Romaunt of the Rose* (attr. to Chaucer).

> A big fellow they singled out,
> The biggest-boned of them all,
> The strongest and the tallest,
> And him they made their prince and lord.
>
> Princes are not all so worthy
> That the stars proclaim their passing
> Rather than another man's death:
> Their bodies are not one whit
> More precious than a carter's.
>
> No man can live without folly
> So long as he pursues love.

[15]

EUSTACHE DESCHAMPS

(c. 1346–c. 1406)

Trésors, richesse à grands monceaux,
Or et argent, ceintures et chapeaux
Ne valent pas une pomme pourrie,
Qui n'est joyeux, francs, humbles et loyaux.
Vive donc franc qui peut, c'est le plus beau,
Car il n'est rien qui vaille franche vie.

Ballade MCCLVIII

Qui pendra la sonnette au chat?

Mieux vaut honneur que honteuse richesse.

Il me suffit que je sois bien aise.

Rien ne se peut comparer à Paris.

Roi sans lettres est comme âne couronné.

Refrains des ballades

CHRISTINE DE PISAN

(1363?–1431?)

Si me fault, pour les gens faire taire
Rire en pleurant et très amèrement
De triste cœur chanter joyeusement.   *Rondeau XI*

Seulette suis et seulette veux être,
Seulette m'a mon doux ami laissée . . .
Seulette suis plus teinte que morée:
Seulette suis sans ami demeurée.   *Ballade XI*

Eustache Deschamps, born at Vertus in Champagne, held a number of offices at the courts of Charles V and Charles VI; author of a long satire against women, dramatic works, a treatise on the art of the *ballade*, and more than twelve hundred *ballades*, most of them on moral and satirical themes.

Treasure, riches, heaped-up wealth,
Gold and silver, hats and belts,
None's worth a fig, or even less,
Without gaiety, candor, modesty, and trust.
So live free who can, it's much the best,
Nothing's as fine as life in freedom.

So which of us will bell the cat?

Better honor than shameful wealth.

To take my ease is all I ask.

To Paris no place else compares.

King who can't read is ass enthroned.

Christine de Pisan, born in Venice, daughter of an Italian doctor in the service of King Charles V, was left a widow with three children at the age of twenty-five. Her numerous works include a treatise on women's education and a *Ditié en l'honneur de Jeanne d'Arc* (translated into English, printed by Caxton in 1489).

And so, to keep tongues from wagging,
I laugh when I'm crying, bitterly,
And gaily sing when my heart is sad.

Alone am I and alone shall I stay,
All alone has my sweet husband left me . . .
Alone am I, in deeper gloom than mourning,
Alone am I, of my husband bereft.

CHARLES D'ORLÉANS
(1391–1465)

Je meurs de soif en cousté la fontaine.

Ballades, II

Le temps a laissé son manteau
De vent, de froidure et de pluie,
Et s'est vêtu de broderie
De soleil luyant, clair et beau.   *Rondeux, LXIII*

Tout à part moi en mon penser m'enclos,
Et fais châteaux en Espagne et en France.

Id., CIX

C'est une dangereuse épargne
D'amasser trésor de regrets.   *Id., CLXXV*

Espoir, confort des malhereux,
Tu m'étourdis trop les oreilles
De tes promesses nonpareilles
Dont trompes les cœurs douloureux.   *Chanson*

JEANNE D'ARC
(1412–1431)

De l'amour ou haine que Dieu a pour les Anglais, je n'en sais rien, mais je sais bien qu'ils seront tous boutés hors de France, exceptés ceux qui y périront.
        Procès de condamnation de Jeanne d'Arc, 15 mars 1431

Il avait été à la peine, c'était bien raison qu'il fût à l'honneur.
        Id., 17 mars

Charles d'Orléans, nephew of King Charles VI, was taken prisoner at Agincourt (1415). On his return from England, where he was kept in captivity until 1440, he settled at Blois and devoted himself to poetry.

I'm dying of thirst by the fountain's brim.

The days have left off their pall
Of chilliness and rain and wind
And put on gown of rich brocade,
All gleaming sunshine, clear and fine.

All by myself, wrapped in my thoughts,
And building castles in Spain and in France.

It's very well to be thrifty,
But don't amass a hoard of regrets.

O hope, misery's comforter,
Don't make such a din in my ears
With all thy marvelous promises
That only deceive a heart in pain.

The following excerpts from the record of the trial of Joan of Arc are the replies she gave when asked (1) whether she believed that God hated the English, and (2) why her flag was more prominently displayed at the coronation ceremonies in Rheims than that of any other war leader.

As for the love or hatred God has for the English, I know nought, but I do know that they will all be thrust out of France, save for those who will die here.

It had shared in the labor, it was only right that it should share in the honors.

[19]

FRANÇOIS VILLON

(1431–après 1463)

En l'an trentième de mon âge,
Que toutes mes hontes j'ai bues,
Ni du tout fol, ni du tout sage,
Nonobstant maintes peines eues. . . .   *Le Grand Testament, 1*

Je plains le temps de ma jeunesse,
Auquel j'ai plus qu'autre gallé,
Jusqu'à l'entrée de vieillesse,
Qui son partement m'a celé.   *Id., 22*

Hé Dieu! si j'eusse étudié
Au temps de ma jeunesse folle,
Et à bonnes mœurs dédié,
J'eusse maison et couche molle!
Mais quoi? Je fuyais l'école
Comme fait le mauvais enfant.   *Id., 26*

Mais où sont les neiges d'antan?
    Id., Ballade des dames du temps jadis

De chiens, d'oiseaux, d'armes, d'amours
Chacun le dit à la volée
Pour un plaisir mille doulours.   *Id., 54*

Deux étions et n'avions qu'un cœur.
    Id., Lai ou plutôt Rondeau

Prince, aux dames parisiennes
De bien parler donnez le prix;
Quoiqu'on die d'Italiennes,
Il n'est bon bec que de Paris.   *Id., Ballade des femmes de Paris*

Frères humains qui après nous vivez,
N'ayez les cœurs contre nous endurcis . . .
Mais priez Dieu que tous nous veuille absoudre!   *Codicile*

Je connais tout, fors moi-même.   *Ballade des menus propos*

François Villon, one of the greatest French poets, the first medieval writer to speak directly to modern sensibility.

In this thirtieth year of life
Having drunk to the dregs of shame.
Neither quite foolish nor quite wise,
Many sore trials notwithstanding. . . .

I do regret my vanished youth
When more than most I roistered,
Right to the threshold of old age,
And never saw youth slip away.

Ah, God! Had I a scholar been
In the days of my foolish youth,
Kept to the straight and narrow way,
I'd have a house and a soft bed!
But no, I kept away from school
Just like any naughty boy.

But where are the snows of yesteryear?

Of dogs or birds, of war or love
Everyone says the same:
One joy means a thousand sorrows.

Though we were twain, but one heart beat.

Prince, to the ladies of Paris
For speaking well award the prize;
Italian women have their points,
But for quick tongues, give me Paris.

Men, brother men, that after us yet live,
Let not your hearts too hard against us be . . .
But pray to God that he absolve us all.
                                    Tr. Swinburne

I know all things, except myself.

[21]

PHILIPPE DE COMMYNES

(c. 1445–1511)

L'on ne se repentit jamais pour parler peu, mais bien souvent de trop parler.   *Mémoires, I, 14*

Deux grands princes qui se voudraient bien entr'aimer, ne se devraient jamais voir, mais envoyer bons gens et sages les uns vers les autres.   *Id., I, 14*

On ne doit point tenir pour conseil ce qui se fait après dîner.
                              Id., II, 2

Dieu ne peut envoyer une plus grande plaie en un pays que d'un prince peu entendu.   *Id., II, 4*

LA FARCE DE MESTRE PATHELIN

Sus! Revenons à nos moutons!   *Acte III, 4* (Le juge)

PATHELIN.   Que donras-tu si je renverse
             Le droit de ta partie adverse
             Et si l'en t'en envoie absous?
LE BERGER.   Je ne vous paierai point en sous,
             Mais en bel or à la couronne.
PATHELIN.   Donc auras-tu cause bonne.   *Id.*

De Commynes, a native of Flanders, was in the service of Charles the Bold, Louis XI, and Charles VIII. His memoirs, written between 1489 and 1499 (first publ. 1524), testify to his sagacity as a statesman and impartiality as a historian.

We never repent having spoken too little, but very often having spoken too much.

Two great princes who wish to live in amity should never meet, but send each other worthy and wise envoys.

What passes after dinner must never be taken for a council.

God can visit no greater punishment upon a country than a ruler of little understanding.

La Farce de Mestre Pathelin (c. 1470) by an unknown author, the most famous of about 150 surviving medieval one-act comedies. A rascally lawyer advises his client, a shepherd, to reply to the judge's questions by merely bleating. The lawyer wins the shepherd's case only to receive bleats in answer to his demand for the promised fee.

That will do! Now, back to our sheep! [i.e., keep to the point!]

P. What will you give me if I put your adversary in the wrong and obtain your acquittal?

SHEPHERD. I will not pay you in ordinary coin but in the best minted gold.

P. Ah, then your case is as good as won.

MELLIN DE SAINT-GELAIS

(1487–1558)

Ainsi la vie à nous délectable
Comme Sirène affectée et muable
En ses douceurs nous enveloppe et plonge,
Tant que la mort rompe aviron et câble;
Et puis de nous ne reste qu'une fable,
Un moins que vent, ombre, fumée et songe.

Sonnet

Dis-moi, ami que vaut-il mieux avoir,
Beaucoup de bien ou beaucoup de savoir?
Je n'en sais rien; mais les savants je vois
Faire la cour à ceux qui ont de quoi.   *Epigramme*

MARGUERITE DE NAVARRE

(1492–1549)

La maladie d'amour ne tue que ceux qui doivent mourir dans
l'année.   *L'Heptaméron*

Les femmes ont plus de honte de confesser une chose d'amour
que de la faire.   *Id.*

FRANÇOIS I

(1494–1547)

Tout est perdu fors l'honneur.

Mellin de Saint-Gelais was the poet in vogue until the advent of Ronsard; one of the first to use the Italian sonnet form in France, he is primarily known for his light verse and epigrams.

This is the life in which we take such joy:
A Siren's ever-changing, too-sweet song,
Toward which we run and dive headlong,
'Til death snap the rudder and loose our line.
All that's left then is but a silly tale,
Less than the wind, than shadow, smoke, a dream.

Tell me, my friend, which would you rather have—
Plenty of wealth or plenty of knowledge?
I don't know, but the learned men I see
All pay their court to the well-to-do.

Marguerite, sister of François I, Queen of Navarre; patroness of literature, author of poems and *L'Heptaméron,* a collection of tales (publ. 1558/59).

The malady of love kills only those fated to die in the course of the year.

Women suffer greater embarrassment at confessing to a love affair than at engaging in one.

François I, great patron of letters and art, founder of the *Collège de France* and a royal library (now the *Bibliothèque nationale*). "Ce grand François I, Triomphateur des Armes et des Lettres" (Maurice Scève).

All is lost save honor.
[*From a letter to his mother after the battle at Pavia, 1525*]

[25]

CLÉMENT MAROT

(1495–1544)

J'avais un jour un valet de Gascogne,
Gourmand, ivrogne, et assuré menteur,
Pipeur, larron, jureur, blasphémateur,
Sentant la hart de cent pas à la ronde,
Au demeurant le meilleur fils du monde.
Epîtres, XXIX, Au Roi pour avoir été dérobé (1531)

D'amours me va tout au rebours
Jà ne faut que de cela mente.
J'ai refus en lieu de secours:
M'amie rit, et je lamente.   *Chanson*

Au bon vieux temps un train d'amour régnait
Qui sans grand art et dons se démenait,
Si qu'un bouquet donné d'amour profonde,
C'était donné toute la terre ronde,
Car seulement au cœur on se prenait.

•   •   •

Or est perdu ce qu'amour ordonnait:
Rien que pleurs feints, rien que changes on n'oyt.
L'Amour au bon vieux temps

Plaise au roi de me donner cent livres
Pour acheter livres et vivres.
De livres je me passerais
Maïs de vivres je ne saurais.   *Quatrain à François Ier*

Clément Marot—author of numerous *ballades*, rondeaux, epistles, epigrams, a few longer poems, and a much-appreciated translation of the Psalms—introduced a new elegance and refinement into the medieval tradition.

One time I had a Gascon servant,
A glutton, drunkard, brazen liar,
Cheater, thief, foul-mouthed, a blasphemer,
He smelled of the gallows at a hundred steps,
For all of that, the best boy in the world.

All things go ill for me in love,
That, there is no gainsaying.
I am rebuffed when I'd be heartened,
My beloved laughs and I lament.

In the good old days a way of love prevailed
That needed no great art or lavish gifts.
A spray of flowers given from deep love
Was worth the whole of the round earth,
For to the heart alone the gift appealed.

· · ·

Now love's commandment is forgotten:
'Tis all false tears and transient moods.

May't please the king to give me one hundred francs
With which to buy books and food.
I could make do without books,
But without food, I hardly could.

FRANÇOIS RABELAIS

(1494?–1553)

Mieux est de rire que de larmes écrire
Pour ce que rire est le propre de l'homme.

Gargantua, Aux lecteurs

Rompre l'os et sucer la substantifique moëlle.

Id., Prologue de l'Auteur

L'appétit vient en mangeant, disait Angest on Mans; la soif s'en va en buvant. *Id., I, 5*

Du cheval donné toujours regardait en la gueule. *Id., I, 11*

Adieu paniers, vendanges sont faites. *Id., I, 27*

Ouvrez toujours à vos ennemis toutes les portes et chemins, et plutôt leur faites un pont d'argent à fin de les renvoyer.

Id., I, 43

Guerre faite sans bonne provision d'argent n'a qu'un soupirail de vigueur. Les nerfs des batailles sont les pécunes. *Id., I, 46*

Vous semblez les anguilles de Melun: vous criez devant qu'on vous écorche. *Id., I, 47*

En leur règle n'était que cette clause: FAIS CE QUE VOUDRAS.

Id., I, 57

Et, ce disant, pleurait comme une vache. Mais tout soudain riait comme un veau. *Id., II, 3*

Rabelais, humanist, author of *Gargantua* and *Pantagruel*, perhaps the greatest temperament in French literature. "Rabelais, when he is good, is the first among good buffoons" (Voltaire). The five books of his work were published successively in 1532, 1534, 1546, 1548, and 1552. The first three were translated into English by Sir Thomas Urquhart (1653, 1693), and the last two by Peter Anthony Motteux (1693/94).

One inch of joy surmounts of grief a span;
Because to laugh is proper to the man.

Break the bone and suck out the substantific marrow.

Appetite comes with eating, says Angeston, but the thirst goes away with drinking.

He always looked a gift horse in the mouth.

Panniers farewell, vintage is done.

Open unto your enemies all the gates and ways, and make to them a bridge of silver rather than fail, that you may be rid of them.

War begun without good provision of money beforehand for going through with it is but as a breathing of strength, and blast that will quickly pass away. Coin is the sinews of war.

You are like the Melun eels, you cry before they come to you.

In all their rule, and strictest tie of their order, there was but this one clause to be observed, DO WHAT THOU WILT.

With these words he did cry like a cow; but on a sudden fell a-laughing like a calf.

Sapience n'entre point en âme malivole et science sans conscience n'est que ruine de l'âme.   *Id., II, 8*

Il avait soixante et trois manières d'en trouver toujours à son besoin, dont la plus honorable et la plus commune était par façon de larcin furtivement fait.   *Id., II, 16*

Malfaisant, pipeur, batteur de pavés, ribleur, s'il en était en Paris; au demeurant, le meilleur fils du monde.   *Ibid.*

> Oncqu'homme n'eut les Dieux tant bien à main
> Qu'assuré fût de vivre au lendemain.
>
>   *Pantagruel, III, 2*

Chose bien commune et vulgaire entre les humains est le malheur d'autrui entendre, prévoir, connaître et prédire. Mais, ô que chose rare est son malheur propre prédire, connaître, prévoir et entendre!   *Id., III, 15*

Un fol enseigne bien un sage.   *Id., III, 37*

O que trois et quatre fois heureux sont ceux qui plantent choux!
>   *Id., IV, 18*

Certaine maladie qu'ils nommaient Faute d'argent.   *Id., IV, 35*

> Furieux est, de bon sens ne jouit
> Quiconque boit et ne s'en réjouit.   *Id., IV, 65*

Je crois qu'il ferait d'une cerise trois morceaux.   *Id., V, 28*

Je m'en vais chercher un grand peut-être.   *(Attr.)*

Wisdom entereth not into a malicious mind, and science without conscience is but the ruin of the soul.

He had threescore and three tricks to come by it [money] at his need, of which the most honorable and most ordinary was in manner of thieving, secret purloining and filching.

A wicked lewd rogue, a cozener, drinker, roysterer, rover, and a very dissolute and debauched fellow, if there were any in Paris; otherwise, and in all matter else, the best and most virtuous man in the world.

What fool so confident to say,
That he shall live one other day?

It is a very ordinary and common thing among men to conceive, foresee, know and presage the misfortune, bad luck, or disaster of another; but to have the understanding, providence, knowledge, and prediction of a man's own mishap is very scarce, and rare to be found anywhere.

The wise may be instructed by a fool.

O twice and thrice happy those that plant cabbages!

A certain distemper which they called want of money.

The man's emphatically mad,
Who drinks the best, yet can be sad.

You talk of making three bites of a cherry.

I am going now to look for a great perhaps.
[*Allegedly said by Rabelais on his deathbed*]

MAURICE SCÈVE

(c. 1500–c. 1564)

Au Caucasus de mon souffrir lié
Dedans l'enfer de ma peine éternelle,
Ce grand désir de mon bien oublié,
Comme l'autour de ma mort immortelle,
Ronge l'esprit par une fureur telle
Que consommé d'un si ardent poursuivre,
Espoir le fait, non pour mon bien, revivre:
Mais pour au mal renaître incessamment,
Afin qu'en en moi ce mien malheureux vivre
Prométhéus tourmente innocemment.   *La Délie,* 77

Je sens le nœud de plus en plus étreindre
Mon âme au bien de sa béatitude,
Tant qu'il n'est mal qui la puisse contraindre
A délaisser si douce servitude . . .
    Quelle sera la délectation,
Si ainsi douce est l'ombre de l'attente?   *Id., 152*

Toute douceur d'amour est destrempée
De fiel amer et de mortel venin.

                       Id., (cité par Gide)

AMBROISE PARÉ

(1517–1590)

Je le soignay—Dieu le guérit.

Maurice Scève, the most prominent of the Lyon group of poets which included Louise Labé and Pernette du Guillet. His *Délie, objet de plus haulte vertu* (1544) is a long poetic meditation on love. "Rediscovered" fairly recently; Sainte-Beuve wrote: "Scève is little known, and his *Délie* is almost unreadable."

To the Caucasus of my torment bound
Within the hell of eternal punishment
This great longing for my forgotten bliss,
Like the vulture of my deathless death,
Feeds upon my spirit with such rage
That consumed by this burning affliction
Hope brings it back to life, though not for my good
But to be continually reborn to woe
So that within me this unhappy life of mine
Suffers, innocent, the tortures of Prometheus.

I feel the knot more and more tightly binding
My soul to its supreme good, its beatitude,
Until no suffering can compel it
To give up so sweet a servitude . . .
  What will be the delectation
If the mere shadow of expectation is so sweet?

All the sweetness of love is steeped
In bitter gall and deadly venom.

Ambroise Paré, famous surgeon, author of medical treatises and an autobiographical work, *Apologie et voyages*.

  I treated him, God cured him.
   [*His favorite saying, inscribed on the pedestal of his statue at Laval*]

PERNETTE DU GUILLET

(c. 1520–1545)

Pour contenter celui qui me tourmente
Chercher ne veux remède à mon tourment;
Car en mon mal voyant qu'il se contente,
Contente je suis de son contentement.   *Huitains*

Si le servir mérite récompense,
Et récompense est la fin du désir,
Toujours voudrais servir plus qu'on ne pense
Pour non venir à bout de mon plaisir.   *Id.*

JOACHIM DU BELLAY

(1522–1560)

...celui sera véritablement le poète que je cherche en notre
langue, qui me fera indigner, apaiser, éjouir, douloir, aimer,
haïr, admirer, étonner; bref, qui tiendra la bride de mes affec-
tions, me tournant ça et là à son plaisir. Voilà la vraie pierre de
touche où il faut que tu éprouves tous poèmes et en toutes
langues.
          Défense et illustration de la langue française (1549), I, 3

Lis donc, et relis premièrement (ô poète futur), feuillete de
main nocturne et journelle les exemplaires Grecs et Latins, puis
me laisse toutes ces vieilles poésies françaises . . . qui corrompent le goût de notre langue.   *Id., II, 4*

France, mère des arts, des armes et des lois . . .
                              Les Regrets (1559), IX

[34]

Pernette du Guillet is generally supposed to have been the "Lady" of Scève's *Délie*. Her poems were published after her death by her husband, under the title, *Rymes de gentille et vertueuse Dame de Pernette du Guillet, lyonnaise*.

To make happy him who torments me
For my torment I will not seek remedy;
Seeing him happy in my wretchedness
I am happy in his happiness.

If serving merits a reward,
And if reward ends desire,
I want to serve you more than you know
So as never to end my pleasure.

Du Bellay, a native of Anjou, in 1553 accompanied his cousin, the cardinal Jean du Bellay, on a mission to Rome where he wrote his famous sonnets. His *Défense et illustration* . . . was the manifesto of the *Pléiade* group of poets, which set out to reform French poetry.

. . . the true poet such as I wish to see writing in our language will be a man who will move me to indignation, calm, joy, grief, love, hate, admiration, wonder; in short, who will keep tight rein over my feelings, turning me this way and that as he pleases. That is the true touchstone by which all poems in all languages are to be tested.

Read, then, and above all reread (O future Poet), leaf through the Greek and Latin models by night and by day, and discard all those old French poems . . . which corrupt the taste of our language.

France, mother of the Arts and Arms and Laws.

Heureux qui, comme Ulysse, a fait un beau voyage
Ou comme cestuy là qui conquit la toison,
Et puis est retourné, plein d'usage et raison,
Vivre entre ses parents le reste de son âge!

. . .

Plus me plaît le séjour qu'ont basty mes ayeulx,
Que des palais Romains le front audacieux,
Plus que le marbre fin me plaît l'ardoise fine;
Plus mon Loyre gaulois que le Tybre latin,
Plus mon petit Lyré que le mont Palatin,
Et, plus que l'air marin la douceur angevine.   *Id., XXXI*

Vois quel orgueil, quelle ruine, et comme
Celle qui mit le monde sous ses lois,
Pour dompter tout, se dompta quelquefois,
Et devint proie au temps, qui tout consomme.

Rome de Rome est le seul monument,
Et Rome Rome a vaincu seulement.
Le Tibre seul, qui vers la mer s'enfuit,
Reste de Rome. O mondaine inconstance!
Ce qui est ferme est par le temps détruit,
Et ce qui fuit, au temps fait résistance.
                         Les Antiquités de Rome (1558), V

Sacrés coteaux, et vous, saintes ruines,
Qui le seul nom de Rome retenez,
Vieux monuments qui encore soutenez
L'honneur poudreux de tant d'âmes divines.

. . .

Et bien qu'au temps pour un temps fassent guerre
Les bâtiments, si est-ce que le temps
Oeuvres et noms finablement atterre.
Tristes désirs, vivez donc contents:
Car si le temps finit chose si dure,
Il finira la peine que j'endure.   *Id., VII*

Mais je hay par sur tout un sçavoir pédantesque.
                              (Cité par Montaigne)

Happy he who like Ulysses essays
A glorious voyage or wins the Golden Fleece,
And then returns home to dwell in peace
Both righteous and wise the rest of his days.

· · ·

More delightful to me my forebears' home
Than Roman palaces of audacious stone,
More to my taste than marble, thin gray tile,
More than the Latin Tiber my Gallic Loire,
More than the Palatine my Lyré's air,
More than salt winds, my Anjou's gracious smile.

Tr. Cecil Hemley

Behold what wreake, what ruine, and what wast,
And how that she, which with her mightie powre
Tam'd all the world, hath tam'd herselfe at last,
The prey of time, which all things doth deuowre.

Rome now of Rome is the'onely funerall,
And onely Rome of Rome hath victorie.
Ne aught save Tyber hastning to his fall
Remaines of all. O world's inconstancie!
That which is firme doth flit and fall away,
And that is flitting, doth abide and stay.

Tr. Edmund Spenser, The Ruines of Rome (1591)

Ye sacred ruines, and ye tragick sights,
Which onely doo the name of Rome retaine,
Old moniments, which of so famous sprights
The honor yet in ashes doo maintaine.

· · ·

And though your frames do for a time make warre
Gainst time, yet time in time shall ruinate
Your works and names, and your last reliques marre.
My sad desires, rest therefore moderate:
For if that time make ende of things so sure,
It als will end the paine, which I endure.

Tr. Edmund Spenser, The Ruines of Rome (1591)

But most of all I hate a schoolmasterly learning.

PIERRE DE RONSARD

(1524–1585)

Sur le métier d'un si vague penser
Amour ourdit les trames de ma vie.   *Amours (1552)*

Quand vous serez bien vieille, au soir, à la chandelle,
Assise auprès du feu, dévidant et filant
Direz, chantant mes vers, en vous émerveillant,
Ronsard me célébrait du temps que j'étais belle.
                                    Sonnets pour Hélène, I, 43

Vivez, si m'en croyez, n'attendez à demain:
Cueillez dès aujourd'hui les roses de la vie.   *Ibid.*

Vous, chênes, héritiers du silence des bois,
Entendez les soupirs de ma dernière voix.   *Id., II, 76*

Mignonne, allons voir si la rose
Qui ce matin avait desclose
Sa robe de pourpre au soleil,
A point perdu, cette vesprée,
Les plis de sa robe pourprée,
Et son teint au vôtre pareil.   *Odes. I, 17, A Cassandre*

Cueillez, cueillez votre jeunesse:
Comme à cette fleur, la vieillesse
Fera ternir votre beauté.   *Ibid.*

Ni trop haut, ni trop bas, c'est le souverain style.
                                    Sonnets divers

Ecoute, bûcheron, arrête un peu le bras!
Ce ne sont pas des bois que tu jettes à bas;
Ne vois-tu pas le sang, lequel dégoutte à force,
Des nymphes qui vivaient dessous la dure écorce?
                *Elegies, XXIV, Contre les bûcherons
                de la forêt de Gastine*

Ronsard, the most illustrious poet of the French Renaissance, leader of the *Pléiade*. Neglected after the rise of French Classicism, he and his school fell into virtual oblivion until "rediscovered" by Sainte-Beuve in the nineteenth century.

On the loom of such uncertain thoughts
Love weaves the pattern of my life.

When you are old, and sit of evenings by the fire
Winding the threads, spinning in the candle's light,
You will say, as you repeat my lines, with awe,
Ronsard writ thus of me, when I was young and fair.

Live now, believe me, wait not for the morrow,
Gather ye rosebuds while ye may.

Oak trees, heirs to the immemorial silence
Of the woods, hear my last faltering lament.

My love, let's go see if the rose
That just this morning opened out
Her crimson gown to the sun's warmth
Has not this evening lost something
Of the folds in that crimson dress,
Of that complexion so like yours.

Gather, gather youth while you may,
Just like this flower, with the years
Your beauty, too, will fade away.

Not too high nor too low, that's the sovereign style.

Ho, woodsman, stay your arm a moment!
These are not mere trees that you chop down;
Don't you see the blood so strongly gushing,
The blood of nymphs who lived beneath that bark?

Le temps s'en va, le temps s'en va, madame,
Lasl le temps, non, mais nous nous en allons.

Pièces retranchées

Je fis, d'autre façon que n'avaient les antiques,
Vocables composés et phrases poétiques,
Et mis la Poésie en tel ordre qu'après
Le Français fut égal aux Romains et aux Grecs.

Réponse aux injures et calomnies

. . . quand je veux louer
Quelque homme ou quelque Dieu, soudain je sens nouer
La langue à mon palais et ma gorge se bouche.
Mais quand je veux d'amour ou écrire ou parler,
Ma langue se dénoue, et lors je sens couler
Ma chanson d'elle-même aisément en la bouche.   *Ode*

LOUISE LABÉ

(1526–1566)

O doux sommeil, ô nuit à moi heureusel
Plaisant repos, plein de tranquillité,
Continuez toutes les nuits mon songe:

Et si jamais ma pauvre âme amoureuse
Ne doit avoir de bien en vérité,
Faites du moins qu'elle en ait en mensonge.

Sonnets, IX

Ne reprenez, Dames, si j'ai aimé,
Si j'ai senti mille torches ardentes,
Mille travaux, mille douleurs mordantes;
Si en pleurant j'ai mon temps consumé,

* * *

Si j'ai failli, les peines sont présentes . . .   *Id., XXIV*

My lady, time is passing, time is passing.
Well—not time, of course, but we are getting on.

I made, in other fashion than the ancients,
Compounded vocables and poetic phrases,
So ordering poetry that forever after
The Frenchman equal is to Roman and to Greek.

. . . when I want to praise
Some man or god, I suddenly feel my tongue
Rive to my palate and my throat stopped up.
But when of love I try to speak or write
My tongue comes free, and then I feel my song
Flowing of itself effortless in my mouth.

Louise Labé, daughter of a Lyon merchant, wrote twenty-
three sonnets and three elegies, and a prose work entitled
Débat d'Amour et de Folie (translated into English by
Robert Greene in 1608). Her collected works were published
in 1555.

Gentle sleep, darkness that brings me bliss,
Lovely rest, so full of peace,
May my dream return each night.

And if my poor loving heart
Is never to find the joy that's real
Let me at least possess it as a lie.

Hold it not against me, Ladies, that I have loved,
That I have felt a thousand burning torches,
A thousand pangs, a thousand sharp-toothed pains;
That I consumed my time in weeping,

If I did fault, I have the punishment.

RÉMI BELLEAU

(1528–1577)

Désirer est un mal, qui vain nous ensorcelle . . .

. . .

Le Désir n'est rien qu'ombre et que pur mensonge
Qui travaille nos sens d'un charme ambitieux,
Nous déguisant le faux pour le vrai, qui à nos yeux
Va trompant tout ainsi que l'image d'un songe.

Petites inventions, Le Désir

Avril, l'honneur et des bois
    Et des mois:
Avril la douce espérance
Des fruits qui sous le coton
    Du bouton
Nourrissent leur jeune enfance . . .

Première journée de la bergerie

HENRI ESTIENNE

(1531–1598)

Si jeunesse savait, si vieillesse pouvait.

Les Prémices (1594), Epigramme CXCI

ÉTIENNE JODELLE

(1532–1573)

Des astres, des forêts et d'Achéron l'honneur,
Diane au monde haut, moyen et bas préside,
Et ses chevaux, ses chiens, ses Euménides guide,
Pour éclairer, chasser, donner mort et horreur.

Les Amours, II

[42]

Belleau, a member of the *Pléiade*, was esteemed for his short descriptive poems on precious stones, insects, and flowers. Ronsard called him *"Peintre de la nature."*

Desiring is an evil that casts an empty spell

       •   •   •

Desire is nought but shadows, nought but sheer lies
Which arouse our senses with a pretentious charm,
Presenting to us falsehoods in the garb of truth,
Deceiving us even as the pictures seen in dreams.

April, glory of the woods
    And of the months,
April, sweet hope
Of the fruits which under the down
    Of their buds
Nurse their early youth.

Henri Estienne was a Hellenist scholar and linguist, author of a much-admired *Thesaurus graecae linguae* (1572) and *Précellence du langage françois* (1579).

If youth but knew, and old age only could.

Jodelle, member of the *Pléiade*, wrote the first French tragedies.

Pride of the heavens, of the woods, and of Acheron's realm,
Diana rules the upper, middle, and lower spheres,
And guides her horses, her hounds, and her Furies
Scouting, and hunting, and spreading death and terror.

Ah mort, ô douce mort, mort seule guérison
Des esprits oppressés d'une étrange prison,
Pourquoi souffres-tu tant à tes droits faire tort?
T'avons nous fait offense, ô douce, ô douce mort?
Pourquoi m'approches-tu, ô Parque trop tardive?

Cléopâtre, Acte III

Me pensais-tu veuve de ma vertu
Comme d'Antoine?

Ibid.

JEAN ANTOINE DE BAÏF

(1532–1589)

O doux plaisir plein de doux pensement,
Quand la douceur de la douce mêlée,
Etreint et joint, l'âme en l'âme mêlée,
Le corps au corps d'un mol embrassement.

Les Amours, XX

MICHEL EYQUEM DE MONTAIGNE

(1533–1592)

Certes, c'est un sujet merveilleusement vain, divers, et ondoyant
que l'homme.   *Essais, I, 1*

La vaillance a ses limites, comme les autres vertus; lesquels fran-
chis on se trouve dans le train du vice.   *Id., I, 14*

Je veux que la mort me trouve plantant mes choux, mais non-
chalant d'elle, et encore plus de mon jardin imparfait.

Id., I, 20

Ah, death, O gentle death, only cure
For spirits oppressed by a strange imprisonment,
How canst thou let thy rights be so disdained?
Have we offended thee, O gentle, gentle death?
Why com'st thou not to my side, O fate long overdue?

Did you think me Virtue's widow
As well as Antony's?

Baïf, member of the *Pléiade*, scholar and poet, translator of
Terence and Sophocles, wrote numerous songs, love poems,
etc.

O sweet pleasure full of sweet thought
When the sweetness of the sweet tussle
Enclasps and joins, soul in soul mingled,
Body to body by a soft embrace.

Montaigne, born at Montaigne in Périgord; mayor of Bordeaux; traveled in Germany and Italy. His *Essais*—"His foolish idea of portraying himself," as Pascal (*Pensées*, 62) calls
them, echoing Montaigne's own words (*Essais*, I, 26)—have
had more than a hundred French editions since their publication (Books I and II, 1580; Book III, 1588). The English
translation by Florio (used here with some changes) was
published in 1603.

Surely, man is a wonderfull, vaine, divers and wavering subject.

Valour hath its limits, as other vertues have; which if a man out-
go, he shall finde himself in the traine of vice.

I would let death seize upon me whilst I am setting my cabbages,
careless of her dart but more of my imperfect garden.

Je voudrais qu'on fût soigneux de lui choisir un précepteur qui eût plutôt la tête bien faite que bien pleine. *Id., I, 25*

Le parler que j'aime, c'est un parler simple et naïf, tel sur le papier qu'à la bouche, un parler succulent et nerveux, court et serré, non tant délicat et peigné comme véhément et brusque. *Id., I, 26*

La recherche des phrases nouvelles et de mots peu connus vient d'une ambition puérile et pédantesque. . . . Puissé-je ne me servir que des mots qui servent aux halles de Paris. *Ibid.*

Si l'on me presse de dire pourquoi je l'aimais, je sens que cela ne se peut exprimer qu'en répondant: "Parce que c'était lui, parce que c'était moi." *Id., I, 27*

Nous pouvons saisir la vertu de façon qu'elle en deviendra vicieuse, si nous l'embrassons d'un désir trop âpre et violent. *Id., I, 29*

Il se faut réserver une arrière boutique toute nôtre, toute franche, en laquelle nous établissons notre vraie liberté et principale retraite et solitude. *Id., I, 39*

La plus grande chose du monde, c'est de savoir être à soi. *Ibid.*

Le pire état de l'homme, c'est quand il perd la connaissance et gouvernement de soi. *Id., II, 2*

J'accuse toute violence en l'éducation d'une âme tendre, qu'on dresse pour l'honneur et la liberté . . . ce qui ne se peut faire par la raison et par prudence et adresse, ne se fait jamais par la force. *Id., II, 8*

Car je fais dire aux autres ce que je ne puis si bien dire tantôt par faiblesse de mon langage, tantôt par la faiblesse de mes sens. Je ne compte pas mes emprunts, je les pèse. *Id., II, 10*

[46]

My desire is therefore that the parent be very circumspect and carefull in chusing his director, whom I would rather commend for having a well-composed and temperate braine, than a full stuft head.

It is a natural, simple, and unaffected speech that I love, so written as it is spoken, and such upon the paper as it is in the mouth, a pithy, sinewy, full, strong, compendious and material speech, not so delicate and affected as vehement and piercing.

To hunt for new phrases and unaccustomed quaint words, proceeds of a scholastical and childish ambition. . . . Let me use none other than are spoken in the halls of Paris.

If a man urge me to tell wherefore I loved him, I feel that it cannot be expressed but by answering, "Because it was he, because it was myself."

We may so seize on virtue, that if we embrace it with an overgreedy and violent desire, it may become vicious.

We should reserve a store house for ourselves, altogether ours, and wholly free, wherein we may hoard up and establish our true liberty, and principal retreat and solitude.

The greatest thing in the world is for a man to know how to be his own.

The worst estate of man, is where he loseth the knowledge and government of himself.

I utterly condemn all manner of violence in the education of a young spirit, brought up to honor and liberty . . . that which cannot be compassed by reason, wisdom and discretion, can never be attained by force and constraint.

For I make others relate . . . what I cannot so well express, either through unskill of language, or want of judgment. I number not my borrowings, but I weigh them.

Quand je me joue à ma chatte, qui sait si elle passe son temps de moi, plus que je ne fais d'elle?
                                                                Id., II, 12

Cette fantaisie est plus sûrement conçue par l'interrogation: *Que sais-je?* comme je la porte à la devise d'une balance.
                                                                Ibid.

Quelle vérité que ces montagnes bornent, qui est mensonge qui se tient au delà?
                                                                Ibid.

On peut continuer à tout temps l'étude, mais non pas l'écolage.
                                                                Id., II, 28

Je suivrai le bon parti jusqu'au feu, mais exclusivement si je puis.
                                                                Id., III, 1

Tel a été miraculeux au monde, auquel sa femme et son valet n'ont rien vu seulement de remarquable; peu d'hommes ont été admirés par leurs domestiques.
                                                                Id., III, 2

Chaque homme porte la forme entière de l'humaine condition.
                                                                Ibid.

Si j'avais à revivre, je vivrais comme j'ai vécu; ni je ne plains le passé, ni je ne crains l'avenir.
                                                                Ibid.

La vertu est qualité plaisante et gaie.
                                                                Id., III, 5

Les maux du corps s'éclaircissent en augmentant. Nous trouvons que c'est goutte que nous nommions rhume ou foulure. Les maux de l'âme s'obscurcissent en leur force; le plus malade les sent le moins. Voilà pourquoi il les faut souvent remanier au jour, d'une main impiteuse, les ouvrir et arracher du creux de notre poitrine.
                                                                Ibid.

Qu'a fait l'action génitale aux hommes, si naturelle, si nécessaire et si juste, pour n'en oser parler sans vergogne et pour l'exclure des propos sérieux et réglés? Nous prononçons hardiment: tuer, dérober, trahir; et cela, nous n'oserions qu'entre les dents?
                                                                Ibid.

When I am playing with my cat who knows whether she have more sport in dallying with me, than I have in gaming with her?

This conceit is more certainly conceived by an interrogation: "What can I tell?" as I bear it on an impress of a pair of balances.

What truth is that, which these mountains bound, and is a lie in the world beyond them?

A man may always continue his study, but not schooling.

I will follow the best side to the fire, but not into it, if I can choose.

Some have been admirable to the world, in whom nor his wife, nor his servants noticed anything remarkable. Few men have been admired of their familiars.

Every man bears the whole stamp of human condition.

Were I to live again, it should be as I have already lived; I neither deplore the past, nor dread what is to come.

Virtue is a pleasant and buxom quality.

The body's evils are discerned by their increase. And now we find that to be the gout which we termed the rheum or a bruise. The evils of the mind are darkened by their own force; the most infected feels them least. Therefore it is, that they must often a-day be handled, and violently be opened and rent out from the hollow of our bosom.

Why do we fear to speak without shame of the act of generation, so natural, so necessary and so just, why do we exclude it from our serious and regular discourses? We pronounce boldly, to rob, to murder, to betray; and this we dare not but between our teeth.

[Du mariage] Il en advient ce qui se voit aux cages: les oiseaux qui en sont hors, désespèrent d'y entrer; et d'un pareil soin en sortir, ceux qui sont en dedans. *Ibid.*

Nulles propositions m'étonnent, nulle créance me blesse, quelque contrariété qu'elle ait à la mienne. Il n'est si frivole et si extravagante fantaisie qui ne me semble bien sortable à la production de l'esprit humain. *Id., III, 8*

Nous sommes nés à quêter la vérité: il appartient de la posséder à une plus grande puissance. *Ibid.*

L'obstination et ardeur d'opinion est la plus sûre preuve de bêtise. Est-il rien certain, résolu, dédaigneux, grave, sérieux comme l'âne? *Ibid.*

Tout abrégé sur un bon livre est un sot abrégé. *Ibid.*

Je réponds ordinairement à ceux qui me demandent raison de mes voyages: que je sais bien ce que je fuis, mais non pas ce que je cherche. *Id., III, 9*

La plus utile et honorable science et occupation à une femme, c'est la science du ménage. *Ibid.*

La jouissance et la possession appartiennent principalement à l'imagination. Elle embrasse plus chaudement ce qu'elle va quérir que ce que nous touchons, et plus continuellement. *Ibid.*

Il n'est si homme de bien, qu'il mette à l'examen des lois toutes ses actions et pensées, qui ne soit pendable dix fois dans sa vie. *Ibid.*

J'estime tous les hommes mes compatriotes et embrasse un Polonais comme un Français, postposant cette liaison nationale à l'universelle et commune. *Ibid.*

Qui veut guérir l'ignorance, il faut la confesser. *Id., III, 11*

Il y a plus affaire à interpréter les interprétations qu'à interpréter les choses: et plus de livres sur les livres, que sur autre sujet. *Id., III, 13*

It [marriage] may be compared to a cage, the birds without try desperately to get in, and those within try desperately to get out.

No propositions amaze me, no conceit wounds me, what contrariety soever they have to mine. There is no fantasy so frivolous or humor so extravagant that in mine opinion is not sortable to the production of human wit.

We are born to quest and seek after truth; to possess it belongs to a greater power.

Obstinacy and earnestness in opinion is the surest proof of folly and self-conceit. Is there anything so assured, so resolute, so disdainful, so serious and so grave as the ass?

Every abridgement of a good book is a foolish abridgement.

I ordinarily answer such as demand reasons for my voyages: That I know what I shun but not what I seek.

The most profitable knowledge, and honorablest occupation for a matron or mother of a family, is the occupation and knowledge of housewifery.

Enjoyment and possession appertain chiefly unto imagination. It embraces more earnestly and incessantly what she goes to fetch than what we touch.

No man is so exquisitely honest or upright in living, but brings all his actions and thoughts within compass and danger of the laws, and that ten times in his life might not lawfully be hanged.

I esteem all men as my countrymen, and I as kindly embrace a Polonian as a Frenchman, postponing this natural bond to the universal and common.

Whosoever will be cured of ignorance, must confess the same.

There's more ado to interpret interpretations, than to interpret things; and more books upon books, than upon any other subject.

O que c'est un doux et mol chevet, et sain, que l'ignorance et
l'incuriosité, à reposer une tête bien faite!   *Ibid.*

Il a passé sa vie en oisiveté, disons nous; je n'ai rien fait aujour-
d'hui. —Quoi, avez-vous pas vécu? C'est non seulement la fonda-
mentale mais la plus illustre de vos occupations.   *Ibid.*

Il n'est rien si beau et légitime que de faire bien l'homme et
dûment, ni science si ardue que de bien et naturellement savoir
vivre cette vie; et de nos maladies la plus sauvage c'est mépriser
notre être.   *Id., III, 13*

L'intempérance est peste de la volupté, et la tempérance n'est
pas son fléau: c'est son assaisonnement.   *Ibid.*

C'est une absolue perfection, et comme divine, de savoir jouir
loyalement de son être.   *Ibid.*

Si avons nous beau monter sur des échasses, car sur des échasses
encore faut-il marcher de nos jambes. Et au plus élevé trône du
monde si ne sommes nous assis que sur notre cul.   *Ibid.*

ROBERT GARNIER

(1534–1590)

O reine de la nuit, Hécate aux noirs chevaux!
                                            Porcie, Acte IV, 1

Dieux qui voyez mon mal, dieux qui voyez mes peines,
Dieux qui voyez mon sang sécher dedans mes veines.
                                        Hippolyte, Acte II, 1

Qu'il t'eût bien valu, délaissée au rivage,
Comme fut Ariane en une île sauvage
Ariane ta sœur, errer seule au danger.   *Ibid.*

[52]

Oh how soft, how gentle, and how sound a pillow is ignorance and incuriosity to rest a well composed head upon!

He has passed his life in idleness, say we; alas I have done nothing this day. What? have you not lived? It is not only the fundamental, but the noblest of your occupations.

There is nothing so goodly, so fair and so lawful as to play the man well and duly: Nor science so hard and difficult, as to know how to live this life well. And of all the infirmities we have, the most savage is to despise our being.

Intemperance is the plague of sensuality; and temperance is not her scourge, but rather her seasoning.

It is an absolute perfection, and as it were divine for a man to know how to enjoy his being loyally.

We may long enough get upon stilts, for be we upon them, yet must we go with our own legs. And sit we upon the highest throne of the world, yet sit we upon our own tail.

Robert Garnier, a follower of the *Pléiade*, was the greatest of tragic writers prior to Corneille.

O Queen of Night, Hecate with the black horses!

O gods who are witness to my sickness and my pains,
Gods who can see the blood running dry in my veins.

I had better done by far, left there on the strand,
As Ariadne was on some deserted isle,
To meet danger all alone, as she, my sister, did.

Je veux me séparer moi-même de mon corps.
Je me fuirai moi-même aux plutoniques bords,
Je fuirai ces deux mains, ces mains parricides.

Antigone, Acte I, 1 (OEDIPE)

JEAN PASSERAT

(1534–1602)

Le poète et le fou sont de même nature,

. . .

Le plus grand différend qui se trouve entre nous,
C'est qu'on dit que toujours fortune aime les fous,
Et qu'elle est peu souvent favorable aux poètes.

Sur la mort de Thulène, fou du roi

Celui qui fuit de bonne heure
Peut combattre derechef.   *La Journée de Senlis*

Jean Passerat ici sommeille,
Attendant que l'Ange l'éveille:
Et croit qu'il se réveillera
Quand la trompette sonnera.   *Epitaphe*

J'ai perdu ma tourterelle;
Est-ce point celle que j'oy?
Je veux aller après elle.

Tu regrettes ta femelle,
Hélas! aussi fais-je moy.
J'ai perdu ma tourterelle.

. . .

Mort que tant de fois j'appelle,
Prends ce qui se donne à toy!
J'ai perdu ma tourterelle;
Je veux aller après elle.   *Villanelle*

Would I could rid myself of this my own body,
I would flee from myself to Plutonic realms,
Flee from these two hands, these parricidal hands.

Jean Passerat, a humanist, wrote witty satires and a number
of light pieces; his best-known poem is the villanelle "J'ai
perdu ma tourterelle."

Poet and fool are of the same nature,

•   •   •

This being the chief difference between us:
They say fortune is always kind to fools,
While she smiles far more rarely on poets.

[*On the death of the king's jester*]

He who's quick to run away
Will live to fight another day.

Jean Passerat lies sleeping here,
Awaiting the Angel's summons.
He trusts he will indeed wake up
When the trumpet finally blows.

I have lost my turtledove
Isn't it she I hear?
I want to follow her.

You miss your mate.
Alas, so I do mine.
I have lost my turtledove.

•   •   •

Death, that I so often call,
Take what gives itself to you.
I have lost my turtledove,
I want to follow her.

[55]

GUILLAUME DE SALLUSTE DU BARTAS

(1544–1590)

Je te salue, ô terre, porte-grains,
Porte-or, porte-santé, porte-habits, porte-humains,
Porte-fruits, porte-tours, alme, belle, immobile,
Patiente, diverse, odorante, fertile,
Vêtue d'un manteau tout damassé de fleurs,
Passementé de flots, bigarré de couleurs.

La Création, Troisième jour

PHILIPPE DESPORTES

(1546–1606)

Il mourut poursuivant une haute aventure;
Le ciel fut son désir, la mer sa sépulture:
Est-il plus beau dessein ou plus riche tombeau?

Les Amours d'Hippolyte, Icare

Je cherchais obstiné des glaçons en la flamme,
Faiblesse au diamant, constance en une femme,
Pitié dans les enfers, le soleil en la nuit.

Diverses Amours, XL

CHARLES IX

(1550–1574)

L'art de faire des vers, dût-on s'en indigner,
Doit être à plus haut prix que celui de régner.
Tous deux également nous portons des couronnes;
Mais roi, je la reçus; poète, tu la donnes.

•   •   •

Je puis donner la mort, toi l'immortalité.   *A Ronsard*

Du Bartas, a Protestant poet, fought under Henri de Navarre; his *Semaine* describing the seven days of Creation was translated into English by Joshua Sylvester under the title of *Divine Weekes and Workes* (1605).

I salute thee, O Earth, bearer of grain,
Bearer of gold, of health, of clothes, of mankind,
Bearer of fruit, of towers, generous, beautiful, unmoving,
Patient, various, fragrant, fertile,
Clad in a cloak all damasked with flowers,
Braided with waters, motley with colors.

Desportes, looked upon by his contemporaries as the successor of Ronsard; author of sonnets, quatrains, chansons, and a translation of the Psalms that was held to be superior to Marot's.

He died in pursuit of a lofty adventure,
The sky his desire, the sea his sepulcher.
Is there a nobler aim, a more sumptuous tomb?

Stubbornly I sought icicles in fire,
Softness in diamonds, constancy in women,
Pity in Hades, and sunshine at night.

Charles IX, son of Henri II and Catherine de Médicis; it was under his reign that the Massacre of St. Bartholomew took place. The attribution of this poem to him has been contested.

The art of writing verse (and let who will be shocked)
Should be more highly prized than that of ruling.
The both of us wear crowns, but with this difference:
As king, I'm given mine; as poet you award 'em.

● ● ●

Death I can decree, but you—immortality.

JEAN BERTAUT

(1552–1611)

Félicité passée
Qui ne peut revenir,
Tourment de ma pensée,
Que n'ay-je, en te perdant, perdu le souvenir!

THÉODORE AGRIPPA D'AUBIGNÉ

(1552–1630)

Qui va plus tôt que la fumée
Si ce n'est la flamme allumée?
Plus tôt que la flamme? le vent;
Plus tôt que le vent? c'est la femme;
Quoi plus? rien, elle va devant
Le vent, la fumée et la flamme.

Pièces épigrammatiques, II

Un porc, un moine, un prêtre
Ne font bien qu'après la mort.

Id., XXV, Sur l'apothéose du Cardinal Boromé

Chacun au bien aspire,
Chacun le bien désire,
Et le désire sien.   *Id., XLIX*

Je n'écris plus les feux d'un amour inconnu.

Les Tragiques, Prélude

Les temples du païen, du Turc, de l'idolâtre,
Haussent au ciel l'orgueil de marbre et l'albâtre.
Et Dieu seul, au désert pauvrement hébergé,
A bâti tout le monde, et n'y est pas logé!   *Id., A Dieu*

Jean Bertaut, court poet under Henri III and Henri IV;
Bishop of Séez; author of canticles, paraphrases of psalms,
and love poems.

> O past felicity
> That cannot return,
> Torment to my mind,
> Why have I not, in losing you, lost the memory?

D'Aubigné was an ardent Protestant. A child prodigy, he
translated Plato's *Crito* at the age of six; at thirteen fought
under Henri de Navarre. In 1620 he settled in Geneva
where he died. His early works reflect Italian influences; *Les
Tragiques* (begun in 1577, publ. 1616) is a powerful denun-
ciation of the enemies of Protestantism. In *Confession catho-
lique du sieur de Sancy* (an apostate from the reformed
faith), he proves himself a master polemist, anticipating Pascal's *Lettres provinciales*.

> What is swifter than smoke
> Unless it be the blazing flame?
> What swifter than the flame? The wind;
> Swifter than the wind? Woman;
> What swifter? Nothing, she outruns
> The wind, smoke, or flame.

> . . . a pig, a monk, a priest
> are useful only when deceased.

> All men to bliss aspire,
> All men the good desire,
> And each wants it for himself.

No longer write I of obscure loves.

> The temples of the heathen, Turk, and idolater
> Raise to the sky the pride of marble and alabaster.
> And God alone, in wretched desert shelter
> Made the whole world, and has no dwelling there!

Guerre sans ennemi, où l'on ne trouve à fendre
Cuirasse que la peau ou la chemise tendre.

Id., Les Fers, La Sainte-Barthélémy

Ces lits, pièges fumants, non pas lits, mais tombeaux
Où l'amour et la mort troquèrent de flambeaux.   *Ibid.*

Une rose d'automne est plus qu'une autre exquise.

Id., Les Feux

Déluges, retournez, vous pourrez par votre onde
Noyer, non pas laver, les ordures de ce monde.

Id., Les Vengeances

Comme un nageur venant du profond de son plonge
Tous sortent de la mort, comme l'on sort d'un songe.

Id., Jugement, La Résurrection des morts

Criez après l'Enfer, de l'enfer il ne sort
Que l'éternelle soif de l'impossible mort.   *Ibid.*

Nous ne pouvons pas dire beaucoup sur le point de la Transsubs-
tantiation; car elle est plus facile à prouver qu'à prononcer. . . .
Pourquoi, sous le nom de Dieu, ne peut-on changer la substance
de toutes choses, vu que, sous le nom du Roi, on a fait et fait-on
tous les jours de si étranges métamorphoses et transsubstantia-
tions? La sueur d'un misérable laboureur se transsubstantie en la
graisse d'un prospérant trésorier; la moelle des doigts d'un vi-
gneron de Gascogne réjouit les boyaux et le ventre de Parisière.

Confession du sieur de Sancy

HENRI IV

(1553–1610)

Brave Crillon, pendez-vous de n'avoir été ici près de moi lundi
dernier à la plus belle occasion qui se soit jamais vue et qui
peut-être ne se verra jamais.

Lettre à Crillon, 20 septembre, 1597

A war with no enemy, with no cuirass to cleave
Save bare skin or filmy garment.

These beds, smoking traps, not beds but tombs
Where love and death their torches traded.

An autumn rose is more than any other exquisite.

Floods, come back, you may by your waters
Drown, though not cleanse, the filth of this world.

Like swimmers surfacing from the depths of their dives
All emerge from death, as emerging from a dream.

You will beg for Hell, but all that comes from Hell
Is eternal thirst for Death that cannot come.

There is little we can say concerning the matter of transubstantiation; for it is easier to prove the thing than to pronounce the
word. . . . Why, in God's name, should it be impossible to
change the substance of anything, considering that, in the king's
name, the strangest metamorphoses and transubstantiations took
place and are still taking place daily? The sweat of a miserable
laborer is transubstantiated into the fat of a prosperous treasurer;
the marrow of a Gascony winegrower's fingers gladdens a Parisian's belly and bowels.

Henri IV, King of Navarre (1572), King of France (1589);
his letters show him master of a delightful, salty, and very
personal style.

My good Crillon, now go hang yourself for not having been here
with me last Monday, in the finest battle ever yet seen, perhaps
the finest that ever will be seen.

Paris vaut bien une messe. *(Attr.)*

Si Dieu me donne encore de la vie, je ferai qu'il n'y aura point de laboureur dans mon royaume, qui n'aurait moyen d'avoir une poule dans son pot. *(Attr.)*

FRANÇOIS DE MALHERBE
(1555–1628)

Mais elle était du monde où les plus belles choses
Ont le pire destin;
Et rose, elle a vécu ce que vivent les roses,
L'espace d'un matin. *Consolation à Monsieur du Périer (1599)*

Le pauvre en sa cabane, où le chaume le couvre
Est sujet à ses lois,
Et la garde qui veille aux barrières du Louvre
N'en défend point nos rois. *Ibid.*

Ce que Malherbe écrit dure éternellement.
Sonnet à Louis XIII (1624)

N'espérons plus, mon âme, aux promesses du monde,
Sa lumière est un verre, et sa faveur une onde.
Paraphrase du Psaume CXLV (1627)

Ce qu'ils peuvent n'est rien: ils sont comme nous sommes
Véritablement hommes,
Et meurent comme nous. *Ibid.*

MAXIMILIEN DE BÉTHUNE, DUC DE SULLY
(1559–1641)

Labourage et pâturage sont les deux mamelles dont la France est alimentée et les vraies mines et trésors du Pérou.
Economies royales, III

Paris is surely worth a Mass.

If God give me life, I shall see to it that no laborer in my kingdom lacks the wherewithal for a chicken in his pot.

> Malherbe, poet and passionate champion of purity, correctness, and clarity of language. On his death bed he rebuked his confessor, who spoke to him of the afterlife, saying, "That's enough; your style is spoiling it for me in advance."

But she was in this world where beauty
Has the harshest fate;
A rose, she lived the life that roses live,
A morning's space.*

The poor man in his thatched-roof hovel
Is subject to its [death's] laws,
And the guards posted at the Louvre's doors
Cannot preserve our kings.*

What Malherbe writes will endure eternally.*

No, trust not, my soul, in the world's good faith;
Its light is reflection, its opinion surf.*

Their power [i.e., of kings] is nothing; they are what we are,
Men and no more,
They die as we do.*

Tr. Cecil Hemley.

> Sully, warrior, statesman, reformed French finances under Henri IV. A convinced Calvinist, he was forced to resign in 1611.

Tilling and grazing are the two breasts that feed France; they are our true mines and riches of Peru.

SAINT FRANÇOIS DE SALES

(1567–1622)

La douceur, la tempérance, l'honnêteté et l'humilité sont de ces certaines vertus desquelles toutes les actions de notre vie doivent être teintes. Il y a des vertus plus excellentes qu'elles; l'usage néanmoins de celles-ci est plus requis. Le sucre est plus excellent que le sel; mais le sel a un usage plus fréquent et plus général. C'est pourquoi il faut avoir bonne et prompte provision de ces vertus générales, puisqu'il faut s'en servir presque ordinairement.

Introduction à la vie dévote

Les vierges ont besoin d'une chasteté extrêmement simple et douillette, pour bannir de leur cœur toutes sortes de curieuses pensées et mépriser d'un mépris absolu toutes sortes de plaisirs immondes, qui, à la vérité, ne méritent pas d'être désirés par les hommes, puisque les ânes et pourceaux en sont plus capables qu'eux.   *Id.*

Dans le régime des âmes, il faut une tasse de science, un baril de prudence et un océan de patience.   *Id.*

JEAN OGIER DE GOMBAULD

(c. 1570–1666)

Or pour avoir moins froid à la fin de décembre,
On va *pousser* la porte, et l'on *ferme* sa chambre.

MATHURIN RÉGNIER

(1573–1613)

Tous les hommes vivants sont ici-bas esclaves,
Mais, suivant ce qu'ils sont, diffèrent d'entraves,
Les uns les portent d'or, les autres de fer.   *Satires, III*

St. François de Sales studied in Paris and Padua; took orders in 1595; became bishop of Geneva in 1602; founded the Order of the Visitation in 1610. His principal work is *Introduction à la vie dévote* (1609).

Gentleness, moderation, decency, and humility are unmistakably virtues which should color all the actions of our lives. There are virtues that are of higher excellence than these; nevertheless these are more necessary. Sugar is more excellent than salt; but salt is of more frequent and more general use. This is why we should have an abundant and ready supply of these general virtues, for we have to use them almost all the time.

Virgins should practice a very simple and comfortable kind of chastity, so as to banish from their hearts prying thoughts of all kinds and utterly despise all filthy pleasures which truly do not merit to be sought by men, since donkeys and pigs have a greater capacity for them.

In the governing of souls, we need a cup of science, a barrel of wisdom, and a sea of patience.

Gombauld, a Huguenot poet, one of the original members of the French Academy, wrote elegies, sonnets, and dramatic works; today remembered only for this two-line bit of linguistic exactitude carried to excess.

To be less cold late in December
You *push* your door *to*, and you *close* your room.

Mathurin Régnier was a nephew of the poet Desportes; his satires were much enjoyed by his contemporaries. "Of all the French poets before Molière he had the greatest insight into human character and behavior" (Boileau).

In this world of ours all humans are slaves;
Their chains, however, differ with their rank:
Some wear them of gold, and some of iron.*

L'honneur estropié, languissant et perclus,
N'est plus rien qu'une idole en qui l'on ne croit plus.   *Ibid*

Chaque âge a ses humeurs, son goût et ses plaisirs
Et comme notre poil blanchissent nos désirs.   *Id., V*

Si Virgile, le Tasse et Ronsard sont des ânes,
Sans perdre en ces discours le temps que nous perdons,
Allons comme eux aux champs et mangeons des chardons.
          Id., IX

              Corsaires à Corsaires,
L'un l'autre s'attaquant, ne font point leurs affaires.
          Id., XII

Le péché que l'on cache est demi pardonné . . .
Le scandale, l'opprobre, est cause de l'offense.   *Ibid.*

              J'ai vécu sans pensement
              Me laissant aller doucement
              A la bonne loi naturelle,
              Et ne saurais dire pourquoi
              La mort daigne penser à moi
              Qui n'a daigné penser à elle.   *Epitaphe*

FRANÇOIS MAYNARD

(1582–1646)

La beauté qui te suit depuis ton premier âge
Au déclin de tes jours ne veut pas te laisser,
Et le temps, orgueilleux d'avoir fait ton visage,
En conserve l'éclat et craint de l'effacer.
          A une belle vieille (1638)

Ce que ta plume produit
Est couvert de trop de voiles;
Ton discours est une nuit
Veuve de lune et d'étoiles.

[66]

Honor, a mutilated, crippled wraith,
Is no more than an idol in whom none has faith.*

Each age has its mood, its tastes, and its games;
As hair grays, likewise do our whims.*

If Vergil and Tasso and Ronsard are asses,
We should no longer waste time on their gasses;
Let them roam in the fields and eat grasses.*

When thief attacks thief,
Their profit is least.*

A hidden sin is a half-forgotten crime . . .
The offense is caused by scandal and shame.*

I have lived without worry,
Following without hurry
The natural ways of my flesh.
To me it's an absurdity
That death should stoop to think of me,
Who never stooped to think of death.*

Tr. Cecil Hemley.

Maynard, a disciple of Malherbe, one of the original members of the French Academy, excelled in epigrams.

Beauty has graced you since your early years,
Nor will it leave you at the close of life;
Time justly proud of having formed your face
Will not allow its loveliness to fade.

The products of your pen
Are hidden behind veils,
Your words are like a night
Widowed of moon and stars.

[67]

Si ton esprit veut cacher
Les belles choses qu'il pense,
Dis-moi qui peut t'empêcher
De te servir du silence?   *Epigramme*

Je veux me dérober aux injures du sort;
Et sous l'aimable horreur de vos belles ténèbres
Donner toute mon âme aux pensers de la mort.   *Sonnet*

Je touche de mon pied le bord de l'autre monde,
L'âge m'ôte le goût, la force et le sommeil;
Et l'on verra bientôt naître du sein de l'onde
La première clarté de mon dernier soleil.   *Sonnet*

En cet âge brutal
Pégase est un cheval qui porte
Les grands hommes à l'Hôpital.   *Epigramme*

JACQUES DU LORENS
(1583–1650)

Ci-gît ma femme: oh! qu'elle est bien
Pour son repos et pour le mien.   *Satires (1624)*

ARMAND DU PLESSIS, CARDINAL DUC DE RICHELIEU
(1585–1642)

Celui qui achète en gros la justice, la peut vendre en détail.
                              Testament politique, I, 4

Être capable de se laisser servir n'est pas une des moindres qualités que puisse avoir un grand roi.   *Id., I, 6*

If conceal you must
The fine things in your mind,
Why not close your lips
And never write a line?

I want to flee the cruelties of fate,
And in the pleasing terror of your [i.e., of forests] shade
On thoughts of death my mind will wholly dwell.

My foot is on the brink of the other world,
Age robs me of desire, strength, and sleep;
And soon will be born from the depth of the sea
The first radiance of my last sun.

In our brutal age
Pegasus is a horse that carries
Our great men to the poorhouse.

Du Lorens, a Paris lawyer, wrote satires against women.

Here lies my wife; oh, how fine
For her own repose, as well as mine!

Richelieu, the well-known cardinal and minister of Louis XIII; founder of the French Academy; author of a tragedy (*Mirame*); employed five writers to help him with his plays. His *Testament Politique* (publ. 1687) is praised by La Bruyère as a lucid exposition of his political principles.

Those who buy justice wholesale can sell it retail.

Not the least of the qualities that go to make up a great ruler is the capacity for letting others serve him.

Il faut parler aux rois avec des paroles de soie. *Id., I, 8*

Il n'y a rien de si dangereux pour l'État, que ceux qui veulent gouverner les royaumes par les maximes qu'ils tirent de leurs livres. *Id.*

Les plus grands esprits sont plus dangereux qu'utiles au maniement des affaires; s'ils n'ont beaucoup plus de plomb que de vif argent, ils ne valent rien pour l'État. *Id.*

La présomption est un des plus grands vices qu'un homme puisse avoir dans les charges publiques, et, si l'humilité n'est requise dans ceux qui son destinés à la conduite des États, la modestie leur est tout à fait nécessaire. *Id.*

Sur quatre lignes de l'écriture d'un homme on peut lui faire un procès criminel. *(Attr.)*

Savoir dissimuler est le savoir des rois. *Mirame*

HONORAT DE BUEIL, MARQUIS DE RACAN

(1589–1670)

Rien au monde ne dure
Qu'un éternel changement. *Odes, La Venue du printemps*

Tircis, il faut penser à faire la retraite:
La course de nos jours est plus qu'à demi faite;
L'âge insensiblement nous conduit à la mort . . .
Il est temps de jouir des délices du port.
Stances à Tircis sur la retraite

Et vous, eaux qui dormez sur des lits de pavots,
Vous qui toujours suivez vous-mêmes fugitives . . .
Odes sacrées

Kings must be spoken to with silken words.

Nothing is more dangerous to the state than persons who try to govern kingdoms according to maxims drawn from books.

The greatest minds are more dangerous than useful in the direction of affairs; unless they have more lead than quicksilver, they are of no value to the state.

Presumptuousness is one of the greatest vices in a man in a place of public responsibility, and though a political leader need not necessarily be humble, he must absolutely be modest.

Give me four lines written by a man, and I can have him tried as a criminal.

The art of dissembling is the art of kings.

Racan was a disciple of Malherbe; his *Bergeries* (a pastoral comedy) and *Odes* were much admired for the natural grace of their language.

Nothing in the world endures
Other than eternal change.

Thyrsis, it is time to think of reaching land,
The voyage of our days is more than half behind.
Age imperceptibly washes us to doom . . .
Port too has its pleasures; that time has come.*

And you, waters asleep on beds of poppies,
You that always follow yourselves in flight . . .

* *Tr. Cecil Hemley.*

THÉOPHILE DE VIAU

(1590–1626)

Ah! voici le poignard qui du sang de son maître
S'est souillé lâchement: il en rougit, le traître!

Pyrame et Thisbé (1617), Acte II, 1 (Pyrame)

Une confuse violence
Trouble le calme de la nuit,
Et la lumière, avec le bruit
Dissipe l'ombre et le silence.   Le Matin

Cette femme a fait comme Troie:
De braves gens sans aucun fruit
Furent dix ans à cette proie,
Un cheval n'y fut qu'une nuit.   Epigramme

JEAN-LOUIS GUEZ, SEIGNEUR DE BALZAC

(1594–1654)

Il n'y a point d'enfants que nous aimions davantage que ceux
qui naissent de notre esprit, et desquels nous sommes père et
mère tout ensemble.   Le Socrate chrétien (1652), VI

Dieu est le poète et les hommes ne sont que les acteurs.
Id., VIII

Rien n'est plus voisin du haut style que le galimatias: le ridicule
est une des extrémités du subtil.   Id., X

Votre Cinna guérit les malades.
Lettre à Monsieur Corneille, 1640

Théophile de Viau, author of a successful tragedy and poems that display a keen sense for nature. For his contributions to the *Parnasse satyrique* (1623), a collection of licentious and blasphemous poems, he was first sentenced to death, then spared but banished from Paris.

Here is the dagger, cravenly defiled
With its master's blood. The traitor! See, it blushes!

A confused rumble
Disturbs the still of night,
And with the noise the light
Dispels the silent shadows.

This woman was like Troy:
Warriors sought her in vain fight,
Ten years battling for that prize;
A horse won her in one night.

Guez de Balzac, one of the original members of the French Academy; his *Lettres* (publ. 1624) and essays established him as Malherbe's counterpart in the realm of prose; one of the first writers who gave to prose the careful attention that previously had been given only to verse.

There are no children we love more passionately than those born of our own minds, those of whom we are both father and mother.
                    [*This sums up a passage in Montaigne, Essais II, 8*]

God is the dramatist, mankind only the actors.

Nothing resembles the sublime style more than turgidity: the ridiculous is one of the extremes of the subtle.

Your *Cinna* heals the sick.

MARC-ANTOINE GIRARD DE SAINT-AMANT

(1594–1661)

Paisible et solitaire nuit,
Sans lune et sans étoiles
Renferme le jour qui me nuit
Dans tes plus sombres voiles.   *La Nuit*

Le soir et le matin la Nuit baise le Jour;
Tout aime, tout s'embrasse, et je crois que le monde
Ne renaît au printemps que pour mourir d'amour.
    Le Printemps des environs de Paris

Cette saison me plaît, j'en aime la froideur;
Sa robe d'innocence et de pure candeur
Couvre en quelque façon les crimes de la terre.
    L'Hiver des Alpes

Parbleu! j'en tiens, c'est tout de bon,
Ma libre humeur en a dans l'aile
Puisque je préfère au jambon
Le visage d'une donzelle.
Je suis pris dans le doux lien
De l'archerot idalien.   *L'Enamouré*

RENÉ DESCARTES

(1596–1650)

Le bons sens est la chose du monde la mieux partagée: car chacun pense en être si bien pourvu, que ceux même qui sont les
plus difficiles à contenter en toute autre chose n'ont point cou-
tume d'en désirer plus qu'ils n'en ont.
    Discours de la Méthode (1637), I

Ce n'est pas assez d'avoir l'esprit bon, mais le principal est de
l'appliquer bien.   *Ibid.*

Saint-Amant, courtier, soldier, traveler; a humorous, some-times frivolous, poet, occasionally rose to sincere feeling for nature.

Peaceful solitary night
Moonless and starless
Enshroud the day that wounds me
In your darkest veils.

At dawn and dusk, night kisses the day;
All is in love, ablaze, it seems that the world
Is reborn in spring only to die of love.

This season pleases me, I love its chill;
Its gown of innocence and pure candor
Covers somehow the crimes of the earth.

By God! it's got me, and for good,
My carefree mood is clipped in the wing
Since I love a damsel's face
More than a piece of ham!
I am caught in the sweet toils
Of archer Cupid.

Descartes, father of modern philosophy; his *Discours de la méthode* is a classic of French prose.

Of all things, good sense is the most fairly distributed: everyone thinks he is so well supplied with it that even those who are the hardest to satisfy in every other respect never desire more of it than they already have.

It is not enough to have a good mind. The main thing is to use it well.

Les plus grandes âmes sont capables des plus grands vices aussi bien que des plus grandes vertus. *Ibid.*

La lecture de tous les bons livres est comme une conversation avec les honnêtes gens des siècles passés. *Ibid.*

Sitôt que l'âge me permit de sortir de la sujétion de mes précepteurs, je quittai entièrement l'étude des lettres et me résolvant de ne chercher plus d'autre science que celle qui se pourrait trouver en moi-même, ou bien dans le grand livre du monde, j'employai le reste de ma jeunesse à voyager. *Ibid.*

On ne saurait rien imaginer de si étrange et de si peu croyable, qu'il n'ait été dit par quelqu'un des philosophes. *Id., II*

Je pense, donc je suis. *Id., IV*

Les choses que nous concevons fort clairement et fort distinctement sont toutes vraies . . . il y a seulement quelque difficulté à bien remarquer quelles sont celles que nous concevons distinctement. *Ibid.*

Souvent une fausse joie vaut mieux qu'une tristesse dont la cause est vraie. *Traité des passions de l'âme*

JACQUES VALLÉE, SIEUR DES BARREAUX
(1602–1673)

Voilà bien du bruit pour une omelette au lard!

JACQUES DE CAILLY
(1604–1675?)

En mon cœur la haine abonde,
J'en régorge à tout propos:
Depuis que je hais les sots,
Je hais presque tout le monde.

Epigrammes, Les Sots

The greatest minds are capable of the greatest vices as well as of the greatest virtues.

To read a good book is like conversing with the noblest minds of bygone ages.

As soon as I was old enough to throw off the yoke of my teachers, I dropped the study of letters, and, resolving to pursue no knowledge anywhere but within myself or in the great book of life, I spent the rest of my youth traveling.

One cannot conceive anything so strange and so implausible that it has not already been said by one philosopher or another.

I think, therefore I am.

The things we conceive very clearly and distinctly are all true . . . there is only some difficulty in well observing which are those that we conceive distinctly.

Unjustified joy is often preferable to justified sorrow.

Jacques Vallée, author of licentious poems, remembered to-day for this exclamation occasioned by a clap of thunder while he was eating a bacon omelet on a Friday in Lent.

That's a lot of noise for a bacon omelet!

De Cailly published his epigrams in 1667 under the pseudonym of D'Aceilly.

In my heart hate abounds,
It overflows on all occasions:
Since I've taken to hating fools,
I hate almost everybody.

PIERRE DU RYER

(c. 1606–1658)

Pour obtenir un bien si grand, si précieux,
J'ai fait la guerre aux rois, je l'eusse faite aux dieux.
Alcionée (1640), Acte III, 5

PIERRE CORNEILLE

(1606–1684)

Souvent, je ne sais quoi qu'on ne peut exprimer
Nous surprend, nous emporte, et nous force d'aimer.
Médée (1635), Acte III, 6

Ses rides sur son front ont gravé ses exploits.
Le Cid (1636), I, 1 (Elvire)

Ma plus douce espérance est de perdre l'espoir.
Id., I, 2 (l'Infante)

Pour grands que soient les rois, ils sont ce que nous sommes;
Ils peuvent se tromper comme les autres hommes.
Id., I, 4 (Le Comte)

Mais qui veut vivre infâme est indigne du jour.
Id., I, 5 (Don Diègue)

Un prince dans un livre apprend mal ses devoirs.
Id., I, 3 (Le Comte)

A vaincre sans péril, on triomphe sans gloire.
Ibid.

Je suis jeune, il est vrai: mais aux âmes bien nées
La valeur n'attend point le nombre des années.
Id., II, 2 (Rodrigue)

Du Ryer, royal historiographer, author of eighteen plays; the couplet quoted here was much imitated.

> To win so great, so precious a prize,
> I made war on kings, I would make it on gods.

Corneille, father of classical French drama, achieved fame with *Le Cid* which was produced in 1637 despite Richelieu's opposition; this was followed by a series of brilliant works. Elected to the French Academy; granted a pension in 1663. His last works were unsuccessful, and he died poor.

A sudden impulse that cannot be defined
At times takes hold of us and makes us love.

His deeds are etched in the furrows on his brow.

My dearest hope is to lose all hope.

Though kings be great, they are like us:
Like other men, they can be wrong.

Who'd live dishonored is unfit to live.

'Tis not in books that princes learn to rule.

To conquer with no risk is to triumph without glory.

I am young, it is true; but to noble minds
Worth is not measured by the count of years.

CHIMÈNE. Rodrigue, qui l'eût cru?
RODRIGUE.   Chimène, qui l'eût dit?

                                   Id., III, 4

Cette obscure clarté qui tombe des étoiles.

                           Id., IV, 3 (RODRIGUE)

Et le combat cessa faute de combattants.   *Ibid.*

Mourir pour le pays est un si digne sort
Qu'on briguerait en foule une si belle mort.

                    Horace (1640), II, 3 (HORACE)

Je rends grâces aux dieux de n'être pas Romain
Pour conserver encore quelque chose d'humain.

                           Ibid., (CURIACE)

JULIE. Que vouliez-vous qu'il fît contre trois?
LE VIEIL HORACE.   Qu'il mourût!
        Ou qu'un beau désespoir alors le secourût.

                                   Id., III, 6

On pleure injustement des pertes domestiques
Quand on en voit sortir des victoires publiques.

                    Id., IV, 3 (LE VIEIL HORACE)

Rome, l'unique objet de mon ressentiment!
Rome, à qui vient ton bras d'immoler mon amant!
Rome, qui t'a vu naître et que ton cœur adore!
Rome enfin que je hais parce qu'elle t'honore!

                           Id., IV, 5 (CAMILLE)

Le pire des États, c'est l'État populaire.

                    Cinna (1640), II, 1 (CINNA)

Et le peuple inégal à l'endroit des tyrans,
S'il les déteste morts, les adore vivants.

                           Id., I, 3 (CINNA)

Qui peut tout doit tout craindre.   *Id., IV, 3* (AUGUSTE)

Who'd have thought, Rodrigue?
                              —Who'd have known, Chimène?

The darkling light that stars send down.

The fighting ceased for lack of fighting men.

To die for country is a fate so noble
That men in throngs would vie for such a death!

I praise the gods for not having made me a Roman,
For being still entitled to be called human.

J. He fought three men—what could he do?
H.   Face death!
   Or else new courage find in desperation.

It is not right to mourn a private loss
When from it comes a public victory.

Rome, the sole object of my detestation,
Rome, at whose bidding you have slain my lover,
Rome, city of your birth, which you adore,
Rome, which I hate because it honors you!

The worst of all States is the people's State.

The people's feelings vary toward their tyrants:
It hates them dead, but it adores them living.

Who holds all power must fear all things.

Je suis maître de moi comme de l'univers:
Je le suis, je veux l'être.   *Id.*, V, 3 (AUGUSTE)

Tel donne à pleines mains qui n'oblige personne;
La façon de donner vaut mieux que ce qu'on donne.
                              Le Menteur (1643), I, 1 (CLITON)

Les gens que vous tuez se portent assez bien.
                              Id., IV, 2 (CLITON)

Quoi? Vous vous arrêtez aux songes d'une femme?
                              Polyeucte (1643), I, 1 (NÉARQUE)

A raconter ses maux, souvent on les soulage.
                              Id., I, 3 (STRATONICE)

            Toute votre félicité
            Sujette à l'instabilité
            En moins de rien tombe par terre:
            Et comme elle a l'éclat du verre,
            Elle en a la fragilité.   *Id.*, IV, 2 (POLYEUCTE)

Elle a trop de vertus pour n'être pas chrétienne.   *Id.*, IV, 3

            . . . qu'il est doux de plaindre
Le sort d'un ennemi quand il n'est plus à craindre!
                  La Mort de Pompée (1643), V, 1 (CORNÉLIE)

Je me défendrai mal: l'innocence étonnée
Ne peut imaginer qu'elle soit soupçonnée.
                              Rodogune (1644), V, 4 (RODOGUNE)

Qui se venge à demi court lui-même à sa peine:
Il faut ou condamner ou couronner sa haine.
                              Id., V, 1 (CLÉOPÂTRE)

L'amour est un grand maître, il instruit tout d'un coup.
                  La Suite du Menteur (1644), II, 3 (MÉLISSE)

Devine, si tu peux, et choisis, si tu l'oses.
                  Héraclius (1646), IV, 4 (LÉONTINE)

I rule myself just as I rule the world:
I am, and want to be, my master.

Some lavish givers earn no gratitude:
The mode of giving weighs more than what we give.

The people you have killed are in excellent health.

What? You are stopped by a woman's dream?

To tell one's ills is often to relieve them.

> All our happiness
> Is subject to change,
> In no time it falls to the ground:
> Brilliant as glass,
> It is just as fragile.

She is too virtuous not to be a Christian.

How sweet it is to pity
An enemy we need no longer fear!

My defense is weak: my innocence, amazed,
Refuses to believe it can be suspected.

A half-revenge exposes us to risks,
Our hatred must be silenced or fulfilled.

Love is a good teacher, he teaches in no time.

Guess if you can, and choose if you dare.

Ma vie est en vos mains, mais non ma dignité.

Nicomède (1651), III, 1 (LAODICE)

Un véritable roi n'est ni mari ni père. *Id., IV, 3* (NICOMÈDE)

Je sens le même feu, je sens la même audace,
Qui fit plaindre le Cid, qui fit combattre Horace;
Et je me trouve encore la main qui crayonna
L'âme du grand Pompée et l'esprit de Cinna.

Oedipe (1659), Préface

Dix lustres et plus n'ont pas tout emporté
Cet assemblage heureux de force et de clarté.   *Ibid.*

Chaque instant de la vie est un pas vers la mort.

Tite et Bérénice (1670), V, 1 (TITE)

Amour, sur ma vertu prends un peu moins d'empire!

Suréna (1674), I, 2 (EURYDICE)

Un service au-dessus de toute récompense
A force d'obliger tient presque lieu d'offense.

Id., III, 1 (ORODE)

Je sais ce que je vaux, et crois ce qu'on m'en dit.

Poésies diverses, XXII, Excuse à Ariste

Je ne dois qu'à moi seul toute ma renommée.   *Ibid.*

Qu'on parle mal ou bien du fameux cardinal,
Ma prose ni mes vers ne diront jamais rien:
Il m'a fait trop de bien pour en dire du mal,
Il m'a fait trop de mal pour en dire du bien.

Id., XXVIII, Vers sur le Cardinal de Richelieu

J'ai cru jusqu'ici que l'amour était une passion trop chargée
de faiblesse pour être la dominante dans une pièce héroïque;
j'aime qu'elle y serve d'ornement, et non pas de corps, et que
les grandes âmes ne la laissent agir qu'autant qu'elle est compatible avec de plus nobles impressions.

Lettre à M. de Saint-Évremond (1666)

[84]

My life is in your hands, but not my dignity.

A true king is neither husband nor father.

I still feel the fire, I still feel the daring
That roused pity for the Cid, sent Horace to battle:
I still possess the hand that portrayed
The mind of Pompey and the spirit of Cinna.

Ten lusters and more have not yet destroyed
This happy blend of clarity and strength.

Every moment of life is a step toward death.

Don't press so hard upon my virtue, love!

A favor we can never recompense,
By putting us in debt, is almost an offense.

I know my merit, those praising me are right.

My fame I owe entirely to myself.

Let others speak badly or kindly of great Richelieu,
My prose or verse will never mention him:
He treated me too kindly to be spoken of badly,
He treated me too badly to be spoken of kindly.

I have always thought that love was a passion too burdened with
weakness to be the dominant one in a heroic play; I like it to serve
as ornament, not as substance, and I like great men to let it affect
them only to the extent that it is compatible with nobler sentiments.

JEAN DE ROTROU

(1609–1650)

Point, point d'Amphitryon où l'on ne dîne point.
Les Deux Sosies (1636), IV, 4

L'ami qui souffre seul fait une injure à l'autre.
Venceslas (1647), V, 2

Ce beau feu dont pour vous le cœur est embrasé
Trouvera tout possible, et l'impossible aisé.   *Ibid.*

ANTOINE GOMBAUD, CHEVALIER DE MÉRÉ

(1610–c. 1685)

L'amour est l'occupation de ceux qui n'en ont pas d'autre.
Réflexions morales, 140

Qui commence à aimer doit se préparer à souffrir.   *Id., 183*

CHARLES-DENIS LE GUAST, SEIGNEUR DE
SAINT-ÉVREMOND

(1610?–1703)

Il y a beaucoup moins d'ingrats qu'on ne croit; car il y a bien
moins de généreux qu'on ne pense.   *Sur les ingrats*

On tire plus de services par les promesses que par les présents;
car les hommes se mettent en état de mériter ce qu'ils espèrent
de nous, mais ils ne savent gré qu'à eux-mêmes de ce qu'ils
reçoivent.   *L'intérêt*

Rotrou, one of the five authors employed by Richelieu, wrote tragedies and comedies upon which Molière drew freely. *Lieutenant civil* of Dreux, his native town, he was absent from his post at the outbreak of an epidemic; he insisted on returning and died there.

No, there's no Amphitryon where dinner there is none.

Friend who suffereth alone doth his friend offend.

The noble fire which blazes in my heart for you
Will find all possible, and the impossible easy.

Chevalier de Méré, moralist, author of *Lettres* (publ. 1680) and *Essais* (publ. 1692 and 1701).

Love is an occupation for those who have no other.

Anyone beginning to love must prepare to suffer.

Saint-Évremond, soldier, essayist, moralist; compelled to leave France following a pamphlet against Mazarin, settled in London; friend of Hobbes, Cowley, etc.; pensioned by Charles II; buried in Westminster Abbey.

There are far fewer ingrates than is generally believed; for there are far fewer generous men than we think.

We obtain more services by means of promises than by means of gifts; for people make an effort to deserve what they hope to get from us, but credit only themselves for what they receive.

De tous les liens, celui de l'amitié est le seul qui me soit doux; et n'était la honte qu'on ne répondît pas à la mienne, j'aimerais par le plaisir d'aimer, quand on ne m'aimerait pas.

Lettre sur l'amitié

L'amour ne fait pas de tort à la réputation des dames, mais le peu de mérite des amants les déshonore. *Id.*

FRANÇOIS, DUC DE LA ROCHEFOUCAULD

(1613–1680)

Nos vertus ne sont le plus souvent que des vices déguisés.

Réflexions ou sentences et maximes morales, Epigraphe

L'amour-propre est le plus grand de tous les flatteurs. *Id., 2*

La passion fait souvent un fou du plus habile homme, et rend souvent les plus sots habiles. *Id., 6*

Nous avons tous assez de force pour supporter les maux d'autrui. *Id., 19*

La philosophie triomphe aisément des maux passés et des maux à venir; mais les maux présents triomphent d'elle. *Id., 22*

Il faut de plus grandes vertus pour soutenir la bonne fortune que la mauvaise. *Id., 25*

Si nous n'avions point de défauts, nous ne prendrions pas tant de plaisir à en remarquer dans les autres. *Id., 31*

On n'est jamais si heureux ni si malheureux qu'on s'imagine. *Id., 49*

Si on juge de l'amour par la plupart de ses effets, il ressemble plus à la haine qu'à l'amitié. *Id., 72*

Of all bonds those of friendship are the only ones I care for; and were it not that I would be ashamed of not having my feelings returned, I would gladly be friendly for the mere sake of being so.

Love does not hurt ladies' reputations, but they are discredited if their lovers lack merit.

> La Rochefoucauld; soldier at sixteen; took part in the *Fronde;* wounded, in 1652 retired from political activity. His book of *Maximes* (1665) is, according to Voltaire, "One of the works that contributed most to forming the taste of the nation, inculcating it with the virtues of precision and use of the right word in the right place."

Our virtues are most often merely vices in disguise.

[*Motto*]

Self-love is the greatest of all flatterers.

Passion often makes fools of the cleverest, and often makes the greatest fools clever.

We all have sufficient fortitude to bear other people's misfortunes.

Philosophy is easily victorious over past and future evils, but present evils defeat it.

It takes greater qualities to cope with good fortune than with bad.

If we had no faults of our own, we should not take such pleasure in noticing those of others.

We are never as happy or as unhappy as we imagine.

Judged by most of its results, love is closer to hatred than to friendship.

Il n'y a qu'une sorte d'amour, mais il y en a mille différentes copies.   *Id.*, 74

L'amour de la justice n'est, en la plupart des hommes, que la crainte de souffrir l'injustice.   *Id.*, 78

Les hommes ne vivraient pas longtemps en société s'ils n'étaient les dupes les uns des autres.   *Id.*, 87

Tout le monde se plaint de sa mémoire et personne ne se plaint de son jugement.   *Id.*, 89

L'esprit est toujours la dupe du cœur.   *Id.*, 102

On ne donne rien si libéralement que ses conseils.   *Id.*, 110

Il y a de bons mariages, mais il n'y en a point de délicieux.
                                                                                                          Id., 113

Les vertus se perdent dans l'intérêt comme les fleuves se perdent dans la mer.   *Id.*, 171

Les vices entrent dans la composition des vertus comme les poisons entrent dans la composition des remèdes. La prudence les assemble et les tempère, et elle s'en sert utilement contre les maux de la vie.   *Id.*, 182

Quand les vices nous quittent, nous nous flattons de la créance que c'est nous qui les quittons.   *Id.*, 192

Qui vit sans folie n'est pas si sage qu'il croit.   *Id.*, 209

L'hypocrisie est un hommage que le vice rend à la vertu.
                                                                                                          Id., 218

Le trop grand empressement qu'on a de s'acquitter d'une obligation est une espèce d'ingratitude.   *Id.*, 226

Il n'est pas si dangereux de faire du mal à la plupart des hommes que de leur faire trop de bien.   *Id.*, 238

There is only one kind of love, but there are a thousand different imitations of it.

In most men, love of justice is nothing but fear of suffering injustice.

Men would not long be social creatures were they not each other's dupes.

Everyone complains of his memory and no one complains of his judgment.

The mind is always the dupe of the heart.

We give nothing as freely as our advice.

There are good marriages, but there are no delicious ones.

Virtues are engulfed in self-interest just as rivers are swallowed up by the sea.

Vices are component parts of virtues just as poisons are component parts of remedies. Caution mixes and tempers them, and uses them effectively against life's ills.

When our vices leave us, we flatter ourselves with the belief that it is we who leave them.

Who lives without folly is less wise than he thinks.

Hypocrisy is the tribute that vice pays to virtue.

Excessive eagerness in paying off an obligation is a kind of ingratitude.

It is less dangerous to injure most men than to treat them too kindly.

Le plaisir de l'amour est d'aimer et l'on est plus heureux par la passion que l'on a que par celle que l'on donne. *Id.*, 259

L'absence diminue les médiocres passions et augmente les grandes, comme le vent éteint les bougies et allume le feu. *Id.*, 276

Nous aimons toujours ceux qui nous admirent et nous n'aimons pas toujours ceux que nous admirons. *Id.*, 294

Quelque bien qu'on nous dise de nous on ne nous apprend rien de nouveau. *Id.*, 303

Nous pardonnons souvent à ceux qui nous ennuient, mais nous ne pouvons pardonner à ceux que nous ennuyons. *Id.*, 304

On ne trouve guère d'ingrats tant qu'on est en état de faire du bien. *Id.*, 306

Ce qui fait que les amants et les maîtresses ne s'ennuient point d'être ensemble c'est qu'ils parlent toujours d'eux-mêmes. *Id.*, 312

Il y a dans la jalousie plus d'amour-propre que d'amour. *Id.*, 324

Nous n'avouons de petits défauts que pour nous persuader que nous n'en avons pas de grands. *Id.*, 327

Il y a peu d'honnêtes femmes qui ne soient lasses de leur métier. *Id.*, 367

Nous aurions souvent honte de nos plus belles actions si le monde voyait tous les motifs qui les produisent. *Id.*, 409

Peu de gens savent être vieux. *Id.*, 423

Quelque rare que soit le véritable amour, il l'est encore moins que la véritable amitié. *Id.*, 473

The pleasure of love is in loving, and we derive more happiness from the passion that we experience than from the passion we arouse.

Absence weakens mediocre passions and increases great ones, as the wind blows out candles and kindles fires.

We always love those who admire us, but we do not always love those whom we admire.

However well people speak of us, we learn nothing new.

We often forgive those who bore us, but cannot forgive those whom we bore.

We seldom meet with ingratitude so long as we are in a position to be benefactors.

The reason lovers and mistresses are not bored by each other's company is that they always talk about themselves.

In jealousy there is more self-love than love.

We acknowledge little failings only to persuade ourselves that we have no great ones.

Few virtuous women do not weary of being so.

We should often be ashamed of our noblest actions if all their motives were known.

Few people know how to be old.

However rare true love may be, it is less rare than true friendship.

Les querelles ne dureraient pas longtemps si le tort n'était que d'un côté.   *Id., 496*

La jalousie est le plus grand des maux et celui qui fait le moins de pitié aux personnes qui le causent.   *Id., 503*

Dans l'adversité de nos meilleurs amis, nous trouvons souvent quelque chose qui ne nous déplaît pas.   *Id., 583*

PAUL DE GONDI, CARDINAL DE RETZ
(1614–1679)

Il faut plus de qualités pour faire un bon chef de parti que pour faire un bon empereur de l'univers, et . . . dans le rang des qualités qui le composent, la résolution marche de pair avec le jugement: je dis avec le jugement héroïque, dont le principal usage est de distinguer l'extraordinaire de l'impossible.

La patience . . . est très souvent figurée par l'indolence.

Auprès des princes il est aussi dangereux et presque aussi criminel de pouvoir le bien que de vouloir le mal.

Il est bien plus naturel à la peur de consulter que de décider.

Rien de si grande conséquence dans les peuples que de leur faire paraître, même quand l'on attaque, que l'on ne songe qu'à se défendre.

Ce chef de parti [le prince de Conti] était un zéro qui ne multipliait que parce qu'il était prince du sang.

Il est, à mon sens, d'un plus grand homme de savoir avouer sa faute que de savoir ne la pas faire.

Quarrels would not last long if only one party were in the wrong.

Jealousy is the greatest of all sufferings, and the one that arouses the least pity in the persons who cause it.

In the misfortunes of our best friends we always find something not displeasing.

Retz, one of the leaders of the *Fronde;* became cardinal in 1652; imprisoned, made a sensational escape, went to Rome; allowed to return in 1662. His posthumously published *Mémoires,* from which the following extracts are taken, is a French classic.

Greater qualities are needed to make a good leader of a faction than a good emperor of the world, and . . . in the order of those qualities resoluteness counts for as much as judgment—I mean, heroic judgment, whose primary function is to discriminate between what is merely out of the ordinary and what is truly impossible.

Patience is often believed to be indolence.

In the eyes of a ruler, a man who is in a position to do good is just as dangerous, and almost as criminal, as one who intends to do harm.

It is far more natural for fear to seek counsel than to make a decision.

Nothing is more important when we deal with the populace than to give it the impression that we are on the defensive, even when we attack.

This leader was a zero: he multiplied his numbers only because he was a prince of the blood.

In my opinion, a man's ability to recognize his errors proves him greater than successful avoidance of them.

L'un des plus grands défauts des hommes est qu'ils cherchent presque toujours, dans les malheurs qui leur arrivent par leurs fautes, des excuses devant que de chercher des remèdes; ce qui fait qu'ils y trouvent souvent trop tard les remèdes.

Il n'y a point de petits pas dans les grandes affaires.

Rien ne persuade tant les gens qui ont peu de sens que ce qu'ils n'entendent pas.

Ce qui est nécessaire n'est jamais hasardeux.

[Monsieur dans la faiblesse duquel il y avait bien des étages.] Il y avait loin de la velléité à la volonté, de la volonté à la résolution, de la résolution au choix des moyens, du choix des moyens à l'application.

La plupart des hommes ne font les grands maux que par les scrupules qu'ils ont pour les moindres.

Quand l'on se trouve obligé à faire un discours que l'on prévoit ne devoir pas agréer, l'on ne lui peut trop donner d'apparences de sincérité, parce que c'est l'unique voie pour l'adoucir.

Un homme qui ne se fie pas à soi-même ne se fie jamais véritablement à personne.

Les gens les plus défiants sont souvent les plus dupes.

Tout ce qui est fort extraordinaire ne paraît possible, à ceux qui ne sont capables que de l'ordinaire, qu'après qu'il est arrivé.

Ne jamais compter, dans les grandes affaires, la fatigue, le péril et la dépense pour quelque chose.

Il n'y a personne qui ne croie faire honneur à un malheureux quand il le sert.

One of the greatest weaknesses of those who suffer misfortune through their own fault is that they almost always try to find excuses before looking for remedies; as a result they often find remedies too late.

In a major matter no details are small.

People of little sense are most easily convinced by arguments they do not understand.

What is necessary is never a risk.

[The king's brother was weak, and his weakness was many-storied. With him] it was quite a long way from impulse to will, from will to resolve, from resolve to choice of means, from choice of means to execution.

Great damage is usually caused by those who are too scrupulous to do small harm.

When you are obliged to make a statement that you know in advance will cause displeasure, you must say it with every appearance of sincerity; this is the only way to make it palatable.

A man who does not trust himself, never truly trusts anyone.

The most mistrustful persons are often the greatest dupes.

To those capable only of ordinary actions, everything that is very much out of the ordinary seems possible only after it is accomplished.

In important affairs no account must be taken of weariness, danger, or expense.

Whoever helps an unfortunate feels that he is conferring an honor.

ROGER DE BUSSY-RABUTIN

(1618–1693)

Quand on n'a pas ce que l'on aime, il faut aimer ce que l'on a.
Lettre à Mme de Sévigné, 23 mai 1667

Dieu est d'ordinaire pour les gros escadrons contre les petits.
Lettre au Comte de Limoges, 18 octobre 1677

L'absence est à l'amour ce qu'est au feu le vent;
Il éteint le petit, il allume le grand.
Histoire amoureuse des Gaules

SAVINIEN CYRANO DE BERGERAC

(1619–1655)

TERENTIUS. Ces dieux renverseront tout ce que tu proposes.
SÉJANUS.   Un peu d'encens brûlé rajuste bien des choses.
La Mort d'Agrippine (1653), II, 4

Que diable aller faire aussi dans la galère d'un Turc? d'un Turc!
Le Pédant joué (1654), II, 4

Si je voulais vous expliquer ce que j'aperçois par les sens qui
vous manquent, vous vous le représenteriez comme quelque
chose qui peut être ouï, vu, touché, fleuré, ou savouré, et ce n'est
rien cependant de tout cela.   *Voyage dans la lune (1656)*

NINON DE LENCLOS

(1620–1705)

Ah! Le bon billet qu'a La Châtre!

Bussy-Rabutin, a cousin of Mme de Sévigné; distinguished soldier; sent to the Bastille for his scandalous chronicle, *Histoire amoureuse des Gaules* (1665), later exiled to his estates.

When we do not get what we like, we must like what we get.

God is usually on the side of big squadrons against little ones.

Absence is to love as wind is to fire;
It extinguishes the small and kindles the great.

Cyrano de Bergerac led a stormy life (duels, gambling, military campaigns, several wounds); a real original, his influence is only now being properly appreciated, both as a freethinker and as creator of the "imaginary journey."

T. These gods will bring all your designs to nought.
S. A little incense burned arranges many things.

And then, what business had he with the galley of a Turk? a Turk!

Were I to try to explain to you what I perceive through senses that you do not possess, you would represent it as something to be heard, seen, touched, or tasted. And yet it is nothing at all like that.

Ninon de Lenclos had many lovers and a distinguished *salon;* among her visitors was the young Voltaire, son of her notary. The most famous of her witty sayings is a nearly untranslatable exclamation that must have been most humorously uttered. When her lover, the Marquis de la Châtre, left Paris with the army he exacted from her a written promise (*un billet*) that she would remain faithful to him. During his absence, at moments of infidelity, she would exclaim, *Ah! le bon billet qu'a La Châtre!* The quotations given here are taken from *Correspondance authentique de Ninon de Lenclos,* Paris, 1886, and Emile Magne, *Ninon de Lenclos,* Paris, 1927.

[See note above]

La joie de l'esprit en marque la force.
Lettre à Saint-Évremond, 1687

Il faut faire provision de vivres, non de plaisirs. On doit les prendre au jour la journée.

Il n'y a rien de si varié dans la nature que les plaisirs de l'amour, quoiqu'ils soient toujours les mêmes.

Une femme sensée ne doit jamais prendre de mari sans le consentement de sa raison et d'amants sans l'aveu de son cœur.

Il faut cent fois plus d'esprit pour faire l'amour, que pour commander des armées.

Il est des instants où les femmes aiment mieux être un peu brusquées que trop ménagées; les hommes manquent plus de cœur par leur maladresse que la vertu n'en sauve.

Il faut choisir d'aimer les femmes ou de les connaître.

Il est plaisant qu'on ait fait une loi de la pudeur aux femmes, qui n'estiment dans les hommes que l'effronterie.

JEAN DE LA FONTAINE

(1621–1695)

Jean s'en alla comme il était venu,
Mangea le fonds avec le revenu,
Tint les trésors chose peu nécessaire.
Quant à son temps, bien le sut dispenser:
Deux parts en fit, dont il soulait passer
L'une à dormir et l'autre à ne rien faire.

Epitaphe d'un paresseux

A cheerful mind is a vigorous mind.

It's all very well to keep food for another day, but pleasure should be taken as it comes.

Nothing is as varied in nature as the pleasures of love, although they are always the same.

A sensible woman must never take a husband without the consent of her reason, and must never take a lover unless prompted by her heart.

It takes a hundred times more intelligence to make love than to command an army.

There are moments when women would rather be treated a little roughly than with too much consideration; men are more often defeated because of their own clumsiness than because of a woman's virtue.

A man must choose between loving women and knowing them.

How amusing that modesty should have been prescribed for women, whereas the only quality they esteem in men is effrontery!

La Fontaine, poet and fabulist, was born at Château-Thierry. "La Fontaine is an amoral moralist, a casual poet of exasperating perfection, as fabulous as his fables . . . is he naïve or wily, does he speak with tongue in cheek or in all seriousness?" (Barbey d'Aurevilly). He describes his character in his own epitaph, which heads the quotations given below.

Jean went as he came—ate his farm with its fruits,
Held treasure to be but the cause of disputes,
And as to his time, be it frankly confessed,
Divided it daily as it suited him best:
Gave a part to his sleep, and to nothing the rest.

Tr. Elizur Wright

Tout bourgeois veut bâtir comme les grands seigneurs,
   Tout petit prince a des ambassadeurs,
   Tout marquis veut avoir des pages.
      Fables, I, 3, La grenouille qui veut se faire aussi
      grosse que le bœuf

Plutôt souffrir que mourir,
C'est la devise des hommes.   *Id., I, 16, La Mort et le Bûcheron*

C'est double plaisir de tromper le trompeur.
                     Id., II, 15, Le Coq et le Renard

Amour est un étrange maître,
Heureux qui peut ne le connaître
Que par récit, lui et ses coups.   *Id., IV, 1, Le Lion amoureux*

Amour, amour, quand tu nous tiens,
On peut bien dire, "adieu, prudence!"   *Ibid.*

Chacun se dit ami: mais fou qui s'y repose;
Rien n'est plus commun que le nom,
Rien n'est plus rare que la chose.   *Id., IV, 17, Parole de Socrate*

Une ample comédie à cent actes divers,
   Et dont la scène est l'Univers.
                  Id., V, 1, Le Bûcheron et Mercure

Une morale nue apporte de l'ennui;
Le conte fait passer le précepte avec lui.
                     Id., VI, 1, Le Pâtre et le Lion

Sur les ailes du Temps la tristesse s'envole.   *Id., VI, 21*

Puisqu'il est des vivants, ne songez plus aux morts.   *Ibid.*

Les tourterelles se fuyaient:
Plus d'amour, partant plus de joie!
         Id., VII, 1, Les animaux malades de la Peste

Every grocer wants a chateau,
Every princeling sends ambassadors,
Every squire wants a retinue.

To suffer rather than die
That is the motto of mankind.

'Tis doubly sweet deceiver to deceive.
Tr. Elizur Wright

Strange conqueror, Love! And happy he
Who only knows by story
Him and his feats of glory!   *Tr. Elizur Wright*

O tyrant love! When held by you,
We may to Prudence bid adieu.
Tr. Elizur Wright

Each calls himself your friend; you'd be a fool to believe it;
Nothing's more common than the name,
Nothing rarer than the thing.

A comedy immense,
Its acts unnumbered and diverse,
Its scene the boundless universe.
Tr. Elizur Wright

Bare precepts were inert and tedious things;
The story gives them life and wings.
Tr. Elizur Wright

On the wings of Time grief flies away.

The living are with us, think not of the dead.

The turtledoves shunned each other's company:
No love, and hence no pleasure!

Les ruines d'une maison
Se peuvent réparer: que n'est cet avantage
Pour les ruines du visage!   *Id., VII, 5, La Fille*

Deux coqs vivaient en paix: une poule survint
Et voilà la guerre allumée.   *Id., VII, 13, Les Deux Coqs*

Quand l'eau courbe un bâton, ma raison le redresse.
La raison décide en maîtresse.
                    Id., VII, 18, Un Animal dans la lune

Le monde est vieux, dit-on, je le crois; cependant
Il le faut amuser encore comme un enfant.
                    Id., VIII, 4, Le Pouvoir des fables

Qu'un ami véritable est une douce chose!
Il cherche vos besoins au fond de votre cœur;
        Il vous épargne la pudeur
        De les lui découvrir vous même.
        Un songe, un rien, tout lui fait peur
        Quand il s'agit de ce qu'il aime.
                    Id., VIII, Les Deux Amis.

Dieu fait bien ce qu'il fait. Sans en chercher la preuve
En tout cet univers et l'aller parcourant,
        Dans les citrouilles je la treuve.
                    Id., IX, 4, Le Gland et la Citrouille

Chacun tourne en réalités
Autant qu'il peut ses propres songes:
L'homme est de glace aux vérités,
Il est de feu pour les mensonges.
                    Id., IX, 6, Le Statuaire et la statue de Jupiter

A ces mots, l'animal pervers
(C'est le serpent que je veux dire
Et non l'homme: on pourrait aisément s'y tromper).
                    Id., X, 1, L'Homme et la Couleuvre

A house when gone to wrack and ruin
May be repaired and made a new one.
Alas! for ruins of the face
No such rebuilding e'er takes place.
Tr. Elizur Wright

Two cocks in peace were living, when
A war was kindled by a hen.   *Tr. Elizur Wright*

When the water crooks a stick
My reason straightens it as quick.
Tr. Elizur Wright

The world is old, they say; I don't deny it;
        But, infant still
        In taste and will,
Whoe'er would teach, must gratify it.
Tr. Elizur Wright

There's nothing sweeter than a real friend.
        An angler delicate, he fishes
        The very deepest of your wishes,
        And spares your modesty the task
        His friendly aid to ask.
        A dream, a shadow, wakes his fear,
        When pointing at the object dear.
Tr. Elizur Wright

God's works are good. This truth to prove,
Around the world I need not move;
        I do it by the nearest pumpkin.
Tr. Elizur Wright

All men as far as in them lies
        Create realities of dreams.
To truth our nature proves but ice;
        To falsehood, fire it seems.
Tr. Elizur Wright

On this the animal perverse
        (I mean the snake;
        Pray don't mistake
        The human for the worse).
Tr. Elizur Wright

L'absence est aussi bien un remède à la haine
      Qu'un appareil contre l'amour.
                Id., X, 12, Les Deux Perroquets, le Roi et son Fils

Quand le moment viendra d'aller trouver les morts,
J'aurai vécu sans soins, et mourrai sans remords.
              Id., XI, 4, Le Songe d'un habitant du Mogol

. . . chacun croit fort aisément
Ce qu'il craint et ce qu'il désire.
              Id., XI, 6, Le Loup et le Renard

. . . la grâce, plus belle encore que la beauté.   *Adonis*

Les nymphes, de qui l'oeil voit les choses futures,
L'avaient fait égarer en des routes obscures,
Le son des cors se perd par un charme inconnu.   *Ibid.*

J'aime le jeu, l'amour, les livres, la musique,
La ville et la campagne, enfin tout; il n'est rien
Qui ne me soit souverain bien,
Jusqu'au sombre plaisir d'un cœur mélancolique.
              Poésies, Les Amours de Psyché, II

MOLIÈRE (JEAN BAPTISTE POQUELIN)

(1622–1673)

On n'a point pour la mort la dispense de Rome.
          L'Etourdi (1655), Acte II, 4 (Anselme)

Les plus courtes erreurs sont toujours les meilleures.
              Id., IV, 3 (Anselme)

On ne meurt qu'une fois et c'est pour si longtemps!
      Le Dépit amoureux (1656), V, 3 (Mascarille)

Absence is the cure of hate,
          As 'tis from love the shield.
                              Tr. Elizur Wright

When the time shall come to yield my breath,
Without remorse I'll join the ranks of death.
                              Tr. Elizur Wright

Our faith is prone to lend its ear
To aught which we desire or fear.
                              Tr. Elizur Wright

. . . Grace, even more beautiful than beauty.

The nymphs, whose eyes see future things,
Led him astray along obscure paths.
The sound of horns is dying under an unknown spell.

I'm fond of games, and love, and books, and music,
Of town and country, everything in short;
There's nothing I do not enjoy intensely,
Down to the somber pleasures of a melancholy heart.

Molière, born in Paris, founded a theatrical company in 1643 and toured the provinces until 1658 when he settled in the capital; wrote, produced, and acted in his plays. A hundred years after his death the French Academy unveiled his bust. The inscription provided by the academician Bernard-Joseph Saurin, a dramatist himself, ran: "We add nothing to his fame, his adds to ours" (*Rien ne manque à sa gloire, il manquait à la nôtre*).

From death, even Rome cannot grant dispensation.

The shortest-lived mistakes are always the best.

We die but once—and for so long a time!

Ne soyez pas inexorable à ce fauteuil qui vous tend les bras il y a un quart d'heure.

Les Précieuses ridicules (1659), 9 (CATHOS)

Hors de Paris, il n'y a pas de salut pour honnêtes gens.

Ibid. (MASCARILLE)

Il commandait un régiment de cavalerie sur les galères de Malte.

Id., 12 (JODELET)

Les verrous et les grilles
Ne font pas la vertu des femmes et des filles.

L'École des maris (1661), I, 2 (ARISTE), *III, 5* (SGANARELLE)

Votre sexe n'est là que pour la dépendance;
Du côté de la barbe est la toute-puissance.

L'École des femmes (1662), III, 2 (ARNOLPHE)

Elles étaient plus chastes des oreilles que de tout le reste du corps.

Critique de l'École des femmes (1663), 3 (URANIE)

C'est une étrange entreprise que celle de faire rire les honnêtes gens.

Id., 6 (DORANTE)

Je voudrais bien savoir si la grande règle de toutes les règles n'est pas de plaire et si une pièce de théâtre qui a attrapé son but n'a pas suivi un bon chemin.

Id., 7 (DORANTE)

Le siècle s'encanaille furieusement.

Ibid. (CLIMÈNE)

Vous, vous représentez une de ces femmes qui, pourvu qu'elles ne fassent point l'amour, croient que tout leur est permis.

L'Impromptu de Versailles (1663), I, 1 (Molière à Mlle Béjart)

Je soutiendrai mon opinion jusqu'à la dernière goutte de mon encre.

Le Mariage forcé (1664), 6 (PANCRACE)

Je veux imiter mon père, et tous ceux de ma race qui n'ont jamais voulu se marier.

Id., 8 (SGANARELLE)

Have pity on this armchair, it has been stretching out its arms to you for a quarter of an hour.

Outside Paris there is no salvation for a gentleman.

He commanded a regiment of cavalry on a Maltese galley.

Bolts and bars will not keep our wives and daughters chaste.

Submission is woman's lot:
Power goes with beards.

Their ears were chaster than all the rest of their bodies.

'Tis a strange undertaking, to make the gentry laugh.

Isn't the most important of all the rules simply to please? And hasn't a play that achieves this followed the right path?

Our times are becoming horribly vulgar.

As for you, you play the part of one of those women who think that so long as they don't make love, everything is permitted them.

I will defend my opinion down to the last drop of my ink.

I want to be like my father and all the rest of my ancestors who never married.

Vous êtes un sot en trois lettres, mon fils.

Le Tartuffe (1664), I, 1 (Mme Pernelle)

Le pauvre homme!

Id., I, 4 (Orgon)

Il est de faux dévôts ainsi que de faux braves.

Id., I, 6 (Cléante)

Couvrez ce sein que je ne saurais voir.   *Id., III, 2* (Tartuffe)

Ah! pour être dévôt, je n'en suis pas moins homme!

Id., III, 3 (Tartuffe)

Le ciel défend, de vrai, certains contentements;
Mais on trouve avec lui des accommodements.

Id., IV, 5 (Tartuffe)

Le scandale du monde est ce qui fait l'offense,
Et ce n'est pas pécher que pécher en silence.   *Ibid.*

Je l'ai vu, dis-je, vu, de mes propres yeux vu,
Ce qu'on appelle vu.   *Id., V, 3* (Orgon)

Un grand seigneur méchant homme est une terrible chose.

Don Juan (1665), I, 1 (Sganarelle)

La naissance n'est rien où la vertu n'est pas.

Id., IV, 4 (Don Louis)

Vous êtes orfèvre, Monsieur Josse, et votre conseil sent son
homme qui a envie de se défaire de sa marchandise.

L'Amour Médecin (1665), I, 1 (Sganarelle)

Le plus grand foible des hommes, c'est l'amour qu'ils ont pour
la vie.   *Id., III, 1* (Filerin)

Sur quelque préférence une estime se fonde,
Et c'est estimer rien qu'estimer tout le monde.

Le Misanthrope (1666), I, 1 (Alceste)

You are a fool in four letters, my son.

The poor man!

There is such a thing as sham piety, just as there is such a thing
as sham courage.

Cover that breast, it offends my eyes.

For all my piety, I am still a man!

True, Heaven forbids us certain pleasures; but there is always a
way to arrange things.

What is wicked is to shock the world; to sin in private is not to sin.

I've seen it, I'm telling you, seen it with my own eyes, what is
called *seen*.

A wicked lord is a terrible thing.

Birth counts for nothing where virtue lacks.

You're a goldsmith, Mr. Josse, and your advice betrays a man
eager to sell his jewelry.

Man's greatest weakness is love of life.

Esteem is based on some preference:
To esteem all, is to esteem no one.

L'ami du genre humain n'est pas du tout mon fait.   *Ibid.*

La parfaite raison fuit toute extrémité.
Et veut qu'on soit sage avec sobriété.   *Ibid.* (Philinte)

C'est une folie à nulle autre seconde
De vouloir se mêler de corriger le monde.   *Ibid.*

. . . un amant dont l'ardeur est extrême
Aime jusqu'aux défauts des personnes qu'il aime.
Id., II, 5 (Eliante)

L'âge amènera tout, et ce n'est pas le temps,
Madame, comme on sait, d'être prude à vingt ans.
Id., III, 5 (Célimène)

Géronte. Il me semble que vous les placez autrement qu'ils ne
sont; que le cœur est du côté gauche, et le foie du côté droit.
Sganarelle. Oui, cela était autrefois ainsi, mais nous avons
changé tout cela.   *Le Médecin malgré lui (1666)*, II, 4

J'aime mieux un vice commode
Qu'une fatigante vertu.   *Amphitryon (1666)*, I, 4 (Mercure)

Un partage avec Jupiter
N'a rien du tout qui déshonore.   *Id.*, III, 10 (Jupiter)

Le seigneur Jupiter sait dorer la pilule.   *Ibid.* (Sosie)

Vous l'avez voulu, Georges Dandin, vous l'avez voulu.
Georges Dandin (1668), I, 9 (Georges Dandin)

Ce sont des choses qui ont besoin qu'on les croie pieusement.
Id., III, 8 (Georges Dandin)

Sans dot! Le moyen de résister à une raison comme celle-là?
L'Avare (1668), I, 1 (Harpagon)

Donner est un mot pour qui il a tant d'aversion, qu'il ne dit jamais, *je vous donne*, mais, *je vous prête le bonjour*.
Id., II, 5 (La Flèche)

I have no use at all for "the friend of mankind."

Reason at its best shuns all extremes:
Even in wisdom we must exert restraint.

It is a folly unsurpassed by any other
To try to improve the world.

A lover whose passion is extreme
Loves even the faults of his beloved.

Everything comes with time; after all, Madame,
Twenty is not an age for prudery.

G. You seem to locate them the wrong way round; isn't the heart
    on the left side, and the liver on the right?
S. Yes, that's the way it used to be, but we've changed all that.

I like easygoing vice better than tiresome virtue.

To share your wife with Jupiter is not a bit disgraceful.

The Lord Jupiter knows how to gild the pill.

You've asked for it, Georges Dandin, you've asked for it.

This sort of thing has to be believed in religiously.

No dowry! Who can resist such an inducement?

"Give" is a word for which he has so much aversion that he never
says, "I give you good day," but, "I lend you good day."

Quand il y a à manger pour huit, il y en a bien pour dix.

Ibid. (Harpagon)

Pour tout l'or du monde il ne voudrait avoir guéri une personne avec d'autres remèdes que ceux que la Faculté permet.

Monsieur de Pourceaugnac (1669), I, 7 (L'Apothicaire)

Son argent redresse les jugements de son esprit. Il a du discernement dans sa bourse.

Le Bourgeois Gentilhomme (1670), I, 1 (Le Maître de Musique)

Par ma foi! il y a plus de quarante ans que je dis de la prose sans que je n'en susses rien.   *Id., II, 4* (M. Jourdain)

Je voudrais donc lui mettre dans un billet: *Belle marquise, vos beaux yeux me font mourir d'amour;* mais je voudrai que cela fût mis d'une manière galante; que cela fût tourné gentiment.

Ibid. (M. Jourdain)

Que diable allait-il faire dans cette galère?

Les Fourberies de Scapin (1671), II, 7 (Géronte)

La grammaire qui sait régenter jusqu'aux rois.

Les Femmes savantes (1672), II, 6 (Philaminte)

Je vis de bonne soupe, et non de beau langage,
Vaugelas n'apprend pas à bien faire un potage.

Id., II, 7 (Chrysale)

Ah! permettez, de grâce,
Que pour l'amour du grec, monsieur, on vous embrasse.

Id., III, 3 (Philaminte)

Je soutiens qu'on ne peut en faire de meilleur;
Et ma grande raison est que j'en suis l'auteur.

Ibid. (Trissotin)

Un sot savant est sot plus qu'un sot ignorant.

Id., IV, 3 (Clitandre)

When there's enough food for eight, there is surely plenty for ten.

All the gold in the world wouldn't induce him to cure a patient with any remedies not permitted by the Faculty.

His money corrects his poor judgment. His purse is very intelligent.

Good heavens! For more than forty years I've been speaking prose without knowing it!

And so, this is what I'd like to put in my letter: "Beautiful Marquise, your beautiful eyes make me die of love"; but I'd like it put in an elegant way, I want it prettily turned.

What the devil was he doing in that galley?

To grammar even kings must bow.

I live on hearty broth, not flowery words; Vaugelas won't teach you how to make a good soup.

Ah, pray, Monsieur, let me kiss you for the sake of Greek.

I maintain that no one can do better than that; after all, I myself wrote it.

A learned fool is more foolish than an ignorant one.

Il faut qu'il ait tué bien des gens pour s'être fait si riche.

Le Malade imaginaire (1673), I, 5 (Toinette)

Il marche, dort, mange, et boit comme les autres, mais cela n'empêche pas qu'il ne soit fort malade.   *Id., II, 3* (Toinette)

Les anciens, monsieur, sont les anciens, et nous sommes les gens de maintenant.   *Id., II, 7* (Angélique)

Ah! il n'y a plus d'enfants.   *Id., II, 11* (Argan)

Presque tous les hommes meurent de leurs remèdes et non de leurs maladies.   *Id., III, 3* (Déralde)

BLAISE PASCAL

(1623–1662)

Quelque étendue d'esprit que l'on ait, l'on n'est capable que d'une grande passion.   *Discours sur les passions de l'amour (1653)*

Qu'une vie est heureuse quand elle commence par l'amour et qu'elle finit par l'ambition! Si j'avais à en choisir une, je prendrais celle-là.   *Id.*

La netteté de l'esprit cause aussi la netteté de la passion; c'est pourquoi un esprit grand et net aime avec ardeur, et il voit distinctement ce qu'il aime.   *Id.*

Il y a deux sortes d'esprit, l'un géométrique, et l'autre que l'on peut appeler de finesse. Le premier a des vues lentes, dures, et inflexibles; mais le dernier a une souplesse de pensée qu'il applique en même temps aux diverses parties aimables de ce qu'il aime.   *Id.*

L'on a beau se cacher à soi-même, l'on aime toujours. Dans les choses mêmes où il semble que l'on ait séparé l'amour, il s'y trouve secrètement et en cachette, et il n'est pas possible que l'homme puisse vivre un moment sans cela.   *Id.*

He must have killed quite a number of people to have got so rich.

He walks, sleeps, eats, and drinks like anybody else, but that doesn't keep him from being sick as a dog.

The ancients, Sir, are the ancients, but we are people of today.

Ah, there are no children any more.

Most men die of their medicines, not of their maladies.

> Pascal, mathematician, physicist, inventor; after mystical experiences abandoned science and led an ascetic life. "Author of a treatise on cycloids," D'Alembert comments ironically, "an immortal and sublime genius, the loss of whose talents philosophy could not regret enough, had not religion profited from them." His *Lettres provinciales* was a landmark in the development of French prose style. His collection of *Pensées* was published posthumously.

However vast a man's spiritual resources, he is capable of but one great passion.

How fortunate the man whose life begins with love and ends with ambition! Were it up to me, that is the life I should choose.

Clarity of mind means clarity of passion, too; this is why a great and clear mind loves ardently and sees distinctly what he loves.

There are two types of mind—the mathematical, and what might be called the intuitive. The former arrives at its views slowly, but they are firm and rigid; the latter is endowed with greater flexibility and applies itself simultaneously to the diverse lovable parts of that which it loves.

In vain do we conceal it from ourselves: we are always loving someone or something. Even where matters seemingly most remote are concerned, our feelings are secretly engaged; it is just not possible to live through a single moment without such feelings.

[117]

Ils ont jugé plus à propos et plus facile de censurer que de repartir, parce qu'il leur est bien plus aisé de trouver des moines que des raisons.   *Lettres provinciales, III*

C'est une étrange et longue guerre que celle où la violence essaie d'opprimer la vérité. Tous les efforts de la violence ne peuvent affaiblir la vérité et ne servent qu'à la relever davantage. Toutes les lumières de la vérité ne peuvent rien pour arrêter la violence, et ne font que l'irriter encore plus. . . . Qu'on ne prétende pas de là néanmoins que les choses soient égales; car il y a cette extrême différence, que la violence n'a qu'un cours borné par l'ordre de Dieu, qui en conduit les effets à la gloire de la vérité qu'elle attaque; au lieu que la vérité subsiste éternellement, et triomphe enfin de ses ennemis; parce qu'elle est éternelle et puissante comme Dieu même.   *Id., XII*

Mes révérends Pères, mes lettres n'avaient pas accoutumé de se suivre de si près, ni d'être si étendues. . . . Je n'ai fait celle-ci plus longue que parce que je n'ai pas eu le loisir de la faire plus courte.   *Id., XVI*

On agit comme si on avait mission de faire triompher la vérité, au lieu que nous n'avons mission que pour combattre pour elle. Le désir de vaincre est si naturel, que, quand il se couvre du désir de faire triompher la vérité, on prend souvent l'un pour l'autre, et on croit rechercher la gloire de Dieu, en cherchant en effet la sienne.   *Lettre à Monsieur Périer (1661)*

"Dieu d'Abraham, Dieu d'Isaac, Dieu de Jacob" non des philosophes et des savants.
                      Ecrit trouvé dans l'habit de Pascal après sa mort

Joie, joie, joie, pleurs de joie.   *Id.*

La vraie éloquence se moque de l'éloquence, la vraie morale se moque de la morale. . . . Se moquer de la philosophie, c'est vraiment philosopher.   *Pensées (ed. Brunschvicg), 4*

L'un dit: "Il y a deux heures"; l'autre dit: "Il n'y a que trois quarts d'heure". Je regarde ma montre, et je dis à l'un: "Vous vous ennuyez"; et à l'autre: "Le temps ne vous dure guère"; car il a une heure et demie.   *Id., 5*

They adjudged it easier and more opportune to censure than to reply, because they have far less trouble finding monks than arguments.

It is a strange and long war, the war that violence is forever waging against truth. All the efforts of violence are powerless to weaken truth, and serve only to make it stronger. All the lights of truth are powerless to stop violence, and serve only to make it angrier. . . . Do not suppose, however, that the two are equal: there is one very great difference between them. The course of violence is directed by God who channels its effects to the exaltation of the truth it attacks; whereas truth subsists eternally and in the end triumphs over all its enemies, for it is eternal and powerful as God himself.

Reverend Fathers, my letters did not usually follow each other at such close intervals, nor were they so long. . . . This one would not be so long had I but the leisure to make it shorter.

People act as though our mission were to secure the triumph of truth, whereas our sole mission is to fight for it. The wish to be victorious is so natural that when it clothes itself in the desire for the triumph of truth, the two are often confused, and people imagine that they are pursuing the glory of God when actually they are only pursuing their own.

"The God of Abraham, the God of Isaac, and the God of Jacob," not of philosophers and scholars.

Joy, joy, joy, tears of joy.

True eloquence takes no heed of eloquence, true morality takes no heed of morality. . . . To take no heed of philosophy is truly to philosophize.

One says, "Two hours have passed"; the other says, "No, only three-quarters of an hour." I look at my watch, and I say to the first, "You are bored," and to the other, "For you time flies"; for actually an hour and a half has passed.

A mesure qu'on a plus d'esprit, on trouve qu'il y a plus d'hommes originaux. Les gens du commun ne trouvent pas de différence entre les hommes.   *Id.*, 7

La dernière chose qu'on trouve en faisant un ouvrage, est de savoir celle qu'il faut mettre la première.   *Id.*, 19

Quand on voit le style naturel, on est tout étonné et ravi, car on s'attendait de voir un auteur, et on trouve un homme.
                                                                        Id., 29

Voulez-vous qu'on croie du bien de vous? n'en dites pas.
                                                                        Id., 44

Qu'est-ce que l'homme dans la nature? Un néant à l'égard de l'infini, un tout à l'égard du néant, un milieu entre rien et tout.
                                                                        Id., 72

Imagination. C'est cette partie décevante dans l'homme, cette maîtresse d'erreur et de fausseté, et d'autant plus fourbe qu'elle ne l'est pas toujours; car elle serait règle infaillible de vérité si elle l'était infaillible du mensonge.   *Id.*, 82

Quelle vanité que la peinture, qui attire l'admiration par la ressemblance des choses dont on n'admire pas les originaux!
                                                                        Id., 134

J'ai découvert que tout le malheur des hommes vient d'une seule chose, qui est de ne savoir pas demeurer au repos dans une chambre.   *Id.*, 139

La vanité est si ancrée dans le cœur de l'homme, qu'un soldat, un goujat, un cuisinier, un crocheteur se vante et veut avoir ses admirateurs; et les philosophes mêmes en veulent . . . et moi qui écris ceci ai peut-être cette envie; et peut-être ceux qui le liront.
                                                                        Id., 150

Le nez de Cléopâtre; s'il eût été plus court, toute la face de la terre aurait changé.   *Id.*, 162

Le silence éternel de ces espaces infinis m'effraie.   *Id.*, 206

The more intelligent one is, the greater the differences one finds among men. To ordinary persons all men are the same.

The last thing one knows when writing a book is what to put first.

When we come upon a natural style, we are surprised and delighted; for we expected an author, and we find a man.

Do you wish people to think well of you? Don't speak well of yourself.

What is man in nature? Nothing in relation to the infinite, all in relation to nothing, a mean between nothing and everything.

Imagination.—It is that deceitful part in man, that mistress of error and falsity who cheats us the more because she does not cheat always; for she would be an infallible rule of truth were she an infallible rule of falsehood.

How vain is painting, which is admired for reproducing the likeness of things whose originals are not admired!

I have discovered that all human misery comes only from this, that we are incapable of staying quietly in a room.

Vanity is so anchored in the heart of man that a soldier, a camp-follower, a cook, the lowest porter brag and want to be admired. Even philosophers want this . . . and I who write this have perhaps the same desire, and perhaps those who will read it.

Cleopatra's nose: had it been shorter, the whole face of the earth would have been changed.

The eternal silence of these infinite spaces frightens me.

Pesons le gain et la perte, en prenant croix que Dieu est. Esti-
mons ces deux cas: si vous gagnez, vous gagnez tout; si vous
perdez, vous ne perdez rien. Gagez donc qu'il est, sans hésiter.

Id., 233

Le cœur a ses raisons que la raison ne connaît point. *Id., 277*

Pourquoi me tuez-vous? — Eh quoi, ne demeurez-vous pas de
l'autre côté de l'eau? Mon ami, si vous demeuriez de ce côté,
je serais un assassin et cela serait injuste de vous tuer de la sorte;
mais puisque vous demeurez de l'autre côté, je suis un brave, et
cela est juste. *Id., 293*

Plaisante justice qu'une rivière borne! Vérité au deçà des Pyré-
nées, erreur au delà. *Id., 294*

Mien, tien. "Ce chien est à moi, disaient ces pauvres enfants;
c'est là ma place au soleil." Voilà le commencement de l'usurpation de toute la terre. *Id., 295*

La justice sans la force est impuissante, la force sans la justice
est tyrannique. . . . Ne pouvant faire que ce qui est juste fût fort,
on a fait que ce qui est fort fût juste. *Id., 298*

La raison nous commande bien plus impérieusement qu'un maître; car en désobéissant à l'un on est malheureux, et en désobéissant à l'autre on est un sot. *Id., 345*

L'homme n'est qu'un roseau, le plus faible de la nature; mais
c'est un roseau pensant. *Id., 347*

L'homme n'est ni ange ni bête, et le malheur veut que qui veut
faire l'ange fait la bête. *Id., 358*

La grandeur de l'homme est grande en ce qu'il se connaît misérable. Un arbre ne se connaît pas misérable. *Id., 397*

Quelle chimère est-ce donc que l'homme? Quelle nouveauté,
quel monstre, quel chaos, quel sujet de contradiction, quel pro-
dige! Juge de toutes choses, imbécile ver de terre; dépositaire
du vrai, cloaque d'incertitude et d'erreur; gloire et rebut de
l'univers. *Id., 434*

Let us weigh the gain and the loss in wagering that God is. Let us consider the two possibilities. If you gain, you gain all; if you lose, you lose nothing. Hesitate not, then, to wager that He is.

The heart has its reasons which reason does not know.

"Why do you kill me?" "What! Do you not live on the other side of the water? If you lived on this side, my friend, I should be a murderer, and it would be unjust to kill you. But since you live on the other side, it is just, and I am a hero."

It is a fine kind of justice that has a river for its boundary! Truth on this side of the Pyrenees, error on the other side.

Mine, thine.—"This dog is mine," said the poor children. "This is my place in the sun." So begins the usurpation of all land.

Justice without strength is helpless, strength without justice is tyrannical. . . . Unable to make what is just strong, we have made what is strong just.

Reason commands us far more imperiously than a master: when we disobey the latter we are punished, when we disobey the former we are fools.

Man is but a reed, the weakest in nature; but he is a thinking reed.

Man is neither angel nor beast, and unfortunately he who would act the angel acts the beast.

Man's greatness is sublime because he knows himself to be miserable. A tree does not know itself to be miserable.

What a chimera, then, is man! What a novelty, what a monster, what a chaos, what a contradiction, what a prodigy! Judge of all things, helpless earthworm; depository of truth, sink of uncertainty and error; pride and scum of the universe.

Le moi est haïssable. Id., 455

Il n'y a que deux sortes d'hommes: les uns sont justes, qui se croient pécheurs; les autres pécheurs, qui se croient justes.
Id., 534

Tous les corps, le firmament, les étoiles, la terre et ses royaumes, ne valent pas le moindre des esprits; car il connaît tout cela, et soi; et les corps, rien. Id., 793

PIERRE NICOLE

(1625–1695)

Il faut des raisons pour parler, mais il n'en faut point pour se taire.
De la paix avec les hommes, II, 1

En cachant aux autres nos défauts, nous tâchons de nous les cacher à nous-mêmes, et c'est à quoi nous réussissons le mieux.
Id., II, 2

Un faiseur de romans et un poète de théâtre est un empoisonneur public, non des corps mais des âmes des fidèles, qui se doit regarder comme coupable d'une infinité d'homicides spirituels.
Lettre, janvier 1666

THOMAS CORNEILLE

(1625–1709)

Les belles passions cherchent les belles âmes.
Darius, I, 5 (STATIRA)

Quoi qu'en dise Aristote et sa docte cabale,
Le tabac est divin, il n'est rien qui l'égale!
Le Festin de Pierre (1677), I, 1 (SGANARELLE)

A l'amour satisfait tout son charme est ôté. *Id., I, 2* (DON JUAN)

The self is hateful.

There are only two kinds of men: the righteous who believe they are sinners, the sinners who believe they are righteous.

All bodies—the firmament, the stars, the earth and its kingdoms— are worth less than the least of minds; for a mind knows all those things and itself; bodies know nothing.

Nicole taught rhetoric and philosophy at Port-Royal. Author of moral essays, very popular in his day.

We need a reason for speaking, we need none for keeping silent.

When we hide our failings from others, we seek to hide them from ourselves, and it is in the latter attempt that we are most successful.

A maker of romances or a playwright is a public menace, who poisons not the bodies but the souls of the faithful, and who should hold himself guilty of countless spiritual homicides.

Thomas Corneille, younger brother of the great Pierre, wrote tragedies and comedies.

Noble passions seek out noble minds.

For all of Aristotle and his learned clique,
Tobacco is divine, nought else equals it!

Once love has gained its end, all its charm has fled.

MARIE DE RABUTIN-CHANTAL, MARQUISE DE SÉVIGNÉ

(1626–1696)

Je m'en vais vous mander la chose la plus étonnante, la plus surprenante, la plus merveilleuse, la plus miraculeuse, la plus triomphante, la plus étourdissante, la plus incroyable, la plus imprévue, la plus grande, la plus petite, la plus rare, la plus commune, la plus éclatante, la plus secrète jusqu'à aujourd'hui, la plus brillante, la plus digne d'envie. . . .

Lettres, A M. de Coulanges, 15 décembre 1670

Il faut glisser sur bien des pensées, et ne pas faire semblant de les voir.   *Id., A Mme de Grignan, 12 juillet 1671*

La grande amitié n'est jamais tranquille.

Ibid., 10 septembre 1671

Devinez ce que je fais: je recommence ce traité [Nicole, *Essais de morale*]; je voudrais bien en faire un bouillon et l'avaler.

Ibid., 4 novembre 1671

Vous me demandez, ma chère enfant, si j'aime toujours bien la vie. Je vous avoue que j'y trouve des chagrins cuisants; mais je suis encore plus dégoûtée de la mort: je me trouve si malheureuse d'avoir à finir tout ceci avec elle, que si je pouvais retourner en arrière, je ne demanderais pas mieux.   *Ibid., 16 mars 1672*

La bise de Grignan me fait mal à votre poitrine.

Ibid., 29 décembre 1688

Racine passera comme le café.   *(Attr.)*

JACQUES-BÉNIGNE BOSSUET

(1627–1704)

Nous faisons de nous-mêmes un personnage de théâtre qui n'a que des actions empruntées.

Sermons de jeunesse. Sur la haine de la vérité

Mme de Sévigné was born in Paris. Widowed at twenty-five after seven years of marriage, she devoted herself to her two children. The intensity of her concern for her daughter, Mme de Grignan (to whom most of her numerous letters were addressed), is illustrated in her well-known sentence about the north wind at Grignan.

Now I am going to tell you a piece of news that is most amazing, most surprising, most marvelous, most miraculous, most triumphant, most dazzling, most unheard-of, most singular, most extraordinary, most incredible, most unexpected, the biggest and the littlest, the rarest and the commonest, the most public and until today the most secret, the most brilliant, the most envy-arousing. . . .

We must glide over many thoughts and pretend not to notice them.

True friendship is never without anxiety.

Guess what I am doing: I am rereading this essay; I'd like to make a broth of it and swallow it.

You are asking me, my dear child, whether I still like life. I confess that I find it full of sharp pangs; but I find death even less appealing; I am so unhappy at the thought that everything will end with death, that if I could reverse the process, I'd ask for nothing better.

The north wind at Grignan gives me a pain in your chest.

Racine will go out of style like coffee.

Bossuet was tutor to the Dauphin from 1670 to 1681, became bishop of Meaux in 1681. Author of famous sermons and funeral orations, a *Discours sur l'histoire universelle*, theological and polemical works, essays, etc.

We assume the part of a player on the stage, and none of our actions is truly our own.

O nuit désastreuse! ô nuit effroyable, où retentit tout à coup, comme un éclat de tonnerre, cette étonnante nouvelle: Madame se meurt, Madame est morte!

Oraison funèbre de Henriette-Anne d'Angleterre, 1670

Madame était douce envers la mort, comme elle l'était envers tout le monde.   *Ibid.*

L'Angleterre, ah! la perfide Angleterre!

Premier Sermon sur la Circoncision

Que nous pardonnons aisément nos fautes, quand la fortune nous les pardonne!   *Oraison funèbre de Henriette de France*

Le plus grand dérèglement de l'esprit, c'est de croire les choses parce qu'on veut qu'elles soient, et non parce qu'on a vu qu'elles sont en effet.

Traité de la connaissance de Dieu et de soi-même, I

Otez l'amour, il n'y a plus de passions; et posez l'amour, vous les faites naître toutes.   *Ibid.*

Qu'il y ait un seul moment où rien ne soit, éternellement rien ne sera.   *Id., IV*

Les bonnes maximes outrées perdent tout.

Politique tirée de l'écriture sainte, IV

C'est la plus grande faiblesse de toutes les faiblesses que de craindre trop de paraître faible.   *Ibid.*

Il n'y a point de *hasard* dans le gouvernement des choses humaines, et la *fortune* n'est qu'un mot qui n'a aucun sens.

Id., VII

Le propre de l'hérétique, c'est-à-dire de celui qui a une opinion particulière, est de s'attacher à ses propres pensées.

Histoire des variations des églises protestantes, Préface

Cet inexorable ennui qui fait le fond de la vie.

(Cité par M.-A. Couturier in Se garder libre)

O dreadful night! O night of terror, in the midst of which, like a clap of thunder, suddenly rang out the shocking news: Madame is dying, Madame is dead!

Madame was kind in the face of death, as she had always been to everyone.

England! oh, perfidious England!

With what ease we pardon our failings, when fortune has not charged us with them!

The worst derangement of the spirit is to believe things because we want them to be so, not because we have seen them for what they are.

Take away love, and there are no more passions; posit love, and all of them come into view.

Were there nothing for one moment, then there would be nothing for all time to come.

Good maxims carried to the extreme ruin everything.

The greatest weakness of all weaknesses is the too great fear of seeming weak.

There is no such thing as "chance" in the governing of human affairs, and "fortune" is but a word devoid of sense.

The essential characteristic of a heretic, that is, of one who has a private opinion, is to cling to his own ideas.

The inexorable boredom that is at the core of life.

CHARLES PERRAULT

(1628–1703)

Assis à l'ombre d'un rocher
J'aperçus l'ombre d'un cocher,
Qui, tenant l'ombre d'une brosse,
Nettoyait l'ombre d'un carrosse.

L'Enéide travestie

LOUIS BOURDALOUE

(1632–1704)

Il n'y a rien de plus précieux que le temps, puisque c'est le prix de l'éternité. *De la perte du temps*

S'il est dévot, nous l'accusons d'hypocrisie; s'il ne l'est pas, nous l'accusons d'impiété; s'il est humble, nous regardons son humilité comme une faiblesse; s'il est généreux, nous appelons son courage orgueil. *Sur le jugement téméraire*

Parcourez les maisons et les familles distinguées par les richesses et par l'abondance des biens, je dis celles qui se piquent le plus d'être honorablement établies, celles où il paraît de la probité et même de la religion; si vous remontez jusqu'à la source d'où cette opulence est venue, à peine en trouverez-vous où l'on ne découvre dans l'origine et dans le principe des choses qui font trembler. *Sermon sur les richesses*

Si c'est le propre des rois de juger les peuples, il n'en est pas moins vrai que c'est le propre de Dieu de juger les rois.
Sur le jugement dernier, Exorde

Connaître sans juger, c'est souvent modestie et vertu; mais juger sans connaître, c'est toujours indiscrétion et témérité. *Id., II*

Charles Perrault touched off the *querelle des anciens et des modernes* in 1687 when he read at the French Academy his poem in praise of contemporary authors. Best known for his fairy tales.

> Sitting in the shadow of a rock,
> I glimpsed the shadow of a coachman,
> Who, holding the shadow of a brush,
> Was cleaning the shadow of a carriage.

Bourdaloue, Jesuit, regarded as the greatest French preacher after Bossuet.

Nothing is more precious than time, for time is the price of eternity.

If a man is devout, we accuse him of hypocrisy; if he is not, we accuse him of impiety; if he is humble, we look upon his humility as a weakness; if he is generous, we call his courage pride.

Consider the houses and families distinguished for their wealth and the abundance of their possessions, and I mean those which take most pride in the spotlessness of their escutcheons, those marked by probity and even religion; if you go back to the sources from which their opulence sprang, you will scarcely find any at whose origins and founding you will not shudder.

If it is proper for kings to judge their peoples, it is no less true that it is proper for God to judge kings.

To know without judging is often modesty and virtue; but to judge without knowing is always indiscretion and temerity.

MADAME DE LA FAYETTE

(1634–1693)

M. de Clèves ne trouva pas que mademoiselle de Chartres eût changé de sentiments en changeant de nom. La qualité de mari lui donna de plus grands privilèges; mais elle ne lui donna pas une autre place dans le cœur de sa femme. Cela fit aussi, que pour être son mari, il ne laissa pas d'être son amant, parce qu'il avait toujours quelque chose à souhaiter au delà de sa possession, et, quoiqu'elle vécut parfaitement bien avec lui, il n'était pas entièrement heureux.

"Je vous demande mille pardons, si j'ai des sentiments qui vous déplaisent: du moins je ne vous déplairai jamais par mes actions. Songez que, pour faire ce que je fais, il faut plus d'amitié et plus d'estime pour un mari que l'on n'en a jamais eu; conduisez-moi, ayez pitié de moi, et aimez-moi encore, si vous pouvez."

Les passions peuvent me conduire; mais elles ne sauraient m'aveugler.

PHILIPPE QUINAULT

(1635–1688)

Il est beau qu'un mortel jusques aux cieux s'élève;
Il est beau même d'en tomber.

Phaéton, Acte IV, 2 (PHAÉTON)

Qui n'a plus qu'un moment à vivre,
N'a plus rien à dissimuler.   *Atys, I, 6* (ATYS)

Mme de La Fayette, born in Paris, was a close friend of La Rochefoucauld. The extracts given below are from *La Princesse de Clèves* (1678), the story of a tragic love, the first modern psychological novel.

M. de Clèves realized that Mlle de Chartres' feelings had not changed with her change of name. His status as a husband gave him greater privileges, but did not secure for him a different place in his wife's heart. For this reason, too, he continued to be in love with her, for all that he was now her husband, because he still desired something beyond what he possessed, and though they lived in perfect harmony, he was not entirely happy.

"I beg your forgiveness if I have feelings that displease you; at least I shall never displease you by my actions. Please remember that to do what I am doing requires more friendship and more esteem for a husband than anyone has ever had; guide me, pity me, and keep loving me, if you can."

Passions can lead me on, but never blind me.

Quinault wrote tragedies, comedies, and operas for the composer Lulli.

That a mortal should soar to the skies is sublime;
It is sublime even to fall from them.

Who has but a short time to live
No longer needs dissemble.

NICOLAS BOILEAU

(1636–1711)

J'appelle un chat un chat, et Rolet un fripon.   *Satires, I*

Et, jusqu'à *Je vous hais*, tout s'y dit tendrement.   *Id., III*

De Paris au Pérou, du Japon jusqu'à Rome,
Le plus sot animal, à mon avis, c'est l'homme.   *Id., VIII*

En vain contre le Cid un ministre se ligue:
Tout Paris pour Chimène a les yeux de Rodrigue.   *Id., IX*

Jamais Iphigénie, en Aulide immolée,
N'a coûté tant de pleurs à la Grèce assemblée,
Que dans l'heureux spectacle à nos yeux étalé,
En fait sous son nom verser la Champmeslé.
    Épîtres, VII (à M. Racine)

Grand roi, cesse de vaincre, ou je cesse d'écrire.   *Id., VIII*

Rien n'est beau que le vrai: le vrai seul est aimable.   *Id., IX*

Rarement un esprit ose être ce qu'il est.   *Ibid.*

Le pénible fardeau de n'avoir rien à faire.   *Id., XI*

C'est en vain qu'au Parnasse un téméraire auteur
Pense de l'art des vers atteindre la hauteur:
S'il ne sent point du ciel l'influence secrète,
Si son astre en naissant ne l'a formé poète.   *L'Art poétique, I*

Quelque sujet qu'on traite, ou plaisant ou sublime,
Que toujours le bon sens s'accorde avec la rime;
L'un l'autre vainement ils semblent se haïr:
La rime est une esclave, et ne doit qu'obéir.   *Ibid.*

Boileau: the greatest critic of his age, formulated the canons of French classicism.

A Cat's a Cat, and Rolet is a Knave.*

All's tender there, so much as ev'n 'I hate.'*

Throughout the Globe from Paris to Japan,
The arrant'st Fool in my opinion's *Man.**

Rich'lieu in vain the famous *Cid* decry'd:
All Paris for the faire Chimene sigh'd.*

At Aulis, when fair Iphigenia bled,
Not half so many tears the Grecians shed
As when Chanmele, with her name disguised,
Was in thy *Iphigenia* sacrificed.*

Cease, Sir, to Conquer, or I cease to write.*

Nothing but Truth is lovely, nothing fair.*

And no Man dares appear for what he is.*

He's most Fatigued who knows not what to do.*

* *The Works of Monsieur Boileau-Despréaux, Made English from the last French edition by several Hands. London, MDCCXII.*

Rash author, 'tis a vain presumptuous Crime
To undertake the sacred Art of Rhyme:
If at thy Birth the Stars that rul'd thy Sence
Shone not with a Poetic influence.†

What-e're you write of Pleasant or Sublime,
Always let Sense accompany your Rhyme:
Falsely they seem each other to oppose;
Rhyme must be made with Reason's laws to close.†

[135]

Aimez donc la raison; que toujours vos écrits
Empruntent d'elle seule et leur lustre et leur prix.   *Ibid.*

Qui ne sait se borner ne sut jamais écrire.   *Ibid.*

Enfin Malherbe vint et, le premier en France,
Fit sentir dans les vers une juste cadence.   *Ibid.*

Ce que l'on conçoit bien s'énonce clairement,
Et les mots pour le dire arrivent aisément.   *Ibid.*

Vingt fois sur le métier remettez votre ouvrage;
Polissez-le sans cesse et le repolissez.   *Ibid.*

L'ignorance toujours est prête à s'admirer,
Faites-vous des amis prompts à vous censurer.   *Ibid.*

Aimez qu'on vous conseille, et non pas qu'on vous loue.   *Ibid*

Un sot trouve toujours un plus sot qui l'admire.   *Ibid.*

Il n'est point de serpent ni de monstre odieux
Qui, par l'art imité, ne puisse plaire aux yeux.   *Id., III*

Le vrai peut quelquefois n'être pas vraisemblable.   *Ibid.*

Soyez plutôt maçon, si c'est votre talent . . .
Dans l'art dangereux de rimer et d'écrire,
Il n'est pas de degré du médiocre au pire.   *Id., IV*

Travaillez pour la gloire, et qu'un sordide gain
Ne soit jamais l'objet d'un illustre écrivain.   *Ibid.*

Tant de fiel entre-t-il dans l'âme des dévôts?   *Le Lutrin, I*

Reprenez vos esprits et souvenez-vous bien
Qu'un dîner réchauffé ne valut jamais rien.   *Ibid.*

[136]

Love Reason then: and let what-e'er you write
Borrow from her its Beauty, Force and Light.†

He cannot write, who knows not to give o'er.†

[Malherbe] came at last, but was the first whose Art
Just Weight and Measure did to Verse impart.†

What we conceive, with ease we can express;
Words to the Notions flow with readiness.†

A hundred times consider what you've said;
Polish, repolish, every color lay.†

Fantastic Wits their darling Follies love;
But find you faithful Friends that will reprove.†

Embrace true Counsel, but suspect false Praise.†

And in all times a forward, Scribling Fop
Has found some greater Fool to cry him up.†

There's not a Monster bred beneath the Sky
But, well dispos'd by Art, may please the Eye.†

Some Truths may be too strong to be believ'd.†

Rather be Mason, ('tis an useful Art!) . . .
Than a dull Poet; for that Trade accurst
Admits no mean betwixt the Best and Worst.†

Write for immortal Fame; nor ever chuse
Gold for the Object of a gen'rous Muse.†

† *The Art of Poetry. Tr. by Sir William Soames, revised by
John Dryden, London, 1710.*

Could there be so much venom in a pious heart?

Come to your senses, and keep well in mind:
A warmed-up meal was never worth the eating.

Pensant à notre mariage
Nous nous trompions très-lourdement:
Vous me croyiez fort opulent,
Et je vous croyais sage.   *Epigrammes, II (A une demoiselle)*

Je l'assistai dans l'indigence:
Il ne me rendit jamais rien.
Mais quoiqu'il me dût tout son bien,
Sans peine il souffrait ma présence,
Oh! la rare reconnaissance!
                        Id., XV (Le Débiteur reconnaissant)

Du célèbre Boileau tu vois ici l'image.
Quoi! c'est là diras-tu, ce critique achevé!
D'où vient ce noir chagrin qu'on lit sur son visage?
        C'est de se voir si mal gravé.
                Id., XXXIV (Sur une gravure qu'on a faite de moi)

Mon cœur, vous soupirez au nom de l'infidèle:
Avez-vous oublié que vous ne l'aimez plus?
                Poésies diverses (vers sur Marie Poncher de Bretonville)

LETTRES PORTUGAISES

Vous ne trouverez jamais tant d'amour, et tout le reste n'est rien.

Je ne puis suffire à mes maux, comment pourrais-je supporter la douleur que me donneraient les vôtres, qui me sont mille fois plus sensibles?

Je vous remercie dans le fond de mon cœur du désespoir que vous me causez, et je déteste la tranquillité où j'ai vécu avant que je vous connusse.

When we planned to get married
We were both much mistaken:
You thought I was very rich,
And I thought you were chaste.

I helped him when he was poor,
He never paid me back.
Yet though he owed me all he had,
He never objected to my presence.
Ah, what exquisite gratitude!

Of the famous Boileau you see here the likeness.
What! you will say, Is this the accomplished critic?
Why ever is he frowning with such distaste?
       He's looking at this wretched portrait.

You sigh hearing the name of the faithless one:
Have you forgotten you no longer love her?

Lettres portugaises, published in 1669 as a translation by the
Comte de Guilleragues, editor of the *Gazette de France*, a
friend of Boileau and Racine, is a collection of love letters
by Marianna Alcaforado, a nun at the convent of Beja in
Portugal, to M. de Chamilly, a French army officer. No
Portuguese original has ever been found, and some think that
the "translator" was the actual author.

You will never find such love, and nothing else counts.

I cannot cope with my own ills, how could I bear the grief yours
would cause me—yours to which I am a thousand times more
sensitive?

I thank you with all my heart for the despair you cause me, and
I detest the peaceful state in which I lived before I met you.

ANTOINETTE DESHOULIÈRES

(1638–1694)

Nul n'est content de sa fortune
Ni mécontent de son esprit. *Réflexions diverses*

Il n'est de liberté que chez les animaux.
  Les Oiseaux

Savoir vivre, c'est savoir feindre. *Le Ruisseau*

LOUIS XIV

(1638–1715)

L'État c'est moi.

Dieu a donc oublié tout ce que j'ai fait pour lui?

J'ai failli attendre.

Monsieur,
   Puisque la religion, l'honneur, l'intérêt, l'alliance et votre
propre signature ne sont rien entre nous, j'envoie mon cousin
le duc de Vendôme à la tête de mes armées, pour vous expliquer
mes intentions. Il ne vous donnera que vingt-quatre heures pour
vous déterminer. *Au Duc de Savoie*

NICOLAS MALEBRANCHE

(1638–1715)

L'imagination est la folle du logis.

(Attr.)

Antoinette Deshoulières, poetess, presided over a *salon* frequented by Corneille, Quinault, etc.

No one is satisfied with his lot nor dissatisfied with his wit.

Freedom exists only among animals.

To know how to live is to know how to simulate.

Louis XIV, absolute monarch after the death of Mazarin in 1661, encouraged and regimented literature and the arts. His letters show him a master of dignified official prose, one brief example of which is his ultimatum to the Duc de Savoie given below. The well-known sayings attributed to him are probably apocryphal, though based on fact. The first sums up an address he made at a meeting of the *parlement* in 1651; the second is an exclamation he uttered on receiving the news of the French defeat at Malplaquet; the third, when a coach he had ordered arrived just in time.

I am the state.

Has God forgotten all I have done for him?

I almost had to wait.

Monsieur: Since in dealing with you I can no longer put any dependence on religion, honor, interest, alliance, or your own signature, I am sending my cousin the duc de Vendôme at the head of my army to inform you of my intentions. He will give you but twenty-four hours to make up your mind.

Malebranche, theologian and philosopher; his principal work, *La Recherche de la vérité*, was published in 1674–75.

The imagination is the eccentric of the family.

L'attention est la prière naturelle que l'âme adresse aux idées.
La Recherche de la vérité

Il faut toujours rendre justice avant que d'exercer la charité.
Traité de la morale, XI

On se fait toujours aimer, pourvu qu'on se rende aimable; mais on ne se fait pas toujours estimer, quelque mérite qu'on ait.
Id., XIII

L'idée d'une âme est un objet si grand et si capable de ravir les esprits de sa beauté que, si tu avais l'idée de ton âme, tu ne pourrais plus penser à autre chose.   *Méditations chrétiennes*

JEAN RACINE

(1639–1699)

Ah! je l'ai trop aimé pour ne le point haïr!
Andromaque (1667), II (HERMIONE)

Ma vengeance est perdue
S'il ignore en mourant que c'est moi qui le tue.
Id., IV, 4 (HERMIONE)

Je ne t'ai point aimé, cruel? Qu'ai-je donc fait?
Id., IV, 5 (HERMIONE)

Je t'aimais inconstant, qu'aurais-je fait fidèle?   *Ibid.*

Grâce aux dieux, mon malheur passe mon espérance!
Id., V, 3 (ORESTE)

Point d'argent, point de Suisse.
Les Plaideurs (1668), I, 1 (PETIT-JEAN)

Les témoins sont fort chers, et n'en a pas qui veut.
Id., III, 3 (LÉANDRE)

. . . dans le simple appareil
D'une beauté qu'on vient d'arracher au sommeil.
Britannicus (1669), II, 2 (NÉRON)

Attention is natural [i.e., as opposed to supernatural] prayer addressed by the mind to ideas.

Justice must always be done before charity can be applied.

We can always make ourselves liked provided we make ourselves likable; but we are not always esteemed no matter what our merits.

The idea of the soul is something so great, so capable of enrapturing the mind with its beauty, that if you possessed the idea of your soul you could no longer think of anything else.

Jean Racine attended school at Port-Royal; in 1666 turned against his teachers who disapproved of his writing plays. After *Phèdre* (1677), the masterpiece of French tragedy, he married and abandoned the theater for twelve years. His last two (religious) plays were written at Mme de Maintenon's request.

I loved him too much not to hate him now!

My revenge will be nought
If he dies unaware that I it was who killed him.

You say I haven't loved you, cruel man. Just how do you think I felt?

I loved you despite your betrayals, how would I have felt had you been faithful?

Praised be the gods, my misery is greater than I hoped for!

No money, no Swiss guard.

Witnesses are expensive, not everyone can afford them.

. . . clad in the scant attire
of a beautiful girl just aroused from her sleep.

J'aimais jusqu'à ses pleurs que je faisais couler.   *Ibid.*

Je me fais de sa peine une image charmante.

Id., II, 8 (Néron)

J'embrasse mon rival, mais c'est pour l'étouffer.

Id., IV, 3 (Néron)

Dans l'Orient désert que devint mon ennui!

Bérénice.(1670), I, 4 (Antiochus)

Depuis cinq ans entiers chaque jour je la vois
Et crois toujours la voir pour la première fois.   *Id., II, 2* (Titus)

Dans un mois, dans un an, comment souffrirons-nous,
Seigneur, que tant de mers me séparent de vous;
Que le jour recommence, et que le jour finisse,
Sans que jamais Titus puisse voir Bérénice,
Sans que, de tout le jour, je puisse voir Titus?

Id., IV, 5 (Bérénice)

Vous êtes empereur, Seigneur, et vous pleurez?   *Ibid.*

Mon unique espérance est dans mon désespoir.

Bajazet (1672), I, 4 (Atalide)

J'aime assez mon amant pour renoncer à lui.

Id., II, 1 (Atalide)

Nourri dans le sérail, j'en connais les détours.

Id., IV, 7 (Acomat)

La fille de Minos et de Pasiphaé.

Phèdre (1677), I, 1 (Hippolyte)

Si je la haïssais, je ne la fuirais pas.   *Ibid.*

Que ces vains ornements, que ces voiles me pèsent!
Quelle importune main, en formant tous ces nœuds,
A pris soin sur mon front d'assembler mes cheveux?
Tout m'afflige et me nuit, et conspire à me nuire.

Id., I, 3 (Phèdre)

I loved the very tears I made her shed.

To picture his torment fills me with delight.

I embrace my rival, but it is to strangle him.

How great was my grief in the deserts of the East!

For five whole years I've seen her every day,
And each time think I see her for the first time.

In a month, in a year, how are we going to bear,
My lord, being separated by so many seas?
Having the day begin, having the day end,
With Titus never able to see Berenice,
And with me all day long unable to see Titus?

You are emperor, my lord, and yet you weep?

My only hope lies in my despair.

I love him well enough to leave him forever.

Brought up in the seraglio, I know its ins and outs.

Daughter of Minos and Pasiphae.

If I hated her I shouldn't be fleeing.

Tear off these gross, official rings, undo
these royal veils. They drag me to the ground.
Why have you frilled me, laced me, crowned me, and wound my
hair in turrets? All your skill torments
and chokes me. I am crushed by ornaments.
Everything hurts me, and drags me to my knees!

Tr. Robert Lowell

Dieux! que ne suis-je assise à l'ombre des forêts!
Quand pourrai-je, au travers d'une noble poussière,
Suivre de l'œil un char fuyant dans la carrière?   *Ibid.*

C'est toi qui l'a nommé.   *Ibid.*

Ariane, ma sœur! de quel amour blessée,
Vous mourûtes aux bords où vous fûtes laissée!   *Ibid.*

Ce n'est plus une ardeur dans mes veines cachée;
C'est Vénus toute entière à sa proie attachée.   *Ibid.*

Charmant, jeune, traînant tous les cœurs après soi.
Id., II, 5 (PHÈDRE)

Hé bien! connais donc Phèdre et toute sa fureur.
J'aime.   *Ibid.*

Et l'espoir, malgré moi, s'est glissé dans mon cœur.
Id., III, 1 (PHÈDRE)

Le jour n'est pas plus pur que le fond de mon cœur.
Id., IV, 2 (HIPPOLYTE)

Et la mort, à mes yeux dérobant la clarté,
Rend au jour, qu'ils souillaient, toute sa pureté.
Id., V, 7 (PHÈDRE)

Oui, je viens dans son temple adorer l'Éternel.
Je viens, selon l'usage antique et solennel,
Célébrer avec vous la fameuse journée
Où sur le mont Sina la loi nous fût donnée.
Athalie (1691), I, 1 (ABNER)

Pensez-vous être saint et juste impunément?   *Ibid.* (ABNER)

Je crains Dieu, cher Abner, et n'ai point d'autre crainte.
Ibid. (JOAD)

La foi qui n'agit point, est-ce une foi sincère?   *Ibid.*

[146]

Oh God, take me to some sunless forest lair . . .
There hoof-beats raise a dust-cloud, and my eye
follows a horseman outlined on the sky!   *Tr. Robert Lowell*

You have named him, not I.

Oh Ariadne, oh my Sister, lost
for love of Theseus on that rocky coast.   *Tr. Robert Lowell*

It is no longer a passion lurking in my heart,
It is Venus herself fastened to her prey.

Charming, young, enticing every heart. . . .

Know Phaedra, then, and all her rage.
I love.

And hope, against my will, slipped into my heart.

The day itself is not purer than my innermost heart.

And death in robbing my eyes of their sight
Restores to the day the purity they had defiled.

Yes, I come to this temple to worship the Everlasting.
I come, according to old and ancient custom,
To celebrate with you the famous day
When the law was given us on Mount Sinai.

Do you imagine you can be just and holy with impunity?

I fear the Lord, Abner, and have no other fear.

Is a faith that does not act a sincere faith?

[147]

. . . elle eut soin de peindre et d'orner son visage,
Pour réparer des ans l'irréparable outrage.   *Id., II, 5 (*ATHALIE*)*

Mais je n'ai plus trouvé qu'un horrible mélange
D'os et de chair meurtris, et traînés dans la fange,
Des lambeaux pleins de sang et des membres affreux,
Que des chiens dévorants se disputaient entre eux.   *Ibid.*

JEAN DE LA BRUYÈRE

(1645–1696)

Tout est dit, et l'on vient trop tard depuis plus de sept mille ans
qu'il y a des hommes, et qui pensent.
        Les Caractères ou les Mœurs de ce siècle (1688).
        Des ouvrages de l'esprit

C'est un métier que de faire un livre, comme de faire une pen-
dule; il faut plus que de l'esprit pour être auteur.   *Ibid.*

Il y a de certaines choses dont la médiocrité est insupportable:
la poésie, la musique, la peinture, le discours public.   *Ibid.*

La gloire ou le mérite de certains hommes est de bien écrire; et
de quelques autres, c'est de n'écrire point.   *Ibid*

Il n'y a point au monde un si pénible métier que celui de se faire
un grand nom: la vie s'achève que l'on a à peine ébauché son
ouvrage.   *Id., Du mérite personnel*

La modestie est au mérite ce que les ombres sont aux figures
dans un tableau: elle lui donne de la force et du relief.   *Ibid.*

S'il est ordinaire d'être vivement touché des choses rares, pourquoi le sommes-nous si peu de la vertu?   *Ibid.*

Un beau visage est le plus beau de tous les spectacles; et l'har-
monie la plus douce est le son de voix de celle que l'on aime.
        Id., Des femmes

She took care to paint and to adorn her face
To repair the irreparable outrage of the years.

But what I found was but a horrible mass
Of bones and mangled flesh dragged through the mire,
Bits drenched in blood, and hideous limbs;
Greedy dogs were fighting over it all.

La Bruyère's *Caractères* appeared in 1688; the final, enlarged
edition was printed in 1694; translated into English the same
year. The extracts below are from *The Characters, or, the
Manners of the Present Age*. Tr. rev. by N. Rowe, Esq.
London, 1713.

After above seven thousand years, that there have been Men,
and Men have thought, we come too late to say any thing which
has not been said already.   *Of Works of Wit and Eloquence*

'Tis as much a trade to make a book, as to make a watch; there's
something more than wit requisite to make an author.

Some things are insupportable if they are but indifferent; as Poetry, Musick, Painting, and Public speeches.

'Tis the Glory or the Merit of some Men to write well; and of
others not to write at all.

There is not in the World so toilsome a trade as that of pursuing
Fame; Life concludes before you have gone through with the
rough part of your work.   *Of Personal Merit*

Modesty is to Merit, what Shadows are to the Figures in a Picture;
it gives it Strength and Heightning.

If 'tis common to be touch'd by things rare, how comes it we are
so little touch'd by Virtue?

A fine Face is the finest of all Sights; and the sweetest Musick,
the sound of her Voice whom we love.   *Of Women*

Une belle femme qui a les qualités d'un honnête homme est ce qu'il y a au monde d'un commerce plus délicieux: l'on trouve en elle tout le mérite des deux sexes. *Ibid.*

Pour les femmes du monde, un jardinier est un jardinier, et un maçon est un maçon; pour quelques autres plus retirées, un maçon est un homme, un jardinier est un homme,. Tout est tentation à qui la craint. *Ibid.*

C'est trop contre un mari d'être coquette et dévote; une femme devrait opter. *Ibid.*

Les femmes sont extrêmes: elles sont meilleures ou pires que les hommes. *Ibid.*

Un homme est plus fidèle au secret d'autrui qu'au sien propre; une femme au contraire garde mieux son secret que celui d'autrui. *Ibid.*

Un homme qui serait en peine de connaître s'il change, s'il commence à vieillir, peut consulter les yeux d'une jeune femme qu'il aborde, et le ton dont elle lui parle: il apprendra ce qu'il craint de savoir. Rude école. *Ibid.*

Il y a un goût dans la pure amitié où ne peuvent atteindre ceux qui sont nés médiocres. *Id., Du cœur*

Le temps, qui fortifie les amitiés, affaiblit l'amour. *Ibid.*

L'amour commence par l'amour; et l'on ne saurait passer de la plus forte amitié qu'à un amour faible. *Ibid.*

Il faut rire avant que d'être heureux, de peur de mourir sans avoir ri. *Ibid.*

Toutes les passions sont menteuses; elles se déguisent autant qu'elles le peuvent aux yeux des autres; elles se cachent à elles-mêmes. Il n'y a point de vice qui n'ait une fausse ressemblance avec quelque vertu, et qu'il ne s'en aide. *Ibid.*

A beautiful Woman who has the Qualities of an accomplished Man, is, of all the Conversations in the World, the most delicious. In her is to be found all the Merit of both Sexes.

The Women of the World look on a Gardiner as a Gardiner, and a Mason as a Mason: Your Recluse Ladies look on a Mason as a Man, and a Gardiner as a Man: everything is a Temptation to them who fear it.

'Tis too much for a Man to have a Wife both a Coquet and a Bigot; one of these qualities at once, is enough in conscience.

Women are all in extremes; either better or worse than Men.

A Man is more faithful and true to another Person's Secret than his own; a Woman, on the contrary, keeps her own Secret better than another's.

The Man who is in pain to know what Alteration Time and Age have made in him, needs only to consult the Eyes of the Fair One he addresses, and the Tone of her voice as she talks with him, he will learn what he fears to know. But, Oh, how hard a Lesson!

Pure Friendship is what none can attain to the Taste of, but those who are well born.   *Of the Heart*

Time, which strengthens Friendship, weakens Love.

Love alone begets Love. We commence but cold Lovers, when we have but just quitted the most endearing Friendship.

We must laugh before we are happy, for fear we die before we laugh at all.

All our Passions are deceitful; and as much disguis'd as possible. We not only conceal 'em from other People's Eyes, but our own. There is no vice which has not the false resemblance of some virtue, and which does not make its advantage of it.

[151]

Rien ne coûte moins à la passion que de se mettre au-dessus de la raison: son grand triomphe est de l'emporter sur l'intérêt.

Ibid.

L'esprit de la conversation consiste bien moins à en montrer beaucoup qu'à en faire trouver aux autres: celui qui sort de votre entretien content de soi et de son esprit, l'est de vous parfaitement.

Id., De la société et de la conversation

C'est la profonde ignorance qui inspire le ton dogmatique. Celui qui ne sait rien croit enseigner aux autres ce qu'il vient d'apprendre lui-même; celui qui sait beaucoup pense à peine que ce qu'il dit puisse être ignoré, et parle plus indifféremment.   *Ibid.*

Il y a des âmes sales, pétries de boue et d'ordure, éprises du gain et de l'intérêt comme les belles âmes le sont de la gloire et de la vertu: capables d'une seule volupté, qui est celle d'acquérir ou de ne point perdre. . . . De telles gens ne sont ni parents, ni amis, ni citoyens, ni chrétiens, ni peut-être des hommes. Ils ont de l'argent.   *Id., Des biens de fortune*

Jeune, on conserve pour sa vieillesse; vieux, on épargne pour la mort. L'héritier prodigue paye de superbes funérailles, et dévore le reste.   *Ibid.*

C'est beaucoup tirer de notre ami, si ayant monté à une grande faveur, il est encore un homme de notre connaissance.

Id., De la cour

L'esclave n'a qu'un maître; l'ambitieux en a autant qu'il y a de gens utiles à sa fortune.   *Ibid.*

C'est avoir fait un grand pas dans la finesse, que de faire penser de soi que l'on n'est que médiocrement fin.   *Ibid.*

L'avantage des grands sur les autres hommes est immense par un endroit: je leur cède leur bonne chère, leurs riches ameublements, leurs chiens, leurs chevaux, leurs équipages, leurs singes, leurs nains, leurs fous et leurs flatteurs; mais je leur envie le bonheur d'avoir à leur service des gens qui les égalent par le cœur et par l'esprit, et qui les passent quelquefois.

Id., Des grands

'Tis nothing for Passion to get the better of Reason; its greatest Triumph is, to make Interest to submit.

The wit of Conversation consists more in finding it in others, than in showing a great deal your self: he who goes from your conversation pleased with himself and his own wit, is perfectly pleased with you.   *Of Society and Conversation*

Profound Ignorance makes a Man dogmatick; he who knows nothing, thinks he can teach others what he just now has learn'd himself; whilst he who knows a great deal, can scarce imagine any one should not be acquainted with what he says, and speaks for this reason with more Indifference.

There are some filthy souls, fed by Nastiness and Ordure, who are inflam'd by Interest and Gain, as great Souls are fir'd by Glory and Virtue; sensible of no pleasure but one, which is getting, and never losing. . . . These people are neither Relations, Friends, Citizens, Christians, nor perhaps Men; they have Money.
                    Of the Goods of Fortune

When we are young, we lay up for old age; when we are old, we save for Death. The prodigal Heir quits all scores with a pompous Funeral, and devours the rest.

'Tis too much to expect from a Friend advanc'd to great Favour, that he should own his former Acquaintance.   *Of the Court*

A Slave has but one Master; an ambitious Man has as many as there are people useful to him in making his fortune.

He is far gone in Cunning, who makes other People believe he is but indifferently Cunning.

The Great have in one thing a prodigious Advantage over Others; I don't envy 'em their good Chear, Riches, Furniture, Dogs, Horses, Equipages, Monkeys, Dwarfs, Fools, and Flatterers: but I envy them the happiness of having in their service Men who are their equals for Sense and Courage, and sometimes their Betters.   *Of the Great*

On demande si en comparant ensemble les différentes conditions des hommes, leurs peines, leurs avantages, on n'y remarquerait pas un mélange ou une espèce de compensation de bien et de mal, qui établirait entre elles l'égalité, ou qui ferait du moins que l'un ne serait guère plus désirable que l'autre. Celui qui est puissant, riche, et à qui il ne manque rien, peut former cette question; mais il faut que ce soit un homme pauvre qui la décide. *Ibid.*

L'on doit se taire sur les puissants: il y a presque toujours de la flatterie à en dire du bien; il y a du péril à en dire du mal pendant qu'ils vivent, et de la lâcheté quand ils son morts. *Ibid.*

Il n'y a pour l'homme que trois évènements: naître, vivre et mourir. Il ne se sent pas naître, il souffre à mourir, et il oublie de vivre. *Id., De l'homme*

L'esprit de parti abaisse les plus grands hommes jusques aux petitesses du peuple. *Ibid.*

La plupart des hommes emploient la meilleure partie de leur vie à rendre l'autre misérable. *Ibid.*

Les haines sont si longues et si opiniâtrées, que le plus grand signe de mort dans un homme malade, c'est la réconciliation.
Ibid.

L'on voit certains animaux farouches, des mâles et des femelles, répandus par la campagne, noirs, livides, et tout brûlés du soleil, attachés à la terre qu'ils fouillent et qu'ils remuent avec une opiniâtreté invincible: ils ont comme une voix articulée, et, quand ils se lèvent sur leurs pieds, ils montrent une face humaine; et en effet ils sont des hommes. Ils se retirent la nuit dans des tanières, où ils vivent de pain noir, d'eau et de racines: ils épargnent aux autres hommes la peine de semer, de labourer et de recueillir pour vivre, et méritent ainsi de ne pas manquer de ce pain qu'ils ont semé. *Ibid.*

La question est une invention merveilleuse et tout à fait sûre pour perdre un innocent qui a la complexion faible, et sauver un coupable qui est né robuste. *Id., De quelques usages*

'Tis a Question, if in comparing the different Conditions of Men together, their Sufferings and Advantages, such a mixture and sortment of Good and Evil, may not be observed as seems to set them on an equality, or at least makes one as desirable as the other: the rich and powerful Man, who wants nothing, may put the Question, but the poor Man must answer it.

The less we talk of the Great and Powerful, the better; what good we say of them is often Flattery. 'Tis dangerous to speak ill of them while they are alive, and vilainous when dead.

There are but three Events which concern mankind; Birth, Life and Death. They know nothing of their Birth, submit to die, and forget to live.   *Of Man*

A spirit of Party and Faction sets the great Men and the Mob on an equal foot.

The greatest part of Mankind employ their first Years to make their last miserable.

Hatred is so durable and obstinate, that Reconciliation on a sick Bed is the greatest sign of Death.

We meet with certain wild Animals, Male and Female, spread over the Country, black and tann'd with the Sun, linked down to the Earth, which they are always digging and turning up and down with an unweary'd Resolution; they have something like an articulate Voice, and when they stand erect discover a human Face, and indeed are Men; at night they retire into their Burrows, where they live on brown Bread, Water, Roots and Herbs. They save other Men the trouble of sowing, labouring, and harvesting and deserve, one would think, not to want the Bread they sow themselves.

The Rack is a wonderful Invention, and an infallible Method for destroying the innocent Man of a weak Constitution, and for saving the Guilty whom Nature has endow'd with greater Strength.
                                          Of Certain Customs

La témérité des charlatans, et leurs tristes succès, qui en sont les suites, font valoir la médecine et les médecins: si ceux-ci laissent mourir, les autres tuent.   *Ibid.*

PIERRE BAYLE

(1647–1706)

C'est une illusion toute pure, que de prétendre qu'un sentiment qui passe de siècle en siècle, et de génération en génération, ne peut être entièrement faux.

Pensées diverses sur la comète (1682)

L'athéisme ne conduit pas nécessairement à la corruption des mœurs.   *Id.*

Les hommes peuvent être tout ensemble fort déréglés dans leurs mœurs et fort persuadés de la vérité d'une religion, et même de la vérité de la religion chrétienne.   *Id.*

Si la multiplicité de religions nuit à l'état, c'est uniquement parce qu'une religion ne veut pas tolérer l'autre, mais l'engloutir par la voie des persécutions. . . . Tout le désordre vient, non pas de la tolérance, mais de l'intolérance.

Commentaire philosophique sur ces paroles de Jésus-Christ: Contrains-les d'entrer (1686/7), II, 6

Je suis citoyen du monde: je ne sers ni l'empereur, ni le roi de France; mais je suis au service de la Vérité: c'est ma seule reine.

Dictionnaire historique et critique (1697), Article "Usson"

FRANÇOIS DE SALIGNAC DE LA MOTHE-FÉNELON

(1651–1715)

L'homme s'agite, mais Dieu le mène.

Sermon pour la Fête de l'Epiphanie (1685)

The rashness of Quacks, with the dismal accidents occasion'd by it, makes the Physician and his Art in vogue; if the Physician lets you die, the Quacks kill you.

Pierre Bayle, scholar and critic; his widely read *Dictionnaire historique et critique* anticipated the ideas of the eighteenth-century *philosophes*.

It is pure illusion to suppose that an opinion which passes from century to century, from generation to generation, may not be altogether false.

Atheism does not necessarily lead to moral corruption.

It is possible for men to be quite dissolute in their conduct and at the same time deeply persuaded of the truth of a religion, even the truth of the Christian religion.

If the multiplicity of religions is harmful to the state, this is solely because one religion refuses to tolerate another and seeks to swallow it up by persecuting it. . . . All the disorder springs not from tolerance, but from intolerance.

I am a citizen of the world: I serve neither the emperor nor the king of France; I am at the service of Truth; she is my only Queen.

Fénelon, spiritual director of Mme de Maintenon; tutor to Louis XIV's grandson; archbishop of Cambrai; his *Télémaque* was written for his pupil.

Man runs hither and yon, but God holds the leading strings.

Vous êtes né, Sire, avec un cœur droit et équitable; mais ceux qui vous ont élevé, ne vous ont donné pour science de gouverner, que la défiance, la jalousie, l'éloignement de la vertu, la crainte de tout mérite éclatant, le goût des hommes souples et rampants, la hauteur, et l'attention à votre seul intérêt.

Lettre à Louis XIV (1694)

Vos peuples, que vous devriez aimer comme vos enfants, et qui ont été jusqu'ici si passionnés pour vous, meurent de faim . . .

Id.

Votre religion ne consiste qu'en superstitions, en petites pratiques superficielles.

Id.

Calypso ne pouvait se consoler du départ d'Ulysse. Dans sa douleur elle se trouvait malheureuse d'être immortelle.

Les Aventures de Télémaque (1699), I

Je préfère l'aimable au surprenant et au merveilleux. Je veux un homme qui me fasse oublier qu'il est auteur.

Lettre sur les occupations de l'Académie Française (1714)

JEAN-FRANÇOIS REGNARD

(1655–1709)

L'amour se plaît un peu dans le dérèglement.

Le Joueur (1696), I, 2 (HECTOR)

On aime sans raison, et sans raison l'on hait.

Les Folies amoureuses (1704), II, 2 (AGATHE)

Hippocrate dit oui, mais Galien dit non.   *Id., III, 7* (CRISPIN)

You were born, Sire, with an upright heart and love for equity, but those who brought you up gave you no better science of government than mistrust, jealousy, remoteness from virtue, fear of all acknowledged merits, fondness for men who grovel and are compliant, aloofness, and attention to your interests alone.

Your people whom you should love like your children, and who have until now been so devoted to you, are dying of hunger.

Your Christianity amounts to no more than a number of superstitions and little superficial observances.

Calypso could not console herself when Ulysses went away. In her grief she felt unhappy at the thought that she was immortal.

I prefer the pleasing to the surprising or the marvelous. I want a man to make me forget that he is an author.

Regnard traveled widely before settling in Paris and writing his satires and successful comedies.

Love is fond of a bit of waywardness.

We need no reason to love, nor yet to hate.

Hippocrates says yes, but then Galen says no.

BERNARD LE BOVIER, SIEUR DE FONTENELLE

(1657–1757)

Un grand obstacle au bonheur, c'est de s'attendre à un trop grand
bonheur. *Du bonheur*

Ah! si l'on ôtait les chimères aux hommes, quel plaisir leur res-
terait? *Dialogues des Morts*

L'univers . . . je l'en estime plus depuis que je sais qu'il ressemble
à une montre; il est surprenant que l'ordre de la nature, tout
admirable qu'il est, ne roule que sur des choses si simples. . . .
Entretiens sur la pluralité des mondes (1686)

Je me suis mis dans la tête que chaque étoile pourrait bien être
un monde. Je ne jurerais pourtant pas que cela fût vrai; mais
je le tiens pour vrai, parce qu'il me fait plaisir à croire. . . . Selon
moi, il n'y a pas jusqu'aux vérités à qui l'agrément ne soit
nécessaire. *Id.*

On commence déjà à voler un peu; plusieurs personnes différentes ont trouvé le secret de s'ajuster des ailes qui les soutiennent
en l'air, de leur donner du mouvement, et de passer par-dessus
des rivières. . . . L'art de voler ne fait encore que de naître; il
se perfectionnera, et quelque jour on ira jusqu'à la lune. *Id.*

Si je tenais toutes les vérités dans ma main, je me donnerais bien
garde de l'ouvrir pour les découvrir aux hommes.
Par amour de la paix

Leibniz n'était point marié; il y avait pensé à l'âge de cinquante
ans; mais la personne qu'il avait en vue voulut avoir le temps de
faire ses réflexions. Cela donna à Leibniz le loisir de faire aussi
les siennes, et il ne se maria point. *Eloge de le Leibniz*

Fontenelle, nephew of Corneille, advocate of modernism, early popularizer of new scientific conception of the world; perpetual secretary of the *Académie des Sciences,* he wrote witty *éloges* of its members. On his death bed, when his doctor inquired what he was feeling, the centenarian replied, "Oh, nothing, except a great difficulty in dying."

A great obstacle to happiness is the expectation of too great a happiness.

If man were robbed of all his chimeras, what pleasure would be left him?

I have come to esteem the universe all the more now that I know that it resembles the works of a watch. It is surprising that nature, admirable as it is, depends upon such simple things.

I have taken it into my head that every star may well be a world. I wouldn't swear, however, that this is true; but I hold it to be true because it is pleasant to believe it. . . . In my opinion, attractiveness is indispensable even where truths are concerned.

We have already begun to fly; several persons, here and there, have found the secret of fitting wings to themselves, of setting them in motion, so that they are held up in the air and are carried across streams. . . . The art of flying is only just being born; it will be perfected, and some day we will go as far as the moon.

If I held every truth in my hand, I would take good care not to open it for other men to see.

Leibniz never married; he had considered it at the age of fifty; but the person he had in mind asked for time to reflect. This gave Leibniz time to reflect, too, and so he never married.

JEAN-BAPTISTE MASSILLON

(1663–1742)

Dieu seul est grand, mes frères, et dans ces derniers moments surtout où il préside à la mort des rois de la terre; plus leur gloire et leur puissance ont éclaté, plus en s'évanouissant alors, elles rendent hommage à sa grandeur suprême. Dieu paraît tout ce qu'il est, et l'homme n'est plus rien de tout ce qu'il croyait être.

Oraison funèbre de Louis XIV (1715)

ALAIN-RENÉ LESAGE

(1668–1747)

On nous réconcilia; nous nous embrassâmes, et depuis ce temps-là nous sommes ennemis mortels. *Le Diable boiteux (1707)*

J'admire le train de la vie humaine; nous plumons une coquette; la coquette mange un homme d'affaires; l'homme d'affaires en pille d'autres; cela fait un ricochet de fourberies le plus plaisant du monde. *Turcaret (1709), Acte I, 13* (Frontin)

Croyez-moi . . . les hommes du commun doivent toujours respecter les personnes de qualité, quelque sujet qu'ils aient de s'en plaindre.

Histoire de Gil Blas de Santillane (1715–35), VII, 7

. . . le public était une bonne vache à lait qui se laissait aisément traire. *Id., VII, 13*

La fleur, ou plutôt le champignon de la noblesse. *Id., VII, 14*

Je suis content et je suis heureux, puisque je crois l'être.

Id., VIII, 14

Massillon, member of the Oratorian order, bishop of Clermont-Ferrand, was a famous preacher.

God alone is great, my brethren, and above all in those extreme moments when He presides at the death of kings here below; the more brilliant their power and glory, the greater is the homage they render to God's supreme grandeur as they pass away. Then God seems all He is, while man is no longer anything at all of what he thought he was.

Lesage, author of *Turcaret* (1709), a satire on financiers, the earliest comedy of manners, is best known for his picaresque novel, *Gil Blas* (publ. 1715–35).

We were persuaded to become friends again; we embraced, and we have been mortal enemies ever since.

I am intrigued by the pageant of human existence! We pluck a coquette; the coquette devours a man of means; the man of means has others whom he plunders. And the sum of it all is as entertaining a light-footed progression of knaveries as a man could wish for. *Tr. W. S. Merwin*

Believe me . . . a commoner must always respect a man of quality, on whatever score he may have to complain.

The public was a good milch cow ever willing to give what it had.

The flower—or should we say, the fungus?—of nobility.

I am content and I am happy, because I think I am.

JEAN-BAPTISTE ROUSSEAU

(1671–1741)

Le Temps, cette image mobile
De l'immobile éternité.

ANTOINE HOUDAR DE LA MOTTE

(1672–1731)

Des États la sombre origine,
Les progrès, l'éclat, la ruine
Repassent encore sous nos yeux;
Et, présents à tout, nous y sommes,
Contemporains de tous les hommes,
Et citoyens de tous les lieux.

Ode à Messieurs de l'Académie Française

Donnez le même esprit aux hommes,
Vous ôtez tout le sel de la société.
L'Ennui naquit le jour de l'Uniformité.

Fables nouvelles, IV, 15

PROSPER JALYOT, SIEUR DE CRÉBILLON

(1674–1762)

Je connais la fureur de tes soupçons jaloux,
Mais j'ai trop de vertu pour craindre mon époux.

Rhadamiste et Zénobie (1711), IV, 5 (ZÉNOBIE)

La crainte fit les dieux: l'audace a fait les rois.

Xerxès (1714), I, 1 (ARTABAN)

Aucun fiel n'a jamais empoisonné ma plume.

Discours de réception à l'Académie Française (1715)

[164]

J.-B. Rousseau spent thirty years in exile; his odes and other
poems published in 1723 were highly esteemed by his contemporaries.

> Time, the moving image
> Of immobile Eternity.

Houdar de la Motte, poet and successful dramatist, was a
champion of modernism.

> The dark beginnings of nations
> Their growth, prosperity, and decline
> Again unfold before our eyes;
> Witnesses to them all, we live
> Contemporaneous with all men,
> Citizens of every land.

> Endow all men with identic minds,
> And you take all spice from life.
> Boredom is the twin of uniformity.

Crébillon, author of melodramas much admired in his day,
held the post of dramatic censor.

> I know to what rage your jealousy leads you
> But I am too virtuous to fear my husband.

> Fear created gods; boldness created kings.

> No venom has ever poisoned my pen.

LOUIS DE ROUVROY, DUC DE SAINT-SIMON

(1675–1755)

Les mauvais qui, dans ce monde, on déjà tant d'avantages sur les bons, en auraient un autre bien étrange contre eux s'il n'était pas permis aux bons de les discerner, de les connaître, par conséquent de s'en garer. *Mémoires, Avant-Propos*

Le roi se plaisait à la confiance, mais il n'aimait pas moins à se voir craint, et lorsque les gens timides qui avaient à lui parler se déconcertaient devant lui et s'embarrassaient dans leurs discours, rien ne faisait mieux leur cour et n'aidait plus à leur affaire. *Id., Ch. 78*

Le roi a craint les seigneurs et a voulu des garçons de boutique. *Id., Ch. 128*

Il ne voulait être servi que par de fort jeunes gens dans ses principales affaires, et croyait montrer qu'il n'avait besoin que de soi-même pour se gouverner. *Id., Ch. 168*

Croire Madame de Maintenon toute-puissante, on avait raison; mais la croire sans art et sans contours, ce n'était pas connaître le roi ni la cour. Jamais prince ne fût plus jaloux que lui de son indépendance et de n'être point gouverné, et jamais pas un ne le fut davantage. *Id., Ch. 190*

A la messe il disait son chapelet (il n'en savait pas davantage). *Id., Ch. 417*

Madame de Castries était un quart de femme, une espèce de biscuit manqué, extrêmement petite, mais bien prise, et aurait passé dans un médiocre anneau; ni derrière, ni gorge, ni menton, fort laide, l'air toujours en peine et étonné, avec cela une physionomie qui éclatait d'esprit. *Id., Ch. 42*

Harlay était un petit homme maigre, à visage en losange, le nez grand et aquilin, des yeux de vautour qui semblaient dévorer les objets et percer les murailles. *Id., Ch. 173*

Duc de Saint-Simon was born at Versailles; the king and queen were his godparents; joined the army at sixteen, left it because he failed to be promoted. His hopes for high office came to nought with the death of the Duc de Bourgogne; from 1723 on devoted himself to his incomparable *Mémoires* (first authentic edition, 1829).

The wicked, who have so many advantages over the good here below, would have an additional and very peculiar advantage if the good were not permitted to recognize them and to get to know them, and consequently to be on their guard against them.

.[*On Louis XIV*]
The king liked to inspire confidence, but at the same time he liked to be feared, and when timid persons lost countenance before him and found it difficult to speak, they were treated with greater favor than others. They could scarcely have advanced their suit so well by any other means.

The king feared the great lords; what he wanted was errand boys.

He would be served only by very young people in his most important undertakings, and he thought he thereby showed himself entirely self-sufficient as a ruler.

It was correct to suppose that Mme de Maintenon was all-powerful; but to suppose that she was without cleverness or deviousness was to have no knowledge of the king or the court. Never has a prince been more jealous of his independence than he was, or more convinced that no one guided him, and never has a prince been more mistaken on that score.

At Mass he would say his beads (it was all he knew).

[*Other portraits*]
Mme de Castries was a quarter of a woman, a kind of half-baked biscuit, extremely small, but well turned, and you could have put her through a medium-sized ring; no behind, no bust, no chin, very ugly, with a perpetual expression of pained surprise, and yet withal a face bursting with wit.

Harlay was a scrawny little man with a lozenge-shaped face, a big aquiline nose, and eyes like a vulture's which always seemed to be devouring things and seeing through walls.

Cet homme [Prince de Conti] si aimable, si charmant, si délicieux, n'aimait rien. Il avait et voulait des amis, comme on veut
et comme on a des meubles.   *Id., Ch. 220*

Dangeau était pitoyablement glorieux, et tout à la fois valet,
comme ces deux choses se trouvent souvent jointes, quelque con-
traires qu'elles paraissent être.   *Id., Ch. 299*

Tous les assistants étaient des personnages vraiment expressifs;
il ne fallait qu'avoir des yeux, sans aucune connaissance de la
cour pour distinguer les interêts peints sur les visages, ou le néant
de ceux qui n'étaient de rien. . . . Le plus grand nombre, c'est-à-
dire les sots, tiraient les soupirs de leurs talons. . . . Les plus fins
d'entre eux, ou les plus considérables, s'inquiétaient déjà de la
santé du roi. . . . Chaque visage vous rappelle les soins, les intrigues, les sueurs employées à l'avancement des fortunes. . . .
                                                    Id., Ch. 293

Je ne fus jamais un personnage académique, je n'ai pu me défaire
d'écrire rapidement.   *Id., Conclusion*

PHILIPPE NÉRICAULT, *dit* DESTOUCHES

(1680–1754)

Les absents ont toujours tort.
    L'Obstacle imprévu (1717), I, 6 (Nérine)

Il est bon quelquefois de s'aveugler soi-même,
Et bien souvent l'erreur est le bonheur suprême.
    Le Glorieux (1732), II, 4 (Lisette)

La critique est aisée, et l'art est difficile.
    Id., II, 5 (Philinte)

This man [the prince de Conti] who was so considerate, so charming, so delightful, cared for nothing and no one. He had friends, choosing them as one chooses pieces of furniture for one's house.

Dangeau was despicably vain and at the same time obsequious—two things that often go together, however opposite they may seem to be.

All present were truly expressive personages; it was enough to have eyes, without any knowledge of the court, to see the self-interest plain on certain faces, and its absence on the faces of those who were of no account. . . . The greater number, that is, the fools, were at great pains to display grief. . . . The shrewder ones, or the most influential, were already worrying about the king's health. . . . Every face reminded you of the intrigues, the hard work, the pains that go into the advancement of careers. . . .

I have never been the academic sort, for I never was able to get out of the habit of writing fast.

Destouches, dramatist, member of the French Academy.

Those not present are always in the wrong.

It is well sometimes to fool ourselves,
And very often illusion is happiness supreme.

Criticism is easy, art is difficult.

PIERRE-CHARLES ROY

(1683–1764)

Sur un mince cristal l'hiver conduit leurs pas:
Le précipice est sous la glace;
Telle est de vos plaisirs la légère surface.
Glissez, mortels, n'appuyez pas.

(Vers sous la gravure, Le Patinage**)**

CLAUDINE-ALEXANDRINE GUÉRIN DE TENCIN

(1685–1749)

On ne se dit jamais bien nettement qu'on n'est pas aimée.

Les Malheurs de l'Amour

La grande erreur des gens d'esprit est de ne pas croire le monde
aussi bête qu'il est. *(Cité par Chamfort)*

On voit bien à la façon dont il nous a traitées que Dieu est un
homme. *(Attr.)*

PIERRE CARLET DE CHAMBLAIN DE MARIVAUX

(1688–1763)

Dans ce monde, il faut être un peu trop bon pour l'être assez.
*Le Jeu de l'amour et du hasard (1730), I, 2 (*Orgon*)*

Fierté, raison et richesses, il faudra que tout se rende. Quand
l'amour parle, il est le maître.
*Les Fausses Confidences (1737), I, 2 (*Dubois*)*

[170]

Roy wrote odes and librettos for operas, was admired for his epigrams.

> O'er a thin crystal, winter guides their steps:
> Beneath the ice is the abyss.
> Your pleasures have a surface just as fragile;
> Glide, mortals: do not bear down hard.
> [*Caption for an engraving showing skaters*]

Marquise de Tencin, author of three novels; notorious for having abandoned her illegitimate son who became the philosopher d'Alembert. Her *salon* was frequented by the most prominent writers of the time, including Montesquieu, Fontenelle, Marivaux.

No woman ever tells herself in so many words that she is not loved.

One great mistake made by intelligent persons is to refuse to believe that people are as stupid as they are.

It is easy to see from the way He has treated us women that God is a man.

Marivaux, author of plays remarkable for realism and subtle analysis of sentiment, and novels characterized by the same qualities.

In this world, you must be a bit too kind in order to be kind enough.

Pride, virtue, riches, all must yield. When love speaks, he is the master.

C'est quelque chose de bien cruel que d'être abandonné au secours de certaines gens; car qu'est-ce qu'une charité qui n'a point de pudeur avec le misérable, et qui, avant de le soulager, commence par écraser son amour propre.   *La vie de Marianne, 14*

ALEXIS PIRON

(1689–1773)

L'hymen, si l'on croit le proverbe commun,
A deux bons jours: l'entrée et la sortie.
                              Epitaphe de feu M***

Ci-gît Piron, qui ne fut rien,
Pas même académicien.   *Mon Epitaphe*

CHARLES DE SECONDAT, BARON DE MONTESQUIEU

(1689–1755)

On dirait que la nature a fait comme ces vierges qui conservent longtemps ce qu'elles ont de plus précieux, et se laissent ravir en un moment ce même trésor qu'elles ont conservé avec tant de soin et défendu avec tant de constance.
                    Discours prononcé à la rentrée de
                    l'Académie de Bordeaux (1717)

Il n'y a jamais eu de royaume où il y ait eu tant de guerres civiles que dans celui du Christ.   *Lettres persanes, 29*

Ah! ah! Monsieur est Persan! C'est une chose extraordinaire! Comment peut-on être Persan?   *Id., 30*

Il faut pleurer les hommes à leur naissance, et non pas à leur mort.   *Id., 40*

To be dependent on the aid of certain people is a cruel fate. What kind of charity is it that does not spare the poor man's feelings, that crushes his self-esteem before relieving his needs?

Piron, best known for his epigrams, author of satires and comedies.

> Marriage, if the current saying is true,
> Has two good days—the first and the last.

> Here lies Piron, who nothing was,
> Not even an academician.

Montesquieu, born near Bordeaux, lectured on scientific subjects at the *Académie* of Bordeaux. His *Lettres persanes* (1721) had immediate vogue; he visited England from 1729 to 1731. His most important work, *De l'Esprit des lois*, was published in 1748.

We might say that nature has behaved like those virgins who long preserve their most precious possession, and then suddenly allow themselves to be ravished of the treasure so carefully saved and so steadily defended.
[*The allusion is to the scientific revolution started by Galileo*]

No kingdom has ever been so rent by civil wars as Christ's.

What, you are a Persian, sir? How perfectly extraordinary! How can anyone be a Persian?

A man should not be mourned at his death, but at his birth.

Si les triangles faisaient un dieu, ils lui donneraient trois côtés.

Id., 59

Quand il n'y aurait pas de Dieu, nous devrions toujours aimer la justice; c'est-à-dire faire nos efforts pour ressembler à cet être dont nous avons une si belle idée, et qui, s'il existait, serait nécessairement juste. Libres que nous serions du joug de la religion, nous ne devrions pas être de celui de l'Équité.

Id., 83

Un grand seigneur est un homme qui voit le Roi, qui parle aux ministres, qui a des ancêtres, des dettes et des pensions. S'il peut, avec cela, cacher son oisiveté par un air empressé ou par un feint attachement pour les plaisirs, il croit être le plus heureux de tous les hommes.

Id., 88

Il n'y a rien de si puissant qu'une république où l'on observe les lois, non pas par crainte, non pas par raison, mais par passion.

Considérations sur les causes de la grandeur des Romains et de leur décadence (1734), Ch. 4

Ce n'est pas la fortune qui domine le monde. . . . Il y a des causes générales, soit morales, soit physiques, qui agissent dans chaque monarchie, l'élèvent, la maintiennent, ou la précipitent; tous les accidents sont soumis à ces causes; et, si le hasard d'une bataille, c'est-à-dire une cause particulière, a ruiné un État, il y avait une cause générale que cet État devait périr par une seule bataille.

Id., 18

Un empire fondé par les armes a besoin de se soutenir par les armes.

Ibid.

J'ai d'abord examiné les hommes, et j'ai cru que, dans cette infinie diversité de lois et de mœurs, ils n'étaient pas uniquement conduits par leurs fantaisies. — J'ai posé les principes, et j'ai vu les cas particuliers s'y plier comme d'eux-mêmes; les histoires de toutes les nations n'en être que les suites; et chaque loi particulière liée avec une autre loi, ou dépendre d'une autre plus générale.

De l'Esprit des lois (1748), Préface

If triangles had a god, he would have three sides.

Even were there no God, we should still have to love justice, that is, do what we can to resemble that Being of whom we have formed so lofty a notion, and who must necessarily be just if He existed. Even were we to throw off the yoke of religion, we must still bend our necks to that of Equity.

A great lord is a man who waits on the king, speaks with ministers, and has ancestors, an assured income, and debts. If, in addition, he can hide his idleness under the appearance of occupation or some assumed absorption in pleasure, he deems himself the most fortunate of men.

Nothing is so powerful as a Commonwealth in which the Laws are exactly observed, and this not from Fear nor from Reason, but from a passionate Impulse.

Reflections on the Causes of the Grandeur and Declension of the Romans (London, 1734)

Fortune never interposes in the Government of this World. . . . There are a set of general Causes, either Moral or Physical, which operate in every Monarchy, and either raise and maintain it, or else involve it in Ruin. All accidental conjunctures are subordinate to these Causes; and if the Hazard of a Battle, which in other words is no more than a particular Cause, has been destructive to a State, some General Cause presided and made a single Battle be the inevitable Ruin of that State.

An Empire founded by Arms, must likewise have Arms for its Support.

I have first of all considered mankind; and the result of my thoughts has been that, amidst such an infinite diversity of laws and manners, they were not solely conducted by the caprice of fancy.—I have laid down the first principles, and have found that the particular cases apply naturally to them; that the histories of all nations are only consequences of them; and that every particular law is connected with another law, or depends on some other of a more general extent.

The Spirit of the Laws (Edinburgh, 1752)

[175]

Quand les sauvages de la Louisiane veulent avoir du fruit, ils coupent l'arbre au pied, et cueillent le fruit. Voilà le gouvernement despotique. *Id., V, 13*

La corruption de chaque gouvernement commence presque toujours par celle des principes. *Id., VIII, 1*

La liberté est le droit de faire tout ce que les lois permettent. *Id., XI, 3*

Il y a dans chaque État trois sortes de pouvoirs: la puissance législative, la puissance exécutrice des choses qui dépendent du droit des gens, et la puissance exécutrice de celles qui dépendent du droit civil. *Id., XI, 6*

Tout serait perdu si le même homme, ou le même corps de principaux, ou des nobles, ou du peuple, exerçaient ces trois pouvoirs: celui de faire des lois, celui d'exécuter les résolutions publiques, et celui de juger les crimes ou les différends des particuliers. *Ibid.*

Lorsque l'on veut changer les mœurs et les manières il ne faut pas les changer par les lois. *Id., XIX, 14*

Une nation libre peut avoir un libérateur; une nation subjuguée ne peut avoir qu'un autre oppresseur. *Id., XIX, 27*

Les lois inutiles affaiblissent les lois nécessaires. *Id., XXIX, 16*

L'étude a été pour moi le souverain remède contre les dégoûts de la vie, n'ayant jamais eu de chagrin qu'une heure de lecture ne m'ait ôté. *Pensées et Jugements*

Si je savais une chose utile à ma nation qui fût ruineuse à une autre, je ne la proposerais pas à mon prince, parce que je suis homme avant d'être Français ... parce que je suis nécessairement homme, et que je ne suis Français que par hasard. *Ibid.*

J'ai la maladie de faire des livres et d'en être honteux quand je les ai fait. *Ibid.*

When the savages of Louisiana are desirous of fruit, they cut the tree to the root, and gather the fruit. This is an emblem of despotic government.

The corruption of each government generally begins with that of the principles.

Liberty is the right of doing whatever the laws permit.

In every government there are three sorts of power: the legislative; the executive in respect to things dependent on the law of nations; and the executive in regard to things that depend on civil law.

There would be an end of everything, were the same man, or the same body, whether of the nobles or of the people, to exercise those three powers, that of enacting laws, that of executing the public resolutions, and that of judging the crimes or differences of individuals.

When manners and customs are to be changed, it ought not to be done by laws.

A free nation may have a deliverer; a nation enslaved can have only another oppressor.

Useless laws debilitate such as are necessary.

Study has been my sovereign remedy against life's disappointment; I have never known any distress that an hour's reading did not relieve.

If I knew of something that could serve my nation but would ruin another, I would not propose it to my prince, for I am first a man and only then a Frenchman; necessarily I am a man, only accidentally am I French.

It is a kind of sickness with me to compose books and to be ashamed of them afterwards.

La bienséance manquée aux femmes a toujours été la marque la plus certaine de la corruption des mœurs. *Ibid.*

La gravité est le bouclier des sots. *Ibid.*

L'amitié est un contrat par lequel nous nous engageons à rendre de petits services à quelqu'un, afin qu'il nous en rende de grands. *Ibid.*

Aimer à lire, c'est faire un échange des heures d'ennui que l'on doit avoir en sa vie, contre des heures délicieuses. *Ibid.*

Il faut avoir beaucoup étudié pour savoir peu. *Ibid.*

Tous les hommes sont des bêtes; les princes sont des bêtes qui ne sont pas attachées. *Ibid.*

La guerre de Spartacus était la plus légitime qui ait jamais été entreprise. *Ibid.*

PIERRE-CLAUDE NIVELLE DE LA CHAUSSÉE
(1692–1754)

L'égalité, Madame, est la loi de la nature.
L'École des Mères (1744), III, 3 (Argant)

Quand tout le monde a tort, tout le monde a raison.
La Gouvernante (1747), I, 3 (De Sainville)

LOUIS RACINE
(1692–1763)

Oui, c'est un Dieu caché que le Dieu qu'il faut croire.
La Religion (1742)

Disrespect for women has invariably been the surest sign of moral corruption.

Solemnity is the fool's shield and buckler.

Friendship is a compact by which we undertake to do someone small favors in expectation of receiving big favors.

To delight in reading is to trade life's dreary moments for moments of pure joy.

You have to study a long time to know anything at all.

All men are animals; princes are animals whom no one has tied up.

Spartacus' uprising was the most legitimate war ever fought.

Nivelle de La Chaussée wrote sentimental and moralizing comedies.

Equality, Madam, is a law of nature.

When everyone is wrong, everyone is right.

Louis Racine, son of the famous dramatist; author of didactic poems, memoirs of his father, and a prose translation of Milton's *Paradise Lost*.

Yes, He is the hidden god, the God we should believe in.

FRANÇOIS-MARIE AROUET, *dit* VOLTAIRE

(1694–1778)

Le plaisir est l'objet, le devoir et le but
De tous les êtres raisonnables.   *Épître à Madame de G. (1716)*

J'aime le luxe et même la mollesse,
Tous les plaisirs, les arts de toute espèce.
                                    Satires, Le Mondain (1736)

O le bon temps que ce siècle de fer!   *Ibid.*

Le superflu, chose très nécessaire,
A réuni l'un et l'autre hémisphère.   *Ibid.*

Automates pensants, mus par des mains divines.
                        Sept Discours en vers sur l'homme (1738), II

Mais malheur à l'auteur qui veut toujours instruire!
Le secret d'ennuyer est celui de tout dire.   *Id., VI*

Qui n'a pas l'esprit de son âge
De son âge a tout le malheur.   *A Mme du Châtelet*

Les préjugés sont la raison des sots.
                        Poème sur la loi naturelle (1756), IV

Un jour tout sera bien, voilà notre espérance:
Tout est bien aujourd'hui, voilà l'illusion.
                *Poème sur le désastre de Lisbonne, ou examen
                de cet axiome: Tout est bien (1756)*

Sacrés ils sont, car personne n'y touche.
                                    Le Pauvre Diable (1758)

Si Dieu n'existait pas, il faudrait l'inventer.
                A l'auteur du livre des Trois Imposteurs (1769)

Voltaire, the dominant public figure of the Age of Reason. "Voltaire reigned at that time, this monkey of genius, whom the devil sent on a mission to mankind" (Victor Hugo). Reported to have exclaimed on his deathbed, "I would stop dying if I could think of a good joke or a good idea."

Pleasure is the object, the duty, and the goal
Of all rational creatures.

I love luxury, yes, even indolence,
All of the pleasures, every kind of art.

O what fine times, this age of iron!

The superfluous, a very necessary thing,
Has linked one hemisphere to the other.

Thinking automatons, by divine hands moved.

Woe to the author determined to teach!
The best way to be boring is to leave nothing out.

Who shares not the spirit of his age,
Knows it in all its unhappiness.

Prejudices are what fools use for reason.

One day all will be well, that is our hope;
All's well today, that is our illusion.

Sacred they are, for no one will touch them.
[*The reference is to certain mediocre religious poems*]

If God did not exist, we would have to invent him.

L'univers m'embarrasse, et je ne puis songer
Que cette horloge existe et n'ait pas d'horloger.

Les Cabales (1772)

Qui que tu sois, voici ton maître:
Il l'est, le fut, ou le doit être.

Inscription pour une statue de l'Amour

L'autre jour, au fond d'un vallon,
Un serpent piqua Jean Fréron.
Que pensez-vous qu'il arriva?
Ce fut le serpent qui creva.

Epigramme

Le fatal courroux des Dieux
Changea cette femme en pierre:
Le sculpteur a fait bien mieux:
Il a fait tout le contraire.

La Statue de Niobé

Nos prêtres ne sont pas ce qu'un vain peuple pense;
Notre crédulité fait toute leur science.

Oedipe (1718), Acte IV, 1 (Jocaste)

Tous les genres sont bons, hors le genre ennuyeux.

L'Enfant prodigue (1736), Préface

Plus l'abus est antique et plus il est sacré.

Les Guèbres ou la Tolérance (1769), V, 6 (l'Empereur)

Le monde avec lenteur marche vers la sagesse.

Les Lois de Minos (1773), II, 5 (Teucer)

Il vaut mieux hasarder de sauver un coupable que de condamner un innocent.

Zadig (1747)

Dans ce meilleur des mondes possibles.

Candide ou l'Optimisme (1759)

Les malheurs particuliers font le bien général, de sorte que plus
il y a des malheurs particuliers, et plus tout est bien.

Id.

The universe baffles me, I cannot conceive
How this clock could be were there no clockmaker.

Whoe'er you are, behold your master:
For that he is, or was, or has to be.
                    [*Inscription for a statue of love*]

The other day, by a little lake,
Jean Fréron was bit by a snake.
What was the sequel? Needless to say,
The snake, not Fréron, passed away.

The fatal anger of the gods
Turned this woman into stone;
The sculptor did much better—
Namely, the opposite.
                    [*Inscription for a statue of Niobe*]

Our priests are not what a foolish people thinks;
Their science would be nought without our credulity.

All sorts are good, except the boring sort.

The more ancient the abuse, the more sacred it must seem.

The world marches slowly toward wisdom.

It is better to risk saving a guilty man than to condemn an innocent one.

In this best of all possible worlds.

Individual misfortunes compound the general good, so that the more individual misfortunes, the better for all.

Quand un homme parle à un autre qui ne le comprend pas et que celui qui parle ne comprend pas, c'est de la métaphysique.

Id.

Ces deux nations sont en guerre pour quelques arpents de neige vers le Canada ... elles dépensent pour cette belle guerre beaucoup plus que tout le Canada ne vaut.

Id.

Dans ce pays-ci il est bon de tuer de temps en temps un amiral pour encourager les autres.

Id.

Le travail éloigne de nous trois grands maux: l'ennui, le vice, et le besoin.

Id.

Il faut cultiver notre jardin.

Id.

Un jour, Saint Dunstan, irlandais de nation et saint de profession ...

L'Ingénu (1767)

L'histoire n'est que le tableau des crimes et des malheurs.

Id.

Pourquoi nous faire horreur de notre être? Notre existence n'est point si malheureuse qu'on veut nous le faire croire. Regarder l'univers comme un cachot, et tous les hommes comme des criminels qu'on va exécuter, est l'idée d'un fanatique. Croire que le monde est un lieu de délices où l'on ne doit avoir que du plaisir, c'est la rêverie d'un Sybarite.

Remarques sur les Pensées de M. Pascal (1734)

Hamlet ... est une pièce grossière et barbare. ... On croirait que cet ouvrage est le fruit de l'imagination d'un sauvage ivre. Mais parmi ces irrégularités grossières, qui rendent encore aujourd'hui le théâtre anglais si absurde et si barbare, on trouve dans *Hamlet*, par une bizarrerie encore plus grande, des traits sublimes, dignes des plus grands génies.

Dissertation sur la tragédie ancienne et moderne (1748)

Il faut que cet homme-là soit un grand ignorant, car il répond à tout ce qu'on lui demande.

Dictionnaire philosophique (1764), "Annales"

When one man speaks to someone who does not understand him, and when the first ceases to understand, we have metaphysics.

These two nations are at war over a few snowbound acres in the region of Canada . . . They are spending on this war more than all of Canada is worth.

In this country it is good to kill an admiral from time to time, to encourage the others.

Thanks to work we avoid three great evils—boredom, vice, and need.

One must cultivate one's own garden.

One day, St. Dunstan, an Irishman by nationality and a saint by profession . . .

History is no more than the portrayal of crimes and misfortunes.

Why make us loathe ourselves? Our existence is not as unhappy as all that. To see the world as a dungeon, and all men as criminals about to be executed, is the idea of a fanatic. To think that the world is a place of delights, where there ought to be nothing but pleasure, is the dream of a Sybarite . . .

Hamlet is a coarse and barbarous play. . . . One might think the work is the product of a drunken savage's imagination. But among the coarse irregularities that make the English theater even today so absurd and barbarous, one finds in *Hamlet,* by an even greater oddity, sublime touches, worthy of the greatest geniuses.

This man must be very ignorant, for he answers every question he is asked.

Les systèmes sont comme des rats, qui peuvent passer par vingt petits trous, et qui en trouvent enfin deux ou trois qui ne peuvent les admettre.
Id., "Barbe"

Si Dieu nous a fait à son image, nous le lui avons bien rendu.
Le Sottisier

Nous cherchons tous le bonheur, mais sans savoir où, comme des ivrognes qui cherchent leur maison, sachant confusément qu'ils en ont une.
Id.

Le pape est une idole à qui on lie les mains et dont on baise les pieds.
Id.

C'est une des superstitions de l'esprit humain d'avoir imaginé que la virginité pouvait être une vertu.
Id.

Les maux viennent bien vite, et les consolations bien tard.
Correspondance, A Mme de Bernières, 16 octobre 1726

Cette Académie est l'objet secret des vœux de tous les gens de lettres. C'est une maîtresse contre laquelle ils font des chansons et des épigrammes jusqu'à ce qu'ils aient obtenu ses faveurs, et qu'ils négligent dès qu'ils en ont la possession.
Id., A M. Lefevre, 1732

Qui plume a, guerre a.
Id., A Mme d'Argental, 4 octobre 1748

On presse l'orange, et on jette l'écorce.
Id., A Mme Denis, 2 septembre 1751

On n'a jamais employé tant d'esprit à vouloir nous rendre bêtes. Il prend envie de marcher à quatre pattes quand on lit votre ouvrage.
Id., A J.-J. Rousseau, 31 août 1761

La vie est un enfant qu'il faut bercer jusqu'à ce qu'il s'endorme.
Id., A Mme du Deffand, 22 juillet 1761

Quoi que vous fassiez, écrasez l'infâme.
Id., A D'Alembert, 28 novembre 1762

Systems are like rats; they can get through twenty little holes, but there are always two or three they cannot manage.

If God made us in his own image, we have more than reciprocated.

All of us pursue happiness, but without knowing where to find it; we are like drunkards trying to find their way home, aware that they live somewhere.

The Pope is an idol whose hands are tied and whose feet are kissed.

One of the superstitions of the human mind is to suppose that virginity could be a virtue.

Ills come all too soon, relief comes all too late.

The Academy is the secret longing of all men of letters. It is a mistress against whom they compose songs and epigrams until they have obtained her favors. Once they have had her, they are no longer interested.

To hold a pen is to be at war.

You squeeze an orange for its juice, you throw away the skin.
[*Comment on his break with Frederick II*]

Never has so much wit been used in order to make us stupid. When one reads your book, one feels like crawling on all fours.

Life is a child that has to be rocked in its cradle until it finally falls asleep.

Whatever you do, crush that infamous thing [i.e., superstition].

Quand la populace se mêle de raisonner, tout est perdu.

Id., A Damilaville, 1 avril 1766

Ce n'est plus le temps de plaisanter; les bons mots ne conviennent point aux massacres . . . Ici Calas roué, là Sirven pendu . . . est-ce là le pays de la philosophie et des agréments? c'est celui de la Saint-Barthélémy.   *Id., A D'Alembert, 18 juillet 1766*

On dit que Dieu est toujours pour les gros bataillons.

Id., A M. le Riche, 6 février 1770

Monsieur l'abbé, je déteste ce que vous écrivez, mais je donnerais ma vie pour que vous puissiez continuer à écrire.   *Id.*

MADAME DE VICHY-DEFFAND (MARQUISE DU DEFFAND)

(1697–1780)

Il n'y a que le premier pas qui coûte.

Lettre à d'Alembert (1763)

GEORGE-LOUIS LECLERC, COMTE DE BUFFON

(1707–1788)

La plus noble conquête que l'homme ait jamais faite est celle de ce fier et fougueux animal, qui partage avec lui les fatigues de la guerre et la gloire des combats.

Histoire des mammifères, Le Cheval

Les ouvrages bien écrits seront les seuls qui passeront à la postérité: la quantité des connaissances, la singularité des faits, la nouveauté même des découvertes ne sont pas de sûrs garants de l'immortalité. Ces choses sont hors de l'homme, le style c'est l'homme même.   *Discours sur le style (1753)*

Once the populace begins to reason, all is lost.

It is no time for joking; witty words are out of place when murder is rampant . . . Calas broken on the wheel, Sirven hanged . . . Is this the country of philosophy and the graces? no, it is the country of St. Bartholomew's day.

They say that God is always on the side of the big battalions.

Monsieur l'abbé, I detest what you write, but I would give my life to make it possible for you to continue to write.
   [*The probable source of the words used for many years as the motto of an American newspaper: "I disapprove of what you say, but I will defend to the death your right to say it."*]

Mme du Deffand presided over a celebrated *salon*. Her saying was a comment on the legend of Saint Denis who after his beheading took up his head and walked with it from Montmartre to the place that bears his name a few miles north of Paris.

The first step is the hardest.

Buffon, famous naturalist, spent most of his life in his native château de Montbard. His essay on style was his address on admission to the French Academy.

The noblest conquest man has ever made is that of this proud and spirited animal, which shares with him the hardships of war and the glory of battle.

Well-written works alone will pass to posterity: the quantity of knowledge, the singularity of facts, the novelty of discoveries are not sure guarantees of immortality. These things are beyond man's control, style is the man himself.

Le génie n'est qu'une plus grande aptitude à la patience.

(Attr.)

Engendrée un matin, à bord d'un vaisseau qu'elle n'a pas vu partir et qu'elle ne verra pas arriver, passagère agitée sur cette terre qu'elle ne dirige pas, l'Humanité n'a pas de loi qui la lie nécessairement au grand système extérieur. Qu'elle se remue à fond de cale ou sur le pont, qu'elle se précipite à la poupe ou à la proue, cela ne change rien à la marche immuable: elle est, en un mot, comme une quantité négligeable par rapport à l'ordre souverain du reste de l'Univers. Raison de plus pour elle de mettre elle-même quelque ordre dans son petit monde, et de tâcher que la suite des générations qui la composent y passent les jours les moins troublés, les moins ouvertement à la merci de la fatalité et du hasard.

(Cité par Sainte-Beuve in Port-Royal, III, 20)

JEAN-BAPTISTE LOUIS GRESSET

(1709–1777)

Sans un peu de folie
On ne rime plus à trente ans. *Épître I*

Désir de fille est un feu qui dévore;
Désir de nonne est cent fois pis encore.
Vert-Vert (1733), II

Mais Paris guérit tout et les absents ont tort.
Le Méchant (1745), II, 7 (VALÈRE)

Elle a d'assez beaux yeux
Pour des yeux de province. *Id., IV, 5* (GÉRONTE)

Genius is but a greater aptitude for patience.

Begotten some morning, aboard a ship whose departure it never witnessed and whose arrival it will never see, restless traveler over this earth whose course it does not rule, Humanity is not tied to the great external system by any necessary law. Whether it labors down in the hold or up on the bridge, whether it rushes toward the bows or the stern, it alters nothing of the immutable course; in short, Humanity is so to speak a negligible quantity in the sovereign order of the rest of the universe. The more reason, then, for Humanity to put some order into its own little world, to try to arrange that the sequence of generations that make it up spend their days as untroubled, as little at the mercy of chance and fatality, as may be.

Cresset, poet and successful playwright.

Without a bit of madness
One gives up rhyming at thirty.

A virgin's longing is a consuming fire,
A hundred times worse is a nun's desire.

Paris heals all wounds; it's those who're away that are in the wrong.

She has quite pretty eyes
For a country girl.

JULIEN OFFRAY DE LA METTRIE

(1709–1751)

Nous n'avons pas originairement été faits pour être savants; c'est peut-être par une espèce d'abus de nos facultés organiques que nous le sommes devenus, et cela à la charge de l'État, qui nourrit une multitude de fainéants que la vanité a décoré du nom de *philosophes*.   *L'Homme machine (1747)*

Vous voyez que la loi naturelle n'est qu'un sentiment intime qui appartient encore à l'imagination, comme tous les autres, parmi lesquels on compte la pensée. Par conséquent, elle ne suppose évidemment ni éducation, ni révélation, ni législateur, à moins qu'on ne veuille la confondre avec les lois civiles, à la manière ridicule des théologiens.   *Id.*

Qui sait d'ailleurs si la raison de l'existence de l'homme ne serait pas son existence même?   *Id.*

Si l'athéisme . . . était généralement répandu [il n'y aurait] plus de guerres théologiques, plus de soldats de la religion, soldats terribles! La Nature infectée d'un poison sacré reprendrait ses droits et sa pureté.   *Id.*

Il n'y a rien d'absolument injuste. Nulle équité réelle, nuls vices, nulle grandeur, nuls crimes absolus.
                    Oeuvres philosophiques, Discours préliminaire

Au reste la convention, un prix arbitraire, fait tout le mérite et le démérite de ce qu'on appelle vice et vertu.
                    Anti-Sénèque ou Discours sur le bonheur

Si les joies puisées dans la nature et la raison sont des crimes, le bonheur des hommes est d'être criminels.   *Id.*

La Mettrie, a practicing physician who had studied physiology at Leyden, had to flee France after *L'Homme machine*. He had the rare distinction of disturbing Voltaire and Diderot with his writings, nearly as much as he disturbed Catholics and Lutherans.

We were not originally made to be men of science and have only become so, perhaps, through a sort of abuse of our organic faculties—encouraged by the State, which feeds and shelters a multitude of do-nothings whom vanity has adorned with the name of "philosophers."

It is apparent that Natural Law is no more than an individual feeling which, like all the others, like thought itself, belongs to the imagination. It follows from this that Natural Law does not derive from education, from revelation, nor from the legislator—unless, in the absurd manner of the theologians, you want to confuse it with the civil law.

Who knows but that man's reason for existence may be his existence itself?

Were atheism to become widespread . . . there would be no theological wars, no more soldiers for the faith, dreadful soldiers! Nature which is at present infected with a holy poison would recover her purity and her rights.

Nothing is absolutely unjust. There is no objectively real equity, no absolute greatness, no absolute vice, no absolute crime.

In short, it is convention, an arbitrary system of reward, that makes what we call virtue praiseworthy and what we call vice blameworthy.

If the joys we find in nature and reason are crimes, then men's happiness lies in being criminals.

JEAN-JACQUES ROUSSEAU
(1712–1778)

Il règne dans nos mœurs une vile et trompeuse uniformité, et tous les esprits semblent avoir été jetés dans un même moule: sans cesse la politesse exige, la bienséance ordonne; sans cesse on suit les usages, jamais son propre génie.

Discours sur les sciences et les arts (1750), I

On a tout avec de l'argent hormis des mœurs et des citoyens.

Id., II

Le premier qui, ayant enclos un terrain, s'avisa de dire: "Ceci est à moi" et trouva des gens assez simples pour le croire, fut le vrai fondateur de la société civile.

Discours sur l'origine et les fondements de l'inégalité parmi les hommes (1754), I

J'ose presque dire que l'état de réflexion est un état contre nature et que l'homme qui médite est un animal dépravé. *Id., II*

L'homme est né libre, et partout il est dans les fers.

Du contrat social, I, 1

La force a fait les premiers esclaves, leur lâcheté les a perpétués.

Id., I, 2

Le plus fort n'est jamais assez fort pour être toujours le maître, s'il ne transforme pas sa force en droit, et l'obéissance en devoir.

Id., I, 3

La volonté générale est toujours droite, mais le jugement qui la guide n'est pas toujours éclairé. *Id., I, 6*

A prendre le terme dans la rigueur de l'acception, il n'a jamais existé de véritable démocratie, et il n'en existera jamais.

Id., III, 4

J.-J. Rousseau, father of Romanticism.

Our way of life is dominated by a vile and deceptive uniformity, and all the minds seem to be cast in the same mold; continually, we are faced with the demands of politeness, with the rules of decorum; we are continually following custom, never our own genius.

Money buys everything, except morality and citizens.

The first man who fenced in a piece of land, took upon himself to say, "This is mine," and found people simple enough to believe him was the true founder of civil society.

I will go so far as to say that the state of reflection is an anti-natural state, and that the thinking man is a depraved animal.

Man was born free, and everywhere he is in chains.

The first slaves were made so by force; the state of slavery was perpetuated by cowardice.

The strongest is never strong enough to be master forever, unless he transforms his strength into Right, and obedience to him into Duty.

The general will is always right, but the judgment that guides it is not always enlightened.

In the strictest sense of the term, a true democracy has never existed, and will never exist.

Tout est bien sortant des mains de l'Auteur des choses, tout dégé-
nère entre les mains de l'homme.

Emile ou de l'education (1762), I, 1

J'aime mieux être homme à paradoxes qu'homme à préjugés.

Id., II

Souviens-toi sans cesse que l'ignorance n'a jamais fait de mal, que
l'erreur seule est funeste. *Id., III*

Je forme une entreprise qui n'eut jamais d'exemple, et qui n'aura
point d'imitateur. Je veux montrer à mes semblables un homme
dans toute la vérité de la nature, et cet homme, ce sera moi.

Les Confessions (1781–88), I, 1

Ce n'est pas ce qui est criminel qui coûte le plus à dire, c'est ce
qui est ridicule et honteux. *Ibid.*

Il es trop difficile de penser noblement, quand on ne pense que
pour vivre. *Id., II, 9*

Je ne médite, je ne rêve jamais plus délicieusement que quand je
m'oublie moi-même.

Les Rêveries du promeneur solitaire (1782)

Non, j'ai trop souffert dans cette vie pour n'en pas attendre une
autre. Toutes les subtilités de la métaphysique ne me feront pas
douter un moment de l'immortalité de l'âme et d'une Providence
bienfaisante. *Lettre à Voltaire, 18 août 1756*

Je ne veux que de l'amitié; et c'est la seule chose qu'on me refuse.
Ingrat, je ne t'ai point rendu de services, mais je t'ai aimé; et tu
ne me paieras de ta vie ce que j'ai senti pour toi durant trois mois.

Lettre à Diderot, 26 mars 1757

Everything is good when it leaves the hands of the Creator; everything degenerates in human hands.

I had rather indulge in paradoxes than in prejudices.

Keep always in mind that ignorance has never produced evil, that error alone is fatal.

What I am undertaking is without precedent, and will have no imitators. I mean to show to my fellows a man just as nature made him, and this man is myself.

It is not what is criminal that is hardest to acknowledge, but what is ridiculous or shameful.

Noble thoughts are too hard to form when the mind is on the necessities of life.

My meditations, my musings are never more enchanting than when I am able to forget myself.

No, I have suffered too much in this life not to hope for another one. All the subtleties of metaphysics cannot make me doubt one moment the immortality of the soul or the existence of a benevolent Providence.

All I ask for is friendship; and this is the only thing I am refused. Ingrate, I have never been able to do you service, but I have loved you; and all your life will not be enough to repay me for what I felt for you for three months.

DENIS DIDEROT

(1713–1784)

Mes pensées sont mes catins.   *Le Neveu de Rameau, I*

Faire son devoir tellement quellement, toujours dire du bien de
M. le Prieur et laisser aller le monde à sa fantaisie.   *Id., II*

On déclame sans fin contre les passions; on leur impute toutes
les peines de l'homme, et l'on oublie qu'elles sont aussi la source
de tous ses plaisirs. . . . Il n'y a que les passions, et les grandes
passions qui puissent élever l'âme aux grandes choses.
                    Pensées philosophiques (1746), I

Il y a des gens dont il ne faut pas dire qu'ils craignent Dieu,
mais bien qu'ils en ont peur.   *Id., VIII*

L'ignorance et l'incuriosité sont deux oreillers fort doux, mais
pour les trouver tels, il faut avoir la tête aussi bien faite que
Montaigne.   *Id., XXII*

On doit exiger de moi que je cherche la vérité, mais non que je
la trouve.   *Id., XXIX*

Ce qu'on n'a jamais mis en question n'est point prouvé. Ce qu'on
n'a point examiné sans prévention n'a jamais été bien examiné.
Le scepticisme est donc le premier pas vers la vérité. Il doit être
général, car il en est la pierre de touche.   *Id., XXXI*

Prouver l'Evangile par un miracle, c'est prouver une absurdité
par une chose contre nature.
                    Additions aux Pensées philosophiques, XXI

Dire que l'homme est un composé de force et de faiblesse, de
lumière et d'aveuglement, de petitesse et de grandeur, ce n'est
pas lui faire son procès, c'est le définir.   *Id., XLI*

Et des boyaux du dernier prêtre
Serrons le cou du dernier roi!   *Dithyrambe sur la fête des Rois*

Diderot, philosopher, novelist, dramatist, critic, one of the most seminal influences in French literature. His most important works were published posthumously.

My thoughts are my trollops.

Do your duties indifferently well, always speak well of the Prior, and let the world follow its whimsical course.

There are endless declamations against the passions; they are held responsible for all of mankind's sufferings, and it is forgotten that they are also the source of all our pleasures. . . . Only the passions, only great passions, can elevate the mind to great things.

Of some people we should not say that they *fear* God, but that they are *afraid* of Him.

Ignorance and lack of curiosity are two soft pillows indeed, but to find them so, one must have a head as solid as Montaigne's.

It is proper to demand of me that I should seek the truth, but not that I should find it.

A thing is not proved just because no one has ever questioned it. What has never been gone into impartially has never been properly gone into. Hence skepticism is the first step toward truth. It must be applied generally, because it is the touchstone.

To prove the Gospels by a miracle is to prove an absurdity by something contrary to nature.

To say that man is a compound of strength and weakness, light and darkness, smallness and greatness, is not to indict him, it is to define him.

With the bowels of the last priest
We'll make a noose for the last king!

La philosophie expérimentale ne sait ni ce qui lui viendra, ni ce qui ne lui viendra pas de son travail; mais elle travaille sans relâche. Au contraire, la philosophie rationnelle pèse les possibilités, prononce et arrête tout court. Elle dit hardiment: *on ne peut décomposer la lumière*: la philosophie expérimentale l'écoute, et se tait devant elle pendant des siècles entiers; puis tout à coup elle montre le prisme, et dit: *la lumière se décompose.*

Pensées sur l'interprétation de la nature (1754), XXIII

Dans les règnes animal et végétal, un individu commence, pour ainsi dire, s'accroît, dépérit et passe; n'en serait-il pas de même des espèces entières? *Id., LVIII*

Des hommes de génie ont ramené de nos jours la philosophie du monde intelligible dans le monde réel. Ne s'en trouvera-t-il point un qui rende le même service à la poésie lyrique et qui la fasse descendre, des régions enchantées, sur la terre que nous habitons? *Discours sur la poésie dramatique (1758)*

L'esprit de l'escalier. *Paradoxe sur le comédien*

. . . et le vice et la vertu? La vertu, ce mot si saint dans toutes les langues, cette idée si sacrée chez toutes les nations?—Il faut le transformer en celui de bienfaisance, et son opposé en celui de malfaisance. *Le Rêve de d'Alembert (1769)*

A. — Mais enfin, dites-moi, faut-il civiliser l'homme, ou l'abandonner à son instinct?
B. — Si vous vous proposez d'en être le tyran, civilisez-le; empoisonnez-le de votre mieux d'une morale contraire à la nature.

Supplément au Voyage de Bougainville

Vous ne trouverez la condition de l'homme heureuse que dans Taïti. . . . *Ibid.*

La postérité pour le philosophe, c'est l'autre monde pour l'homme religieux. *Lettre à Falconet, 1765*

Du fanatisme à la barbarie il n'y a qu'un pas.

Essai sur le mérite de la vertu. Dédicace

Experimental philosophy does not know what results its labors may or may not produce, but it labors on without respite. On the other hand, rationalist philosophy weighs possibilities, makes its pronouncements, and stops there. It says fearlessly: "Light cannot be broken up." Experimental philosophy listens to this, and keeps silent for whole centuries. Then, suddenly, it produces the prism and says, "Light can be broken up."

In the animal and vegetable kingdoms an individual has his beginning, then he grows, shrivels up, and passes away; might this not be true as well of whole species?

In our day, men of genius have transferred philosophy from the intelligible world to the real world. Will there ever be a man to do the same for lyrical poetry, to bring it down from enchanted realms to the earth we inhabit?

"Staircase wit"
[*Witty remarks thought up after the occasion has passed*]

. . . And what about vice and virtue? Virtue, that word so hallowed in every language, that idea so sacred to every nation?— It should be superseded by the term "useful," and its opposite by the term "harmful."

A. But come now, tell me, are we to civilize mankind or are we to abandon it to its instincts?
B. If you would tyrannize over mankind, then civilize it. Do all you can to poison it with a morality contrary to nature.

The only place you'll find man's lot a happy one is in Tahiti. . . .

Posterity to the philosopher is what the other world is to the religious man.

There is only one step from fanaticism to barbarism.

[201]

LUC DE CLAPIERS, MARQUIS DE VAUVENARGUES

(1715–1747)

Lorsqu'une pensée est trop faible pour porter une expression simple, c'est la marque pour la rejeter. *Réflexions et maximes, 3*

C'est un grand signe de médiocrité de louer toujours modérément.
Id., 12

La servitude abaisse les hommes jusqu'à s'en faire aimer. *Id., 22*

Ceux qui ne savent pas tirer parti des autres hommes sont ordinairement peu accessibles. *Id., 99*

Les grandes pensées viennent du cœur. *Id., 127*

Pour exécuter de grandes choses il faut vivre comme si on ne devait jamais mourir. *Id., 142*

Les jeunes gens souffrent moins de leurs fautes que de la prudence des vieillards. *Id., 158*

Les conseils de la vieillesse éclairent sans échauffer, comme le soleil l'hiver. *Id., 159*

Le vice fomente la guerre: la vertu le combat. S'il n'y avait aucune vertu nous aurions pour toujours la paix. *Id., 225*

La netteté est le vernis des maîtres. *Id., 367*

Les feux de l'aurore ne sont pas si doux que les premiers regards de la gloire. *Id., 375*

On promet beaucoup pour se dispenser de donner peu. *Id., 436*

Les paresseux ont toujours envie de faire quelque chose.
Id., 458

Vauvenargues, one of the great French moralists and a sensitive critic.

When an idea is too weak to stand the test of simple expression, it should be dropped.

To be always moderate with praise is to display one's own mediocrity.

Servitude degrades people to such a point that they come to like it.

It is usually difficult to approach those who do not know how to make use of others.

Great thoughts come from the heart.

To accomplish great things, we must live as if we were never going to die.

Young people suffer less from their own mistakes than from older people's wisdom.

The counsels of old age give light without warmth, like the sun in winter.

Vice foments war; virtue does the actual fighting. If there were no virtue, we should have perpetual peace.

Precision is the classic writer's varnish.

The light of dawn is not as sweet as the first smile of fame.

We promise much so as to feel entitled to give little.

Lazy people are always looking for something to do.

Les choses que l'on sait le mieux sont celles qu'on n'a pas apprises.

Id., 479

L'espérance fait plus de dupes que l'habileté.

Id., 569

Il n'y a point de perte qu'on ne sente si vivement et si peu de temps que celle d'une femme aimée.

Id., 577

Les hommes ne se comprennent pas les uns les autres. Il y a moins de fous qu'on ne croit.

Id., 590

L'amour est plus violent que l'amour propre, puisqu'on peut aimer une femme malgré ses mépris.

Id., 677

CLAUDE-ADRIEN HELVÉTIUS

(1715–1771)

J'ai cru qu'on devait traiter la morale comme toutes les autres sciences, et faire une morale comme une physique expérimentale.

De l'esprit (1758), Préface

La vérité est un flambeau qui luit dans le brouillard sans le dissiper.

Id.

L'essence de l'amour est de n'être jamais heureux, la jalousie le trouble ... On a dit du bien et du mal de cette passion. Pour être heureux il ne faut pas connaître l'amour passion, mais l'amour volupté.

Id.

On se représente les philosophes comme ayant de grosses têtes, le front large et la barbe ample et magnifique, la mine austère. Au premier éclat de rire, on ne croirait plus à leurs dogmes.

Id.

Ce qui fait le bonheur des hommes, c'est d'aimer à faire ce qu'ils ont à faire. C'est un principe sur lequel la société n'est pas fondée.

Id.

The things we know best are those we have not learned.

More are taken in by hope than by cunning.

We feel nothing more sharply than the loss of the woman we love, nor for a shorter time.

Men do not understand one another. There are fewer madmen than we think.

Love is stronger than self-love, since we can love a woman who scorns us.

Helvétius, a utilitarian before Bentham, was one of the *encyclopédistes*. On reading *De l'esprit*, Voltaire wrote to him: "Your book is dictated by the soundest reason. You had better get out of France as quickly as you can." The book was condemned by the *parlement* and burned.

I thought that morals should be treated as any other science, and that we should approach morality in the same spirit as we do experimental physics.

Truth is a torch that gleams through the fog without dispelling it.

In essence, love is never happy, jealousy perturbs it . . . This passion has been spoken of with approval and disapproval. In order to be happy, one must never know passion-love, but only pleasure-love.

We imagine philosophers as men with big heads, high brows, splendid full beards, and an austere countenance. Were they ever to laugh out loud, no one would believe their dogmas.

What makes men happy is loving to do what they have to do. This is a principle on which society is *not* founded.

On n'appelle pas fou un homme qui croit manger le bon Dieu, mais celui qui se dit Jésus-Christ.   *Id.*

La raison doit étudier les vrais et bons penchants de l'homme pour les seconder et les fortifier et s'opposer à ceux qui pourraient nuire au bonheur commun, c'est là son véritable exercice. Est-ce là ce dont les gouvernements s'occupent? Ils semblent ne songer qu'à se faire obéir.   *Id.*

ETIENNE BONNOT, ABBÉ DE CONDILLAC

(1715–1780)

Nous trouvons dans nos sensations l'origine de toutes nos connaissances et de toutes nos facultés.

De l'art de penser, I, 1

Jeu, s.m. — Toute occupation peu sérieuse, imaginée pour délasser les gens occupés, ou pour occuper les gens désœuvrés. . . . On s'en sert pour se débarrasser des personnes à qui on ne sait que dire, et souvent pour se débarrasser de soi-même.

Dictionnaire des synonymes

Les maximes plaisent au lecteur parce qu'elles le font penser . . . c'est une lumière qui éclaire tout à coup un grand espace.

L'Art d'écrire, II, 9

On contrefait aisément une démarche contrainte, on copie difficilement celle qui est naturelle.   *Id., II, 11*

Une science bien traitée n'est qu'une langue bien faite.

Traité des systèmes, XVIII

A man who believes that he eats his God, we don't call mad; a man who says he is Jesus Christ, we call mad.

Reason should study man's true, good inclinations in order to further and strengthen them, and should oppose them to those inclinations that might be harmful to the common happiness—that is reason's proper employment. Do governments concern themselves with this? They seem to be interested only in being obeyed.

> Condillac was a close friend of Diderot. "A good philosopher, a good enemy of superstition" (Voltaire).

In our sensations we find the origin of all our knowledge and all our faculties.

Game, n.—Any unserious occupation, invented for the purpose of relaxing busy people or to provide an occupation for idlers. . . . It is used to divert people with whom there is nothing to talk about, and often to forget one's own thoughts.

The reader likes maxims because they make him think . . . They are like a light that suddenly illumines a large area.

It is easy to imitate a constrained manner, it is hard to copy a natural one.

A well-expounded science is no more than a well-made language.

JEAN LE ROND D'ALEMBERT

(1717–1783)

La nature forme les hommes de génie, comme elle forme dans
le sein de la terre les métaux précieux, bruts, informes, pleins
d'alliage et de matières étrangères; l'art ne fait pour le génie
que ce qu'il fait pour ces métaux; il n'ajoute rien à leur substance,
il les dégage de ce qu'ils ont d'étranger, et découvre l'ouvrage de
la nature.

Discours de réception à l'Académie Française (1754)

Plus on a d'esprit, plus on est mécontent de ce qu'on a.

Essai sur les gens de lettres

La philosophie s'est donné bien la peine pour faire des traités
de la vieillesse et de l'amitié, parce que la nature fait toute seule
les traités de la jeunesse et de l'amour.   *(Cité par Sainte-Beuve)*

MARQUISE DE POMPADOUR
(JEANNE-ANTOINETTE POISSON)

(1721–1764)

Aprés nous le déluge.

PAUL THIRY, BARON D'HOLBACH

(1723–1789)

Tout ce que M. Clarcke et tous les autres Théologiens modernes
nous disent de leur Dieu, devient à quelques égards assez intelligible dès qu'on l'applique à la nature, à la matière; elle est
éternelle, c'est-à-dire elle ne peut avoir eu de commencement
et n'aura jamais de fin: elle est infinie, c'est-à-dire que nous
ne concevons point ses bornes, etc.

Système de la Nature (1770), II

D'Alembert, Diderot's principal assistant in the preparation of the *Encyclopédie*, close friend of Mlle de Lespinasse, author of scientific works. It was of him and Rousseau that the Marquis de Castries said, "They have scarcely a penny to their name, and yet they are ready to argue about everything."

Men of genius as nature forms them are like precious metals as they are found in the earth—raw, shapeless, full of dross and foreign matter. Art acts on these men as it acts on the metals; adding nothing to their substance, it frees them from the foreign elements, and reveals nature's creation.

The more wit we have, the more dissatisfied we are with it.

Philosophy takes, indeed, the trouble to compose treatises on old age and friendship: those on youth and love are composed by nature herself.

Mme de Pompadour, mistress of Louis XV, patroness of the arts.

After us, the deluge.
[*Said to Louis XV in 1757*]

Baron d'Holbach, born in Germany, naturalized Frenchman, materialist philosopher, the most outspoken apostle of atheism, author of numerous works, most of them published under pseudonyms.

Everything Mr. [Samuel] Clarke and the other theologians tell us of their God becomes fairly intelligible in some respects once we apply it to nature or matter. It is eternal, that is, it could have had no beginning and will never have an end; it is infinite, that is, we are unable to conceive of limits to it, and so on.

Moi je vous dirai que je ne vois point mon âme, que je ne connais et ne sens que mon corps; que c'est ce corps qui pense, qui souffre et qui jouit.

Le Bon Sens, ou Idées naturelles opposées
aux idées surnaturelles (1772), Ch. 100

Tous les dieux ont eu une origine sauvage; toutes les religions sont des monuments antiques d'ignorance, de superstition, de férocité; et les religions modernes ne sont que des folies anciennes rajeunies.   *Id., Ch 120*

Les souverains et les sujets sont dans un combat continuel; les nations font des efforts constants contre les nations; les passions, communes aux sociétés comme aux individus, sont les forces motrices qui font naître les mouvements divers dans le monde moral: de cette collision perpétuelle résulte à la fin la dissolution des corps politiques.   *Politique naturelle (1773), IX*

Dites à ce prince qu'il ne doit compte de ses actions qu'à Dieu seul, et bientôt il agira comme s'il n'en devait compte à personne.

Remarques sur Le Bon Sens (1774)

ANTOINE-MARIN LEMIERRE

(1723–1793)

Croire tout découvert est une erreur profonde;
C'est prendre l'horizon pour les bornes du monde.

L'Utilité des découvertes faites dans les sciences
et les arts sous le règne de Louis XV (1756)

La puissance dépend de l'empire de l'onde;
Le trident de Neptune est le sceptre du monde.

Le Commerce (1756)

Même quand l'oiseau marche on sent qu'il a des ailes.

Les Fastes ou les Usages de l'année, I

As for me, I will tell you that I cannot see my soul, that I know and feel only my body, that it is the body that thinks, judges, feels pleasure and pain.

All gods have had barbaric origins; all religions are antique monuments to ignorance, superstition, savagery; and modern religions are merely ancient follies rejuvenated.

There is continuous warfare between rulers and their subjects. Nations are forever contesting other nations. The motive forces in the moral sphere are the passions, common to societies as well as to individuals. These constant collisions lead eventually to the dissolution of political bodies.

If you tell a prince that he is accountable for his actions to God alone, he will soon act as if he were accountable to no one.

Lemierre, author of descriptive poems and tragedies.

To think that all's discovered is a bad mistake,
Like thinking the horizon ends the world.

Power lies with him who rules the seas:
Neptune's trident is the planet's scepter.

Even when a bird is walking, we sense that it has wings.

JEAN-FRANÇOIS MARMONTEL

(1723–1799)

Dans les espaces immenses de l'erreur, la vérité n'est qu'un point.
Qui l'a saisi, ce point? *Bélisaire, XV*

Il n'est pas permis à tous les hommes d'être grands, mais ils
peuvent tous être bons. *Lettre à Voltaire, 20 octobre 1769*

Le ciel, l'enfer sont dans le cœur de l'homme.
Les Charmes de l'étude

PONCE-DENIS ÉCOUCHARD LEBRUN

(1729–1807)

Chloé, belle et poète, a deux petits travers:
Elle fait son visage et ne fait pas ses vers.
Epigrammes, I, 9

Bon Dieu! l'aimable siècle où l'homme dit à l'homme,
Soyons frères—ou je t'assomme. *Id., V, 23*

JULIE DE LESPINASSE

(1732–1776)

De tous les instants de ma vie. — Mon ami, je souffre, je vous
aime, et je vous attends. *Lettres, XXV, à M. Guibert*

La logique du cœur est absurde. *Id., XLVII, 27 août 1774*

Marmontel, friend of Voltaire, wrote literary criticism for the *Encyclopédie*.

In the immense spaces of error, truth is but a point. Who has grasped this point?

It has not been granted to all men to be great, but they can all be good.

Heaven and hell lie within the heart of man.

Ecouchard Lebrun, author of odes and epigrams.

Chloe, a pretty poet, two shortcomings has:
Her face is all made up, her verse is all undone.

Good God! What times are these, when man can say to man,
Agree that we are brothers—or I'll beat you up.

Julie de Lespinasse presided over a *salon* frequented by the *encyclopédistes;* she wrote passionate love letters to the Comte de Guibert, who was hardly worthy of them.

Every moment of my life.—My friend, I am suffering, I love you, and I am waiting for you.

> [*This is the complete text of the letter*]

The logic of the heart is absurd.

Qu'il y a peu de chose . . . que ce triste éteignoir n'anéantisse!
A quoi bon? Il n'y a qu'une seule chose qui résiste; c'est la passion et c'est celle de l'amour, car toutes les autres resteront
sans réplique.   *Id., à Condorcet, octobre 1774*

Si jamais je revenais à la vie, j'aimerais encore à l'employer à
vous aimer; mais il n'y a plus de temps.   *Id., CLXXX*

PIERRE-AUGUSTIN CARON DE BEAUMARCHAIS

(1732–1799)

Aux vertus qu'on exige dans un domestique, Votre Excellence
connaît-elle beaucoup de maîtres qui fussent dignes d'être valets?
                        Le Barbier de Séville (1775), I, 2 (FIGARO)

Un grand nous fait assez de bien quand il ne nous fait pas de mal.
                                                            Ibid.

Je me presse de rire de tout, de peur d'être obligé d'en pleurer.
                                                            Ibid.

Doutez-vous de ma probité, monsieur? Vos cent écus! j'aimerais
mieux vous les devoir toute ma vie, que de les nier un seul instant.
                                        Id., III, 5 (FIGARO)

Mon Dieu! Que les gens d'esprit sont bêtes!
                Le Mariage de Figaro (1784), I, 1 (SUZANNE)

Boire sans soif et faire l'amour en tout temps, madame; il n'y a
que ça qui nous distingue des autres bêtes.
                                        Id., II, 1 (FIGARO)

Médiocre et rampant, l'on arrive à tout.   *Id., III, 3* (FIGARO)

On est toujours l'enfant de quelqu'un.
                                        Id., III, 16 (BRID'OISON)

There is very little that the drear candlesnuffer [i.e., Death] does not annihilate. "What's the point of it all?" Only one thing holds up: passion—the passion of love, that is, for all the others will fade silently away.

Were I to live my life again, I should still want to spend it loving you; but time has run out.

Beaumarchais, son of a Paris clockmaker, led an eventful life as artisan, member of the royal household, music master to Louis XV's daughter, speculator, secret agent in England, munitions runner for the rebelling American colonies. The plays for which he is remembered today were written for his own amusement.

Considering the virtues that are required of a servant, does Your Excellency know many masters who would make acceptable valets?

A great lord is quite kind enough so long as he does us no harm.

I am quick to laugh at everything, so as not to be obliged to cry.

Do you doubt my honesty, sir? Your one hundred *écus!* I'd rather owe them to you all my life than deny my debt for a single moment.

How stupid wits are!

We drink when we're not thirsty, and we make love at any old time, Madame; these are the only differences between us and the other animals.

Mediocrity and groveling are the road to success.

Every one of us is the child of somebody.

Parce que vous êtes un grand seigneur, vous vous croyez un grand génie!... Qu'avez-vous fait pour tant de bien? Vous vous êtes donné la peine de naître, et rien de plus.

Id., V, 3 (FIGARO)

... pourvu que je ne parle en mes écrits, ni de l'autorité, ni du culte, ni de la politique, ni de la morale, ni des gens en place, ni des corps en crédit, ni de l'Opéra, ni des autres spectacles, ni de personne qui tienne à quelque chose, je puis tout imprimer librement, sous l'inspection de deux ou trois censeurs. *Ibid.*

L'amour n'est que le roman du cœur, c'est le plaisir qui en est l'histoire. *Id.*, V, 7 (LE COMTE)

Tout finit par des chansons. *Id., V, 19*

CHARLES-ALEXANDRE DE CALONNE
(1734-1802)

Madame, si c'est possible, c'est fait; impossible, cela se fera.
(*Cité par Michelet* in L'Histoire de la révolution française)

CLAUDE-CARLOMAN DE RULHIÈRE
(1735-1791)

Oh! c'était le bon temps, j'étais bien malheureuse.
Épîtres. Sur le renversement de ma fortune

GABRIEL SÉNAC DE MEILHAN
(1736-1803)

L'amitié est à l'amour ce qu'une estampe est à un tableau.
Considérations sur l'esprit et les mœurs (1787). De l'amitié

Because you are an aristocrat, you think you are a great genius. . . . What have you done for all your money? You went to some pains in choosing your parents, and that's all.

. . . provided I do not write about the government, religion, politics, morals, people in power, official institutions, the Opera, the other theaters, or about anybody attached to anything, I am free to print anything, subject to the inspection of two or three censors.

Love writes only the romance of the heart. Pleasure is its true chronicle.

Everything peters out in a song.

De Calonne was minister of finance under Louis XVI.

Madame, if it is possible, it has already been done; if impossible, it will be done.

[*Said to Queen Marie-Antoinette*]

Rulhière: historian and writer of light verse and epigrams.

Those were the good old days—I was so unhappy then.

Sénac de Meilhan, son of physician to Louis XV, emigrated in 1791, and died in Vienna; author of essays and a novel.

Friendship stands to love as an engraving to a painting.

Un quart d'heure d'un commerce intime entre deux personnes d'un sexe différent, et qui ont, je ne dis pas de l'amour, mais du goût l'un pour l'autre, établit une confiance, un abandon, un tendre intérêt que la plus vive amitié ne fait pas éprouver après dix ans de durée.   *Id., Des femmes et de la galanterie*

JACQUES-HENRI BERNARDIN DE SAINT-PIERRE
(1737–1814)

Un paysage est le fond du tableau de la vie humaine.
                    Le Voyage à l'Ile de France (1773)

L'amour est une zone torride pour le cœur de l'homme.
                    Études de la nature (1778), VII

Il y a dans la femme une gaieté légère qui dissipe la tristesse de l'homme.   *Paul et Virginie (1788)*

Artistes, poètes, écrivains, si vous copiez toujours, on ne vous copiera jamais.   *Mémoires sur la ménagerie*

JACQUES DELILLE
(1738–1813)

Dieu fit le monde, et l'homme l'embellit.
                    Les Jardins ou l'art d'embellir les paysages (1782), II

Telle jadis Carthage
Vit sur ses murs détruits Marius malheureux,
Et ces deux grands débris se consolaient entre eux.
                    Id., IV

Le sort fait les parents, le choix fait les amis.
                    Malheur et Pitié, I

A quarter hour's physical intimacy between two persons of different sexes who feel for each other, I won't say love, but liking, creates a trust, a tender interest that the most devoted friendship does not inspire even when it has lasted ten years.

Bernardin de Saint-Pierre, friend of Rousseau, naturalist and precursor of the Romantic feeling for nature.

Landscape is the background in the picture of human life.

In the human heart, love is the torrid zone.

There is in woman a lighthearted gaiety that dispels man's gloominess.

Artists, poets, writers, if you keep on copying others, no one will copy you.

Delille, author of didactic poems very popular in his day; translator of Vergil and Milton's *Paradise Lost*.

God made the world, man embellishes it.

Thus Carthage once
Saw the unfortunate Marius on its ruined walls,
And these two great wrecks consoled each other.

Fate chooses our parents, we choose our friends.

Lâches oppresseurs de la terre,
Tremblez, vous êtes immortels!

Dithyrambe sur l'immortalité des âmes

Que la terre est petite à qui la voit des cieux!   *Ibid.*

JEAN-FRANÇOIS DE LA HARPE
(1739–1803)

On affaiblit tout ce qu'on exagère.   *Mélanie, I, 1*

En France, le premier jour est pour l'engouement, le second pour
la critique, et le troisième pour l'indifférence.   *(Attr.)*

DONATIEN-ALPHONSE-FRANÇOIS, MARQUIS DE SADE
(1740–1814)

A quelque point qu'en frémissent les hommes, la philosophie
doit tout dire.   *Juliette ou la prospérité du vice (1797)*

[Le romancier] doit nous faire voir l'homme, non pas seulement
ce qu'il est ou ce qu'il se montre, c'est le devoir de l'historien,
mais tel qu'il peut être, tel que doivent le rendre les modifications du vice, et toutes les secousses des passions.
          Idée sur les romans (1800)

C'est dans le sein de la mère que se fabriquent les organes qui
doivent nous rendre susceptibles de telles ou telles fantaisies.
Les premiers objets présentés, les premiers discours entendus,
achèvent de déterminer le ressort. Les goûts se forment et rien
ne peut plus les détruire.
          Justine ou les malheurs de la vertu (1791)

Craven oppressors of the earth,
Tremble, for you are immortal.

How tiny the earth looks to him who scans it from on high!

La Harpe, journalist, dramatist, one of the leading critics of
his day.

Anything that is exaggerated is weakened.

In France, the first day we are infatuated, the second we criticize,
the third we are indifferent.

Sade, "the philosopher of crime" (Michelet); "the freest
mind that ever lived" (Apollinaire). The excerpts given below are quotations introduced pro (the first three) and con
at the 1956/57 trial of Sade's latest publisher in France.

No matter how this may shock mankind, the duty of philosophy
is to say everything.

[The novelist] must show us man, not only what man is or pre-
tends to be—this is the historian's task—but also as he can be,
what he can develop into, as a result of the modifications of vice
and all the upsets of passion.

The organs which will eventually make us susceptible to such
and such whims are formed in the mother's womb. The earliest
objects we confront, the first words we hear complete this forma-
tion. Our inclinations thus take shape, and nothing can subse-
quently destroy them.

[221]

. . . la vertu, quelque belle qu'elle soit, devient pourtant le plus mauvais parti à prendre quand elle se trouve trop faible pour lutter contre le vice et . . . dans le siècle absolument corrompu comme celui dans lequel nous vivons, le plus sûr est de faire comme les autres . . . il vaut infiniment mieux prendre parti pour les méchants qui prospèrent que pour les vertueux qui échouent.

La Nouvelle Justine (1797)

. . . le meurtre est une action que les sots ont eu la folie de blâmer . . . [et que] notre orgueil s'avise d'ériger en crime alors que, comme toute destruction, elle est une des premières lois de la nature. *La Philosophie dans le boudoir (1795)*

la cruauté . . . est un des sentiments les plus naturels à l'homme, c'est un des plus doux penchants, un des plus vifs qu'il ait reçu de la nature. *Juliette ou la prospérité du vice (1797)*

SÉBASTIEN-ROCH-NICHOLAS CHAMFORT

(1741–1794)

L'homme, dans l'état actuel de la société, me paraît plus corrompu par sa raison que par ses passions. Ses passions (j'entends ici celles qui appartiennent à l'homme primitif) ont conservé, dans l'ordre social, le peu de nature qu'on y retrouve encore.

Maximes et pensées (1794), 7

La Philosophie, ainsi que la Médecine, a beaucoup de drogues, très peu de bons remèdes, et presque point de spécifiques.

Id., 17

Dans les grandes choses, les hommes se montrent comme il leur convient de se montrer; dans les petites, ils se montrent comme ils sont. *Id.,* 52

Vivre est une maladie dont le sommeil nous soulage toutes les seize heures. C'est un palliatif. La Mort est un remède. *Id.,* 113

. . . virtue, however fine it may be, nonetheless becomes the worst path to choose when it finds itself too weak to combat vice . . . and in an absolutely corrupted age, such as the one we are living in, the safest course is to do as the others do . . . it is infinitely better to take the side of the wicked who prosper than of the righteous who fail.

Murder is an action that fools have been silly enough to condemn . . . and that our pride urges us to proclaim a crime although, like all destruction, it is one of the primary laws of nature.

Cruelty is one of the most natural human feelings, one of the sweetest of man's inclinations, one of the most intense he received from nature.

Chamfort, moralist, successor to La Rochefoucauld, La Bruyère, and Vauvenargues, friend of Mirabeau, supporter of the Revolution. His *Maximes* were published posthumously.

In the present state of society man seems corrupted by his reason rather than by his passions. His passions (I refer to the most primitive ones) have preserved what little of nature is still to be found in the social order.

Philosophy, like medicine, has many drugs, very few good remedies, and almost no specifics.

In great matters men try to show themselves to their best advantage; in small matters they show themselves as they are.

Life is a disease from which sleep gives us relief every sixteen hours. Sleep is a palliative, death is a remedy.

Il y a deux choses auxquelles il faut se faire, sous peine de trouver la vie insupportable. Ce sont les injures du temps et les injustices des hommes. *Id., 115*

Il y a plus de fous que de sages, et dans le sage même, il y a plus de folie que de sagesse. *Id., 149*

Il faut être juste avant d'être généreux, comme on a des chemises avant d'avoir des dentelles. *Id., 160*

Presque tous les hommes sont esclaves, par la raison que les Spartiates donnaient de la servitude des Perses, faute de savoir prononcer la syllabe *non*. Savoir prononcer ce mot et savoir vivre seul sont les deux seuls moyens de conserver sa liberté et son caractère. *Id., 289*

L'amour, tel qu'il existe dans la Société, n'est que l'échange de deux fantaisies et le contact de deux épidermes. *Id., 359*

Les femmes ne donnent à l'amitié que ce qu'elles empruntent à l'amour. *Id., 403*

Les pauvres sont les nègres de l'Europe. *Id., 520*

. . . en vivant et en voyant les hommes, il faut que le cœur se brise ou se bronze. *Caractères et anecdotes, 164*

Un homme d'esprit me disait un jour que le gouvernment de France était une monarchie absolue tempérée par des chansons. *Id., 245*

L'homme arrive novice à chaque âge de la vie. *Id., 576*

Tout homme qui, à quarante ans, n'est pas misanthrope, n'a jamais aimé les hommes. *Journal de Paris, No. 178*

There are two things to which we must resign ourselves on pain of finding life unbearable: the ravages of time and human injustice.

There are more fools than sages, and even in a sage there is more folly than wisdom.

Justice comes before generosity, even as shirts come before ruffles.

Almost all men are slaves for the same reason as the Spartans gave for the servitude of the Persians, namely, because they cannot pronounce the syllable "No." To be able to say this word, and to be able to live alone are the only two means of safeguarding one's freedom and character.

Love, as it is practiced in society, is merely the exchange of two fancies and the contact of two epidermises.

Women give to friendship only what they borrow from love.

The poor are the Negroes of Europe.

To get through life and the society of men, the heart must break or become as bronze.

A wit once remarked that France's government was an absolute monarchy moderated by popular songs.

Man comes as a novice to each age of his life.

A man who reaches the age of forty without becoming a misanthrope never loved mankind.

PIERRE-AMBROISE-FRANÇOIS CHODERLOS DE LACLOS

(1741–1803)

J'ai bien besoin d'avoir cette femme pour me sauver du ridicule d'en être amoureux. . . . J'ai, dans ce moment, un sentiment de reconnaissance pour les femmes faciles.

Les Liaisons dangereuses, Lettre 4, Valmont

Cet entier abandon de soi-même, ce délice de la volupté, où le plaisir s'épure par son excès, ces biens de l'amour ne sont pas connus d'elle. . . . Votre présidente croira avoir fait tout pour vous en vous traitant comme son mari, et, dans le tête-à-tête conjugal le plus tendre, on est toujours deux.

Lettre 5, Mme de Merteuil

Elle est vraiment délicieuse! cela n'a ni caractère ni principes; jugez combien sa société sera douce et facile.

Lettre 38, Mme de Merteuil

. . . figurez-vous qu'il est si sot encore, qu'il n'en a pas seulement obtenu un baiser. Ce garçon-là fait pourtant de fort jolis vers! Mon Dieu! que ces gens d'esprit sont bêtes!   *Ibid.*

Voilà bien les hommes! tous également scélérats dans leurs projets, ce qu'il mettent de faiblesse dans l'exécution, ils l'appellent probité.   *Lettre 66, Valmont*

. . . la conversation languissait, comme il arrive toujours quand on ne dit que du bien de son prochain.   *Lettre 70, Valmont*

. . . j'arrivai vierge entre les bras de M. de Merteuil. — J'attendais avec sécurité le moment qui devait m'instruire, et j'eus besoin de réflexion pour montrer de l'embarras et de la crainte. Cette première nuit, dont on se fait d'ordinaire une idée si cruelle ou si douce, ne me présentait qu'une occasion d'expérience: douleur et plaisir, j'observai tout exactement.

Lettre 81, Mme de Merteuil

Choderlos de Laclos, artillery officer. His *Liaisons dangereuses* caused a stir on publication (1782), but had fallen into oblivion when he died as a general in Napoleon's army. "If this novel burns you, it can burn you only as ice burns. . . . The work of a moralist, as high as the highest, as deep as the deepest—a rare talent in our day, except for Stendhal, Sainte-Beuve, and Balzac. . . . An essentially French book" (Baudelaire).

It is imperative that I possess this woman, if I would save myself from the absurdity of being in love with her. . . . As I write, I have a feeling of gratitude toward women of easy virtue.

This total self-surrender, this delirium of the senses, in which pleasure is purified by sheer excess, these gifts of love are not known to her. . . . The lady will think that she has done everything for you if she treats you as her husband; but even in the most tender matrimonial tête-à-tête, there are always two. . . .

She is really delicious! She has no character, no principles; imagine what sweet and easy company she will be.

. . . imagine, he is still such a fool that he did not even manage to get a kiss. And yet this young man writes very pretty poetry! God, how stupid these wits can be!

That's men for you! They are all equally criminal in their designs, and the weakness they display in execution they call honesty.

. . . the conversation was dull, as is always the case when we are speaking only favorably of our fellow men.

I came to M. de Merteuil's arms a virgin. I waited calmly for the moment which was to enlighten me, and I had to make a conscious effort to show embarrassment and fear. The first night, which we usually imagine so painful or so sweet, was for me only an opportunity to learn: pain or pleasure, I observed all carefully.

... sentant, peut-être par instinct, que nul ne devait être plus loin de ma confiance que mon mari, je résolus, par cela seul que j'étais sensible, de me montrer impassible à ses yeux. Cette froideur apparente fut par la suite le fondement inébranlable de son aveugle confiance.

Ibid.

Je ne connais rien de si plat que cette facilité de bêtise, qui se rend sans savoir ni comment ni pourquoi, uniquement parce qu'on l'attaque et qu'elle ne sait pas résister. Ces sortes de femmes ne sont absolument que des machines à plaisir.

Lettre 106, Mme de Merteuil

EMMANUEL-JOSEPH SIEYÈS

(1748–1836)

Qu'est-ce que le Tiers État? *Tout.* Qu'a-t-il été jusqu'à présent dans l'ordre politique? *Rien.* Que demande-t-il? *A y devenir quelque chose.* *Qu'est-ce que le Tiers État?* (1789)

Ils veulent être libres et ne savent pas être justes.

Discours à la Constituante, 10 août 1789

HONORÉ-GABRIEL DE RIQUETTI, COMTE DE MIRABEAU

(1749–1791)

Allez dire à ceux qui vous envoient que nous sommes ici par la volonté nationale et que nous n'en sortirons que par la puissance des baïonnettes. *Séance des États-Généraux, 23 juin 1789*

Le silence des peuples est la leçon des rois.

Discours à l'Assemblée constituante, 15 juillet 1789

Gardez-vous de demander du temps; le malheur n'en accorde jamais. *Discours, 26 septembre 1789*

. . . feeling, perhaps instinctively, that my husband was the last person I should confide in, I resolved that the more ardent I felt, the colder I would make a show of being. This apparent coldness was later the unshakable foundation of his blind confidence.

I know nothing so insipid as a stupid little goose who surrenders without knowing how or why, only because she is attacked and knows not how to resist. Women of this kind are absolutely nothing more than pleasure machines.

Sieyès was prominent as a politician during the French Revolution. It is he who is supposed to have replied to someone asking him what he had done during the days of the Terror, "J'ai vécu" (I lived).

What is the Third Estate? Everything. What has it been until now in the political order? Nothing. What is its demand? To become something in it.

They want to be free, and they do not know how to be just.

Mirabeau, statesman and orator.

Go and tell those who have sent you that we are here by the will of the nation, and that we will not leave save at the point of bayonets.

The silence of peoples is something kings should study.

Don't be so foolish as to ask for more time: calamities will not wait.

Il serait temps que, dans cette révolution qui fait éclore tant de sentiments justes et généreux, l'on abjurât les préjugés d'ignorance orgueilleuse qui font dédaigner les mots *salaires* et *salariés*. Je ne connais que trois manières d'exister dans la société: il faut y être *mendiant, voleur,* ou *salarié.*

Esprit de Mirabeau (1797), II

Je suis l'homme du rétablissement de l'ordre, et non d'un rétablissement de l'ancien ordre.

Lettre au Comte de la Marck, 22 octobre 1790

PIERRE-VICTURNIEN VERGNIAUD

(1753–1793)

Quand la justice a parlé, l'humanité doit avoir son tour.

Discours à la Convention, 17 janvier 1793

Il a été permis de craindre que la Révolution, comme Saturne, dévorât successivement ses enfants.

(*Cité par Lamartine* in Histoire des Girondins)

ANTOINE RIVAROLI (COMTE DE RIVAROL)

(1753–1801)

Ce qui n'est pas clair n'est pas français.

Discours sur l'universalité de la langue française (1784)

Il y a des gens qui n'ont de leur fortune que la crainte de la perdre. *L'Esprit de Rivarol*

C'est de la familiarité que naissent les plus tendres amitiés et les plus fortes haines. *Id.*

C'est sans doute un terrible avantage que de n'avoir rien fait, mais il ne faut pas en abuser. *Id.*

C'est bien, mais il y a des longueurs. *Id.*

In this revolution which has given outlet to so many just and generous feelings, it is high time we should abjure prejudices born of ignorance and pride, prejudices that would have us scorn the terms "wages" and "wage earners." I know of only three ways of living in society: one must be a beggar, a thief, or a wage earner.

I am for the restoration of order, not for the restoration of the old order.

Vergniaud, deputy in the *Convention nationale,* died on the guillotine.

Now that justice has spoken, humanity must have its turn.
[*After voting for the death of Louis XVI, asking for his pardon*]

There was reason to fear that the Revolution, like Saturn, might devour its own children one after another.

Rivarol, brilliant conversationist, author of satires, essays, etc. Died an émigré in Berlin.

What is not clear is not French.

There are people whose wealth brings them no more than fear of losing it.

Familiarity is at the root of the most affectionate friendships and the strongest hatreds.

It is doubtless a formidable advantage never to have done anything, but it can be carried too far.

It is excellent, but somewhat long-winded.
[*His comment on a couplet*]

JOSEPH DE MAISTRE

(1753–1821)

Le christianisme a été prêché par des ignorants et cru par des savants, et c'est en quoi il ne ressemble·à rien de connu.

Considérations sur la France (1796), V

L'histoire du 9 Thermidor n'est pas longue: quelques scélérats firent périr quelques scélérats. *Id., VIII*

Le glaive de la justice n'a pas de fourreau.

Les Soirées de Saint-Pétersbourg (1821),
Premier Entretien

Toute grandeur, toute puissance, toute subordination repose sur l'exécuteur; il est l'horreur et le lien de l'association humaine.

Ibid.

La main destructive [de l'homme] n'épargne rien de ce qui vit; il tue pour se nourrir, il tue pour se vêtir, il tue pour se parer, il tue pour attaquer, il tue pour se défendre, il tue pour s'instruire, il tue pour s'amuser, il tue pour tuer; roi superbe et terrible, il a besoin de tout, et rien ne lui résiste.

Id., Septième Entretien

La terre entière, continuellement imbibée de sang, n'est qu'un autel immense où tout ce qui vit doit être immolé . . . jusqu'à la consommation des choses, jusqu'à l'extinction du mal, jusqu'à la mort de la mort. *Ibid.*

La guerre est donc divine en elle-même, puisque c'est une loi du monde. *Ibid.*

Toute nation a le gouvernement qu'elle mérite.

Lettre à X—, 1811

Joseph de Maistre developed his religious, pro-monarchist, anti-Enlightenment views in several treatises; *Les Soirées de Saint-Pétersbourg* (1821) is his best-known work.

Christianity was preached by ignorant men and accepted by scholars, and this is what makes it so utterly unlike anything else we have ever heard of.

The history of the Ninth Thermidor can be told in a few words: some criminal scoundrels did away with some other criminal scoundrels.

The sword of justice has no scabbard.

All greatness, all power, all hierarchical order rest upon the executioner; he is the horror and the bond that cements the human community.

Man's destructive hand spares nothing that lives. He kills to feed himself, he kills to clothe himself, he kills to adorn himself, he kills to attack, he kills to defend himself, he kills to learn, he kills to amuse himself, he kills for the sake of killing. A proud and terrible king, he has need of everything, and nothing resists him.

The whole earth, drenched continually in blood, is but one immense altar on which all that lives must be offered up in sacrifice . . . until the final consummation of all things, until the extinction of evil, until death itself has died.

War is thus divine in itself, for it is a universal law.

Every nation has the government it deserves.

LOUIS-PHILIPPE, COMTE DE SÉGUR

(1753–1830)

Tous les méchants sont buveurs d'eau:
C'est bien prouvé par le déluge.
Romances et Chansons. Chanson morale

EVARISTE-DÉSIRÉ DE FORGES, VICOMTE DE PARNY

(1753–1814)

Du calme et du repos quelquefois on se lasse,
On ne se lasse point d'aimer ou d'être aimé.
Les Paradis

. . . Ainsi meurt sans laisser de trace
Le chant d'un oiseau dans les bois . . .
Sur la mort d'une jeune fille

J'ai tout perdu: délire, jouissance,
Transports brûlants, paisible volupté,
Douces erreurs, consolante espérance,
J'ai tout perdu: l'amour seul est resté.   *Le Revenant*

JEANNE MANON ROLAND

(1754–1793)

O liberté, que de crimes on commet en ton nom!   (*Attr.*)

Ségur, diplomat and historian, served for a time as ambassador to Russia.

It's only the wicked who drink water,
And the Flood conclusively proves it.

Parny, born on the island of Réunion, author of elegies and love poems.

Of peace and quiet we sometimes grow weary,
But never of loving or being loved.

. . . So, without leaving a single trace behind,
Fades into silence the song of a bird in the woods.

All now is lost—the rapture, the delight,
The surge of passion, the quiet pleasures,
The sweet mistakes and consolations.
All now is lost—nothing but love remains.

Mme Roland, admirer of Rousseau, presided over a *salon* which was the meeting place of the Girondins. Her famous apostrophe was uttered just before her death on the guillotine.

O Freedom, what crimes are committed in thy name!

JOSEPH JOUBERT

(1754–1824)

Quand mes amis sont borgnes, je les regarde de profil.

Pensées (publ. 1842)

J'avais besoin de l'âge pour apprendre ce que je voulais savoir, et j'aurais besoin de la jeunesse pour bien dire ce que je sais.

Id.

Il faut se faire aimer, car les hommes ne sont justes qu'envers ceux qu'ils aiment.

Id.

Adressez-vous aux jeunes gens: ils savent tout!

Id.

Le soir de la vie apporte avec soi sa lampe.

Id.

Notre vie est du vent tissu.

Id.

Les enfants ont plus besoin de modèles que de critiques.

Id.

Enseigner, c'est apprendre deux fois.

Id.

L'espérance est un emprunt fait au bonheur.

Id.

Le poli et le fini sont au style ce que le vernis est au tableau; il les conserve, les fait durer, les éternise en quelque sorte.

Id.

Le papier est patient, mais le lecteur ne l'est pas.

Id.

CHARLES-MAURICE DE TALLEYRAND-PÉRIGORD

(1754–1838)

Il y a quelqu'un qui a plus d'esprit que Voltaire, c'est tout le monde.

Discours contre la censure, 1821

Joubert, critic and essayist, friend of Chateaubriand, who edited a collection of his aphorisms in 1838.

When my friends are one-eyed, I try to see them in profile.

I had to grow old to learn what I wanted to know, and I should need to be young to say well what I know.

We need to be loved, for people are fair only toward those they love.

Ask the young: they know everything!

The evening of life brings its own lamp.

Our life is a tissue woven of wind.

Children need models rather than critics.

To teach is to learn twice.

Hope is a borrowing from happiness.

Polish or finish is to style what varnish is to a painting; it protects, makes durable, endows with a kind of eternity.

Paper is patient, but readers are not.

Talleyrand, bishop of Autun, left the church during the Revolution; a diplomat of genius, notorious for his intrigues.

There is someone who has more wit than Voltaire—namely, the people.

Qui n'a pas vécu dans les années voisines de 1789 ne sait pas ce que c'est que le plaisir de vivre. *(Attr.)*

Les États-Unis ont trente-deux religions et un seul plat. *(Attr.)*

Les femmes pardonnent quelquefois à celui qui brusque l'occasion, mais jamais à celui qui la manque. *(Attr.)*

Il n'y a pas de sentiment moins aristocratique que l'incrédulité. *(Attr.)*

Pas de zèle! *(Attr.)*

Méfiez-vous du premier mouvement, il est toujours généreux. *(Attr.)*

LOUIS GABRIEL AMBROISE, VICOMTE DE BONALD

(1754–1840)

Des sottises faites par des gens habiles; des extravagances dites par des gens d'esprit; des crimes commis par d'honnêtes gens . . . voilà les révolutions. *Pensées sur divers sujets*

L'irréligion sied mal aux femmes; il y a trop d'orgueil pour leur faiblesse. *Id.*

Il y a beaucoup de gens qui ne savent pas perdre leur temps tout seuls; ils sont les fléaux des gens occupés. *Id.*

Un recueil de pensées ressemble à ces lignes militaires trop étendues que l'ennemi peut percer en mille endroits. *Id.*

Le bons sens et le génie sont de la même famille; l'esprit n'est qu'un collatéral. *(Cité par Sainte-Beuve* in Balzac)

No one who ever lived in the years before 1789 knows how pleasant life can be.

The United States has thirty-two religions and only one dish.

Women sometimes forgive a man who forces the opportunity, but never a man who misses one.

No attitude is less aristocratic than unbelief.

Never be eager!
                    [*His advice to young diplomats*]

Mistrust your first impulse—it is always generous.

De Bonald, political philosopher, theoretician of extreme conservatism.

Foolish acts by clever people, wild statements by intelligent people, crimes committed by decent folk—that's what revolutions are.

Impiety is not becoming in women: it demands a pride disproportionate to their weakness.

There are many people who do not know how to waste time alone; they are the scourge of busy people.

A collection of thoughts is like overextended military lines—the enemy can break through at any one of innumerable points.

Good sense and genius are of the same pedigree; wit is merely a collateral branch of the family.

JEAN-PIERRE CLARIS DE FLORIAN
(1755–1794)

L'asile le plus sûr est le sein d'une mère.
Fables (1792), II, 1

Le secret de réussir
C'est d'être adroit, non d'être utile.   *Id., II, 9*

Le suffrage d'un sot
Fait plus de mal que sa critique.   *Id., IV, 10*

Rira bien qui rira le dernier.   *Id., IV, 19*

Plaisir d'amour ne dure qu'un moment
Chagrin d'amour dure toute la vie.   *Célestine*

JEAN-FRANÇOIS COLLIN D'HARLEVILLE
(1755–1806)

La constance n'est point la vertu d'un mortel;
Et pour être constant il faut être éternel.
L'Inconstant (1786), I, 10 (FLORIMOND)

Impossible est un mot que je ne dis jamais.
Malice pour malice (1803), I, 8 (RAIMOND)

ANTHELME BRILLAT-SAVARIN
(1755–1826)

Les animaux se repaissent, l'homme mange, l'homme d'esprit seul
sait manger.   *Physiologie du goût, II*

Florian, author of sentimental comedies and romances, is remembered primarily for his *Fables* (publ. 1792).

The securest refuge is a mother's bosom.

                The secret of success
Lies in being clever, not in being useful.

                A fool's praise
Does more harm than his disapproval.

He who laughs last, laughs best.

Love's pleasure lasts but a moment,
Love's grief lasts all our life.

Collin d'Harleville, author of successful comedies.

Constancy is not a mortal's virtue,
To be constant one must immortal be.

Impossible is a word I never use.

Brillat-Savarin, deputy in the *Assemblée constituante* of 1789, later magistrate; in addition to his immortal collection of aphorisms on the pleasures of the table, wrote essays on law and politics.

Animals feed and man eats, but only intelligent men know how to eat.

Dis-moi ce que tu manges, je te dirai ce que tu es.   *Id., IV*

La table est le seul endroit où l'on ne s'ennuie jamais pendant la première heure.   *Id., VIII*

La découverte d'un mets nouveau fait plus pour le bonheur du genre humain que la découverte d'une étoile.   *Id., IX*

Un dessert sans fromage est une belle à qui il manque un œil.
          Id., XIV

On devient cuisinier mais on naît rôtisseur.   *Id., XV*

Convier quelqu'un, c'est se charger de son bonheur pendant tout le temps qu'il est sous notre toit.   *Id., XX*

LOUIS XVIII

(1755–1824)

L'exactitude est la politesse des rois.   *(Attr.)*

GEORGES-JACQUES DANTON

(1759–1794)

[Pour les vaincre il nous faut] de l'audace, encore de l'audace, toujours de l'audace.
          Discours à l'Assemblée législative, 2 septembre 1792

Tout appartient à la patrie quand la patrie est en danger.
          Id., 28 août 1792

Que la France soit libre et que mon nom soit flétri!
          Discours à la Convention nationale, 10 mars 1793

Tu montreras ma tête au peuple, elle en vaut bien la peine.

Tell me what you eat, and I will tell you what you are.

The dinner table is the only place where we are never bored during the first hour.

The discovery of a new dish does more for the happiness of mankind than the discovery of a star.

A dessert without cheese is like a woman who is beautiful but lacks one eye.

One can become a cook, but one must be born a roaster of meats.

To invite someone to dinner is to take responsibility for his happiness throughout the time he is under our roof.

Louis XVIII, brother of Louis XVI, returned to France in 1814.

Punctuality is the politeness of kings.

Danton, Girondin leader and ardent patriot, died on the guillotine.

[To defeat them we must] dare, and dare again, and go on daring.

Everything belongs to the fatherland when the fatherland is in danger.

Let France be free, and I care not if my name be dishonored!

Be sure to show my head to the people, it is worth seeing.
[*Last words, addressed to the executioner*]

ANTOINE BOULAY DE LA MEURTHE

(1761–1840)

C'est pire qu'un crime, c'est une faute.

ANDRÉ-MARIE DE CHÉNIER

(1762–1794)

Dieu dont l'arc est d'argent, dieu de Claros, écoute!

> *Petits poèmes, I. L'Aveugle*

Les Muses et l'Amour ont les mêmes retraites
L'astre qui fait aimer est l'astre des poètes.   *Elegies, I, 3*

Pleurez, doux alcyons! ô vous oiseaux sacrés!
Oiseaux chers à Thétys! doux alcyons, pleurez!
Elle a vécu, Myrto, la jeune Tarentine!   *Id., La jeune Tarentine*

L'art ne fait que des vers, le cœur seul est poète.   *Id., 22*

Mourir sans vider mon carquois!
Sans percer, sans fouler, sans pétrir dans leur fange
Ces bourreaux barbouilleurs de lois.

> *Dernières poésies. Iambes, X*

Le messager de mort, noir recruteur des ombres.

> *Id., Iambes, XI*

A. C. fut un des cinq ou six que ni la frénésie générale, ni l'avidité ni la crainte, ne purent engager à ployer le genou devant des assassins couronnés, à toucher des mains souillées de meurtres, et à s'asseoir à la table où l'on boit le sang des hommes.

> *Testament*

Boulay de la Meurthe, lawyer, minister under Napoleon I;
author of historical works.

> It is worse than a crime, it is a blunder.
> *[His comment on the execution of the Duc
> d'Enghien in 1804]*

Chénier, perhaps the greatest French poet of the eighteenth
century, marks the transition from Classicism to Romanticism. Pro-Revolution in its early stages, he protested against
the excesses of the Terror and was executed two days before
the fall of Robespierre.

O silver-bowed god, god of Claros, hear me!

Love and the Muses have the same retreats,
The star that guides love is the poets' star.

Weep, gentle halcyons, O sacred birds,
Birds loved of Thetys, gentle halcyons, weep!
Myrto, the young Tarentine, is no more.

Art merely versifies, the heart alone is poet.

To die without having emptied my quiver!
Not having shot down, trampled, steeped in their own filth
These hangmen, inept makers of laws.

The messenger of death, black recruiter of the shades.·

A.C. was one of the five or six whom neither the general frenzy,
nor greed, nor fear, could induce to bend the knee to crowned
assassins, to touch hands stained with murder, to sit down at
table and drink human blood with them.

GABRIEL LEGOUVÉ

(1764–1812)

O femmes, c'est à tort qu'on vous nomme timides;
A la voix de vos cœurs, vous êtes intrépides.

Le Mérite des femmes

Tombe aux pieds de ce sexe à qui tu dois ta mère.   *Id.*

GASTON-PIERRE-MARC, DUC DE LEVIS

(1764–1830)

Noblesse oblige.   *Maximes et Réflexions (1808)*

Il est assez facile de trouver une maîtresse et bien aisé de conserver un ami; ce qui est difficile, c'est de trouver un ami et de conserver une maîtresse.   *Id.*

Le temps use l'erreur et polit la vérité.   *Id.*

JOSEPH BERCHOUX

(1765–1839)

Souvenez-vous toujours, dans le cours de la vie
Qu'un dîner sans façon est une perfidie.

La Gastronomie, II

Ecartez ce fâcheux qui vers vous s'achemine;
Rien ne doit déranger l'honnête homme qui dîne.

Id., III

Un poème jamais ne valut un dîner.   *Id., IV*

Qui me délivrera des Grecs et des Romains!

Elégie sur les Grecs et les Romains

Legouvé, author of didactic poems and historical tragedies.

O women, 'tis wrong to call you timid;
When your heart speaks, you are intrepid.

Fall at the feet of this sex which gave you a mother.
[*Last line of poem*]

Duc de Levis was successor to Montcalm as commander in chief of French troops in Canada.

Noble birth implies certain duties.

It is fairly easy to find a mistress, and it is not at all difficult to hold onto a friend. What is hard, is to find a friend and to hold onto a mistress.

Time wears away error and polishes truth.

Berchoux's didactic poem *La Gastronomie* was published in 1806.

Bear always in mind, as long as you shall live:
An informal dinner is an act of treachery.

Keep clear of that bore who seeks your company;
Nothing should disturb the gentleman who dines.

No poem ever yet could match a dinner.

Who will deliver me from the Greeks and Romans!

Mme DE STAËL (GERMAINE DE STAËL-HOLSTEIN)
(1766–1817)

L'amour est l'histoire de la vie des femmes, c'est un épisode dans celle des hommes. *De l'influence des passions (1796)*

La force de l'esprit ne se développe toute entière qu'en attaquant la puissance. *De la littérature (1800)*

Un homme doit savoir braver l'opinion; une femme s'y soumettre. *Delphine (1802)*

En cherchant la gloire, j'ai toujours espéré qu'elle me ferait aimer. *Corinne ou de l'Italie (1807)*

Quand une fois on a tourné l'enthousiasme en ridicule, on a tout défait, excepté l'argent et le pouvoir. *Id.*

On cesse de s'aimer si quelqu'un ne nous aime. *De l'Allemagne (1810)*

La première condition pour écrire, c'est une manière de sentir vive et forte. *Id.*

On a raison d'exclure les femmes des affaires publiques et civiles; rien n'est plus opposé à leur vocation naturelle que tout ce qui leur donnerait des rapports de rivalité avec les hommes, et la gloire elle-même ne saurait être pour une femme qu'un deuil éclatant du bonheur. *Id.*

La circulation des idées est, de tous les genres de commerce, celui dont les avantages sont les plus certains. *L'Esprit des traductions*

Il faut choisir dans la vie entre l'ennui et le tourment. *Lettre à Claude Rochet, 1800*

Mme de Staël, née Necker, daughter of the Geneva banker who served as minister to Louis XVI; known for her opposition to Napoleon and liaison with Benjamin Constant. Author of important critical, political, and philosophical essays as well as novels and plays; precursor of Romanticism.

Love is the very history of a woman's life, it is merely an episode in a man's.

The mind fully develops its faculties only when it attacks the powers that be.

A man must know how to defy opinion, a woman how to submit to it.

I have pursued fame always in the hope of winning love.

Once you have made enthusiasm ridiculous, there is nothing left but money and power.

We stop loving ourselves when no one loves us.

The primary requirement for a writer is strength and keenness of feeling.

The exclusion of women from public and civic life is justifiable; there is nothing more incompatible with woman's natural vocation than rivalry with men. For a woman, even fame is nothing but a glittering consolation for the death of happiness.

Of all the types of trade, the circulation of ideas is the one that results in the most certain benefits.

One must choose in life between boredom and suffering.

Je donnerais avec joie la moitié de l'esprit qu'on m'accorde pour la moitié de la beauté que vous avez.   *Lettre à Mme Récamier*

J'ai toujours été la même, vive et triste; j'ai aimé Dieu, mon père, et la liberté.   (*Cité par Sainte-Beuve* in Portraits de femmes)

ANTOINE-VINCENT ARNAULT

(1766–1834)

Je vais où va toute chose,
Où va la feuille de rose
Et la feuille de laurier.

Fables, V, 16. La Feuille

LOUIS-ANTOINE DE SAINT-JUST

(1767–1794)

On ne peut point régner innocemment.

Discours à la Convention, 13 novembre 1792

Ceux qui font des révolutions dans le monde, ceux qui veulent faire du bien, ne doivent dormir que dans le tombeau.

Id., 10 octobre 1793

Ne méprisez rien, mais n'imitez rien de ce qui est passé avant nous; l'héroïsme n'a point de modèle.   *Id., 15 avril 1794*

Il ne peut exister de peuple vertueux et libre, qu'un peuple agriculteur. . . . Un métier s'accorde mal avec le véritable citoyen; la main de l'homme n'est faite que pour la terre ou pour les armes.

Fragments sur les Institutions Républicaines

Pour être heureux avec les femmes, il faut les rendre heureuses sans le leur faire sentir.

(*Cité par Albert Ollivier* in Saint-Just et la force des choses)

I should gladly exchange half the wit I am credited with for half the beauty you possess.

I have never changed underneath my changing moods; I have never stopped loving God, my father, and freedom.

Arnault wrote tragedies and short poems.

> I go where all things go
> Where the rose leaf goes
> And the laurel crown.

Saint-Just, one of the *Montagnard* leaders, fiery orator, member of the *Comité du salut public*, championed a Spartan ideal; guillotined with Robespierre.

It is impossible to reign and be innocent.

Those who make revolutions, those who want to do the world some good, dare not sleep until they are in their graves.

Hold nothing in contempt, but imitate nothing that took place before our own day: there are no models for heroism.

Only an agricultural nation can be free and virtuous. . . . The practice of a trade is incompatible with true citizenship: man's hands are made to till the soil and to hold weapons.

To be happy with women, make them happy without letting them realize it.

[251]

Je méprise la poussière qui me compose et qui vous parle; on pourra la persécuter et faire mourir cette poussière! Mais je défie qu'on m'arrache cette vie indépendante que je me suis donnée dans les siècles et dans les cieux.   *Id.*

BENJAMIN CONSTANT

(1767–1830)

Nous sommes des créatures tellement mobiles que les sentiments que nous feignons, nous finissons par les éprouver.   *Adolphe*

La mort, mystère inexplicable, dont une expérience journalière paraît n'avoir pas encore convaincu les hommes.   *Id.*

Je trouvai qu'aucun but ne valait la peine d'aucun effort.   *Id.*

Toutes les fois que les gouvernements prétendent faire nos affaires, ils les font plus mal et plus dispendieusement que nous.
                          Cours de politique constitutionnelle

Tout but dénature l'art; mais l'art atteint un but qu'il n'a pas.
                                      Journal intime

La plupart des hommes, en politique comme en tout, concluent des résultats de leurs imprudences à la fermeté de leurs principes.   *Id.*

FRANÇOIS-RENÉ DE CHATEAUBRIAND

(1768–1848)

L'orgueil est la vertu du malheur.
                    Essai historique sur les révolutions (1797)

Je suis devenu chrétien. Je n'ai point cédé, j'en conviens, à de grandes lumières surnaturelles: ma conviction est sortie du cœur; j'ai pleuré et j'ai cru.   *Le Génie du Christianisme (1802)*

I despise the dust I am made of, which speaks to you now; let it be persecuted, this dust, let it be put to death! But I defy you to rob me of the life I have endowed myself with for all centuries to come and in the empyrean.

Constant, born at Lausanne, prominent in his lifetime as a political philosopher, champion of liberalism, and historian of religion; today known primarily as author of one of the classic psychological novels, *Adolphe* (written 1807, published 1816).

We are such impressionable creatures that we end up by really experiencing the emotions we simulate.

Death is an inexplicable mystery, the daily experience of which still seems unconvincing to mankind.

I found that no aim was worth the trouble of the slightest effort.

Every time a government meddles in our affairs, it costs us more, and the results are worse than if it had let us alone.

Every goal adulterates art; but art attains a goal it does not pursue.

Most men, in politics and elsewhere, ascribe the results of their imprudence to the firmness of their principles.

Chateaubriand, because of his historical importance (his *René* was in France what Goethe's *Werther* was in Germany) and his harmonious rhythmic prose, has a place in the French school curriculum; his most widely read work is *Mémoires d'outre-tombe*.

Pride is the virtue of misfortune.

I became a Christian. I did not yield, I admit, to great supernatural lights; my conviction sprang from my heart: I wept, and I believed.

La raison, qui n'a jamais séché une larme ...   *Id.*

Il ne faut pas toujours laisser tomber la sonde dans les abîmes du cœur; les vérités qu'il contient sont du nombre de celles qui demandent le demi-jour et la perspective.   *Id.*

"Levez-vous vite, orages désirés, qui devez emporter René dans les espaces d'une autre vie!" Ainsi disant, je marchais à grands pas, le visage enflammé, le vent sifflant dans ma chevelure, ne sentant ni pluie, ni frimas, enchanté, tourmenté, et comme possédé par le démon de mon cœur.   *René (1805)*

Après tout, ne dédaignons pas trop la gloire; rien n'est plus beau qu'elle, si ce n'est la vertu.

L'Itinéraire de Paris à Jérusalem (1811)

Achille n'existe que par Homère. Otez de ce monde l'art d'écrire, il est probable que vous en ôterez la gloire.

Les Natchez (1826), Préface

NAPOLÉON BONAPARTE

(1769–1821)

Soldats, vous êtes nus, mal nourris; le gouvernement vous doit beaucoup, il ne peut rien vous donner. ... Je veux vous conduire dans les plus fertiles plaines du monde. De riches provinces, de grandes villes sont en votre pouvoir; vous y trouverez honneur, gloire et richesses. Soldats d'Italie, manquerez-vous de courage ou de constance?

Proclamation du général en chef, 28 mars 1796

Un mauvais général vaut mieux que deux bons.

Lettre à Carnot, 14 mai 1796

Soldats, songez que, du haut de ces pyramides, quarante siècles vous contemplent.

Avant la bataille des Pyramides, 21 juillet 1798

Reason, which has never dried a tear . . .

We must not always try to plumb the depths of the human heart; the truths it contains are among those that are best seen in half-light and in perspective.

"Burst upon me, O longed-for storms that will sweep René into the open spaces of another life!" Thus saying, I strode on, my face aflame, the wind whistling in my hair, feeling neither rain nor frost, enchanted, tortured, and as though possessed by the demon of my heart.

After all, let us not be too scornful of fame: nothing is lovelier, unless it be virtue.

Achilles exists only thanks to Homer. Take away the art of writing from this world, and most likely you will take away its glory.

Napoleon I. His style is appreciated for vigor and directness.

Soldiers, you are naked, poorly fed; the government owes you a great deal, and it has nothing to give you. . . . I want to lead you to the world's most fertile plains. Rich provinces, great cities are in your power; you will find there honor, glory, and wealth. Soldiers of Italy, will you falter in your courage or your constancy?

One bad general is better than two good ones.

Soldiers, just think: from atop these pyramids, forty centuries look down upon you.

Voilà le soleil d'Austerlitz.
Phrase prononcée le 7 septembre 1812, devant Moscou

Du sublime au ridicule il n'y a qu'un pas.
(Attr. Decembre 1812, après la retraite de Russie)

Ce n'est pas possible, m'écrivez-vous; cela n'est pas français.
Lettre au Général Lemarois, 9 juillet 1813

J'ai voulu l'empire du monde et qui ne l'aurait pas voulu à ma place? *Conversation avec Benjamin Constant, 14 avril 1814*

Depuis le peu de mois que les Bourbons règnent, ils vous ont convaincu qu'ils n'ont rien oublié ni rien appris.
Proclamation, 1 mars 1815

En amour, la victoire de l'homme c'est la fuite.
Maximes et pensées

En guerre comme en amour, pour en finir il faut se voir de près.
Ibid.

PAUL-LOUIS COURIER

(1772–1825)

Il n'y a pour les nobles qu'un moyen de fortune, et de même pour tous ceux qui ne veulent rien faire; ce moyen, c'est la prostitution.
Procès de Paul-Louis Courier (1821)

Seize pages, vous êtes pamphlétaire, et gare Sainte-Pélagie. Faites-en seize cents, vous serez présenté au roi.
Pamphlet des pamphlets (1824)

Dans tout ce qui s'imprime il y a du poison plus ou moins délayé selon l'étendue de l'ouvrage, plus ou moins malfaisant, mortel. . . . Un grain dans une cuve se perd, n'est point senti, dans une tasse fait vomir, en une cuillerée tue, et voilà le pamphlet. *Id.*

There is the sun of Austerlitz.
[*When the sun came out, just before the battle at Moscow,
1812*]

It is just a step from the sublime to the ridiculous.

Impossible, you write. That is not French.

I wanted to rule the world, and who wouldn't in my place?

During the few months the Bourbons have been in power, they
have convinced you that they have forgotten nothing and learned
nothing.

In love, victory goes to the man who runs away.

In war as in love, one must meet at close quarters to get things
over with.

> P.-L. Courier, scholar, pamphleteer, champion of peasants'
> rights.

The nobles have only one means of getting rich, and the same
goes for all who do not want to work: this means is prostitution.

Write sixteen pages, you are a pamphleteer, and may find yourself in prison. . . . Write sixteen hundred, and you will be pre-
sented to the king.

All printed matter contains poison, more or less diluted according
to the size of the work, more or less harmful, more or less deadly.
. . . One grain in a vat has no effect at all, in a tea cup it causes
vomiting, in a spoonful it kills—and there you have the pamphlet.

Laissez dire, laissez-vous blâmer, condamner, emprisonner, laissez-vous pendre, mais publiez votre pensée. Ce n'est pas un
droit, c'est un devoir, étroite obligation de quiconque a une
pensée, de la produire et mettre au jour pour le bien commun.
. . . Parler est bien, écrire est mieux; imprimer est une excellente
chose.   *Id.*

CHARLES-GUILLAUME ÉTIENNE
(1777–1845)

Mais on revient toujours
A ses premiers amours.   *Joconde (1814), II, 1* (JOCONDE)

C'est pourtant une chose bien commode que les livres! On y
trouve de l'esprit tout fait.
          Le Chaudronnier homme d'état, III, 2 (BOUDARD)

PIERRE-JEAN DE BÉRANGER
(1780–1857)

Il était un roi d'Yvetot
Peu connu dans l'histoire;
Se levant tard, se couchant tôt,
Dormant fort bien sans gloire . . .
          Chansons. Le roi d'Yvetot

[Il] n'agrandit point ses États,
Fut un voisin commode,
Et, modèle des potentats,
Prit le plaisir pour code.   *Ibid.*

Chapeau bas! Chapeau bas!
Gloire au marquis de Carabas!
          Id., Le marquis de Carabas

Let people talk, let them blame you, condemn you, imprison you, even hang you, but publish what you think. It is not a right, but a duty, a strict obligation laid upon anyone who thinks, to express what he thinks in public for the common good. . . . To speak is a good thing, to write is better, to print is an excellent thing.

Étienne, author of successful comedies and editor of government newspaper under Napoleon.

But we always come back
To our earliest loves.

All the same, books have their uses. There's wit in them, ready-made.

Béranger, most popular author of chansons in his lifetime, regarded as France's national poet; only faint echoes of his past glory linger on today.

There was a king in Yvetot
Little known to history;
Early to bed, late to rise,
He slept well without renown . . .

He did not increase his domain,
He was a pleasant neighbor,
A model potentate,
Pleasure was his law.

Doff your hats! doff your hats!
Long live the Marquis de Carabas!

J'avais vingt ans, une folle maîtresse,
De francs amis et l'amour des chansons.

Id., Le grenier

Dans un grenier qu'on est bien à vingt ans!   *Ibid.*

CHARLES-HUBERT MILLEVOYE

(1782–1816)

De la dépouille de nos bois
L'automne avait jonché la terre;
Le bocage était sans mystère,
Le rossignol était sans voix.

Elégies, I, La chute des feuilles

FÉLICITÉ-ROBERT DE LAMENNAIS

(1782–1854)

On ne lit plus, on n'a plus le temps. L'esprit est appelé à la fois
de trop de côtés; il faut lui parler vite où il passe. Mais il y a
des choses qui ne peuvent être dites, ni comprises si vite, et ce
sont les plus importantes pour l'homme. Cette accélération du
mouvement qui ne permet de rien enchaîner, de rien méditer,
suffirait seule pour affaiblir et, à la longue, pour détruire entièrement la raison humaine.

Mélanges religieux et philosophiques (1819)

Le cri du pauvre monte jusqu'à Dieu mais il n'arrive pas à l'oreille
de l'homme.   *Paroles d'un croyant (1834), XII*

I was but twenty, had a crazy mistress,
Good friends and true, and a passion for songs.

In an attic, life is sweet at twenty!

Millevoye, poet, author of elegies, precursor of romantic feeling for nature.

With the rich foliage of our trees
Autumn had littered the ground;
The grove had no mystery
The nightingale no voice.

Lamennais took Orders at the age of thirty-four; Christian democrat; influenced Hugo, Lamartine, Sainte-Beuve,
George Sand; broke with church in 1834.

We have stopped reading, we have not the time. Our mind is
solicited simultaneously from too many sides: it has to be spoken
to quickly as it passes by. But there are things that cannot be said
or understood in such haste, and these are the most important
things for man. This accelerated movement, which makes coher-
ent thought impossible, may alone be sufficient to weaken, and in
the long run utterly to destroy, human reason.

The cries of the poor rise to God but do not reach the ears of man.

STENDHAL (HENRI BEYLE)
(1783–1842)

Ce que j'appelle *cristallisation*, c'est l'opération de l'esprit, qui tire de tout ce qui se présente la découverte que l'objet aimé a de nouvelles perfections.　　　　　*De l'Amour (1822), I, 2*

La beauté n'est que la promesse du bonheur.　　　　*Id., I, 17*

On peut tout acquérir dans la solitude, hormis le caractère.
　　　　Id., Fragments divers

La pruderie est une espèce d'avarice, la pire de toutes.　　*Ibid.*

Il faut avoir un mari prosaïque et prendre un amant romanesque.
　　　　Ibid.

Plus on plaît généralement, moins on plaît profondément.　　*Ibid.*

Le *romanticisme* est l'art de présenter aux peuples des œuvres littéraires qui, dans l'état actuel de leurs habitudes et de leurs croyances, sont susceptibles de leur donner le plus de plaisir possible; le *classicisme* au contraire, leur présente la littérature qui donnait le plus grand plaisir possible à leurs arrière-grand-pères.　　　　*Racine et Shakespeare (1823)*

Le vers alexandrin n'est souvent qu'un cache-sottise.　　*Id.*

Il faut du courage à l'écrivain presque autant qu'au guerrier; l'un ne doit plus songer aux journalistes que l'autre à l'hôpital.
　　　　Id.

Aujourd'hui on voit des prêtres de quarante ans avoir cent mille francs d'appointements, c'est-à-dire trois fois autant que les fameux généraux de division de Napoléon. . . . Il faut être prêtre.
　　　　Le Rouge et le Noir (1830)

Stendhal, born in Grenoble, lived many years in Italy, died in Paris; appreciated only by a small circle of writers in his lifetime, by the end of the nineteenth century came to be recognized as one of the greatest French novelists.

I call "crystallization" that action of the mind which uses every opportunity to discover that the beloved object has previously unnoticed perfections.

Beauty is no more than a promise of happiness.

We can develop all sorts of personal qualities in solitude, except character.

Prudery is a kind of avarice, the worst kind.

A woman should have a prosaic husband and take a romantic lover.

The wider your appeal, the less deep it is.

Romanticism is the art of offering people literary works that are capable of giving them the greatest possible amount of pleasure, in the present state of their manners and beliefs. Classicism on the contrary presents them with literature that gave the greatest possible amount of pleasure to their great-grandfathers.

The alexandrine is most often a fig leaf over stupidity.

A writer needs almost as much courage as a warrior; the former ought not to worry about newspapers any more than the latter about the hospital.

Today we see forty-year-old priests getting 100,000-franc appointments, that is, three times as much as Napoleon's famous generals. . . . The thing to do is to be a priest.

J'ai assez vécu pour voir que la différence engendre la haine. *Id.*

Un roman est un miroir qui se promène sur une grande route. Tantôt il reflète à vos yeux l'azur des cieux, tantôt la fange des bourbiers de la route. *Id.*

Quelle est la grande action qui ne soit *un extrême* au moment où on l'entreprend? C'est quand elle est accomplie qu'elle semble possible aux êtres du commun. *Id.*

Parlant seul avec moi-même, à deux pas de la mort, je suis encore hypocrite. O dix-neuvième siècle! *Id.*

Il n'y a point de *droit naturel*; ce mot n'est qu'une antique niaiserie. Avant la loi, il n'y a de *naturel* que la force du lion, ou le besoin de l'être qui a faim, qui a froid, le *besoin* en un mot. *Id.*

Mais il est d'une haute probité! — Et que diable voulez-vous qu'il soit? C'est la seule vertu laissée aux petites gens.

Les Mémoires d'un touriste (1838)

Les plaisirs et les soins de l'ambition la plus heureuse, même du pouvoir sans bornes, ne sont rien auprès du bonheur intime que donnent les relations de tendresse et d'amour.

La Chartreuse de Parme (1839)

En composant la *Chartreuse*, pour prendre le ton, je lisais chaque matin deux ou trois pages du code civil, afin d'être toujours naturel. *Lettre à Honoré de Balzac, 30 octobre 1840*

L'amour a toujours été pour moi la plus grande des affaires, ou plutôt la seule. *La Vie d'Henri Brulard*

Le sourire, lorsqu'on sent qu'on est supérieur à ce qu'on vous croit. *Journal, 27 floréal 1804*

I have lived long enough to see that difference begets hatred.

A novel is a mirror that strolls along a highway. Now it reflects the blue of the skies, now the mud puddles underfoot.

What great action is not "extreme" at the moment it is undertaken? It is not until it has been carried out that ordinary people believe it possible.

"Alone, talking to myself, death staring me in the face, I am still a hypocrite . . . O the nineteenth century!"

There is no such thing as "natural law": this expression is nothing but old nonsense. Prior to laws, what is natural is only the strength of the lion, or the need of the creature suffering from hunger or cold, in short, need.

But he is very honest!—And what on earth do you want him to be? Honesty is the only virtue left to humble folk.

The pleasures and consideration that go with realized ambition, even with boundless power, are nothing compared with the inner happiness found in affection and love.

When I wrote the *Charterhouse*, to get the right tone and to sound natural I read two or three pages of the Civil Code every morning.

Love has always been the most important business in my life, or rather the only one.

That certain smile, when you feel superior to what people think of you . . .

MARCELINE DESBORDES-VALMORE

(1786–1859)

Les enfants sont venus vous demander des roses:
    Il faut leur en donner.
—Mais les petits ingrats détruisent toutes choses . . .
    Il faut leur pardonner.   *Le livre des mères*

Je ne demande rien à la foule qui passe,
Il faut au cœur blessé peu de bruit,
Et de mon lit profond d'où nul sanglot ne sort,
Je me console enfin dans les bras de la mort.
        Sur le portrait de David Angers

La mort est dans l'adieu d'un ami véritable.
        Elégies. Au Sommeil

Mais si de la mémoire on ne doit pas guérir,
À quoi sert, ô mon âme, à quoi sert de mourir?
      (*Cité par Baudelaire,* **in** L'Art romantique**)**

Tant que l'on peut donner, on ne veut pas mourir!   *Id.*

FRANÇOIS GUIZOT

(1787–1874)

Messieurs, on ne tombe jamais que du côté où l'on penche. Je
ne veux pas que mon pays penche de ce côté, et toutes les fois
que je le vois pencher, je me hâte de l'avertir.
    Discours à la Chambre des Députés, 5 mai 1837

Les hommes qui font des révolutions sont toujours méprisés par
ceux qui en profitent.
    L'État de la poésie en France avant Corneille

Mme Desbordes-Valmore "was a woman, always a woman, absolutely nothing but a woman; but she was to an extraordinary degree the poetic expression of all the natural beauties of woman" (Baudelaire). A collection of her poems was edited by Sainte-Beuve in 1842.

Children have come to you begging for roses:
    You must not refuse them.
"But the little ingrates will spoil the garden . . ."
    You must forgive them.

I ask nothing of the madding crowd,
The wounded heart needs peace and quiet.
And in my deep bed whence no sob comes
I am consoled at last in death's arms.

There is death in a true friend's farewell.

But if we are not to be cured of memory,
What then the use, my soul, what the use of dying?

So long as we have something to give, we do not want to die!

Guizot, historian, minister of education, then Premier under Louis-Philippe.

Gentlemen, to fall flat on one's face, one must lean over first. I don't like to see my country leaning over like this, and whenever I do, I am quick to give warning.

The men who make revolutions are always despised by those who profit from them.

Quant aux injures, aux calomnies, aux colères extérieures, on peut les multiplier, les entasser tant qu'on voudra, on ne les élevera jamais au-dessus de mon dédain.

Discours à la Chambre des Députés, 26 janvier 1844

ALPHONSE DE LAMARTINE

(1790–1869)

Borné dans sa nature, infini dans ses vœux,
L'homme est un dieu tombé qui se souvient des cieux.
Premières Méditations poétiques (1820), L'Homme

Ainsi, toujours poussés vers de nouveaux rivages,
Dans la nuit éternelle emportés sans retour,
Ne pourrons-nous jamais sur l'océan des âges
    Jeter l'ancre un seul jour?   *Id., Le Lac*

O temps! suspends ton vol. . . .   *Ibid.*

Objets inanimés, avez-vous donc une âme
Qui s'attache à notre âme et la force d'aimer?
Harmonies poétiques et religieuses (1830), III, 2

Dieu n'est qu'un mot rêvé pour expliquer le monde.
Nouvelles Harmonies poétiques et religieuses,
Le Tombeau d'une Mère

La poésie sera de la raison chantée.
Les Destinées de la poésie (1834)

Je suis las des musées, cimetières des arts.
Voyage en Orient (1835), Athènes

Je suis concitoyen de tout homme qui pense:
    La vérité, c'est mon pays.
La Marseillaise de la paix (1841)

L'idéal n'est que la vérité à distance.
Histoire des Girondins, XXXIX, 20

As for the calumnies, the insults, the angry cries outside, let them go on building up—no matter what height they reach, it will still fall short of my contempt.

Lamartine, one of the leading French romantics, active in politics, played prominent but short-lived role in the revolution of 1848. In addition to his well-known poems he wrote numerous works of history, biography, political essays, etc.

Bounded in his nature, limitless in his dreams
Man is a fallen god who remembers heaven.

And so, forever driven toward new shores,
Borne irretrievably into the eternal night,
Can we never drop anchor for a single day
On the ocean of the ages?

O Time, suspend thy flight. . . .

Inanimate objects, have you, then, a soul,
That fastens on our soul and forces it to love?

God is but a word invoked to explain the world.

Poetry will be the song of Reason.

I am weary of museums, those graveyards of the arts.

I am the fellow citizen of every thinking man:
Truth is my native land.

The ideal is but the truth glimpsed from afar.

VICTOR COUSIN

(1792–1867)

Il faut de la religion pour la religion, de la morale pour la morale, de l'art pour l'art. Le bien et le saint ne peuvent être la route de l'utile, ni même du beau.   *Cours de philosohpie (1818)*

CASIMIR DELAVIGNE

(1793–1843)

Les sots depuis Adam sont en majorité.
> *Poésies diverses, Épître à Messieurs de l'Académie française (1817)*

Tout pouvoir excessif meurt par son excès même.
> *Louis XI (1852), V, 8*

Quand ils ont tant d'esprit, les enfants vivent peu.
> *Les Enfants d'Edouard, I, 2* (Gloucester)

Plus une calomnie est difficile à croire,
Plus pour la retenir les sots ont de mémoire.
> *Id., I, 3* (Gloucester)

AUGUSTE BARTHÉLEMY

(1796–1867)

L'homme absurde est celui qui ne change jamais.
> *Ma Justification (1832)*

Victor Cousin, historian, critic, founder of the so-called eclectic school of philosophy; organized French educational system.

We need religion for religion's sake, morality for morality's sake, art for art's sake. The good and the holy can never serve to lead us to the useful, not even to the beautiful.

Delavigne, author of elegiac verse and plays.

Ever since Adam, fools have been in the majority.

All excessive power perishes by its very excess.

Children with so much intelligence don't live long.

The more implausible a slander is,
The better fools remember it.

Barthélémy, poet, journalist, criticized for his opportunism.

Truly absurd is the man who never changes.

ALFRED DE VIGNY

(1797–1863)

Hélas! je suis, Seigneur, puissant et solitaire,
Laissez-moi m'endormir du sommeil de la terre!
Poèmes antiques et modernes (1826), Moïse

J'aime le son du cor, le soir, au fond des bois.
Id., Le Cor

Dieu! que le son du cor est triste au fond des bois!
Ibid.

On me dit une mère, et je suis une tombe.
Les Destinées (1864), La Maison du berger

Aimez ce que jamais on ne verra deux fois.
Ibid.

Plus que tout votre règne et que ses splendeurs vaines,
J'aime la majesté des souffrances humaines.
Ibid.

Seul le silence est grand; tout le reste est faiblesse.
Id., La Mort du loup

Le vrai Dieu, le Dieu fort, est le Dieu des idées.
Id., La Bouteille à la mer

Amis, qu'est-ce qu'une grande vie, sinon une pensée de la jeunesse exécutée par l'âge mûr?
Cinq-Mars (1826)

L'armée est une nation dans la nation; c'est un vice de nos temps.
Servitude et grandeur militaires (1835)

L'existence du Soldat est (après la peine de mort) la trace la
plus douloureuse de barbarie qui subsiste parmi les hommes.
Ibid.

Il faut surtout anéantir l'espérance dans le cœur de l'homme.
Un désespoir paisible, sans convulsions de colère et sans repro-
ches au ciel, est la sagesse même.
Journal d'un poète, 1832

Vigny, poet, novelist, playwright, the most philosophical of the French romantics, a proud aristocrat. "No one lived in Vigny's intimacy, not even himself" (Jules Sandeau).

Alas, my Lord, I am strong, I am alone,
Let me now sleep the sleep of the earth.

I love the sound of the horn, at night, deep in the woods.

God, how sad is the sound of the horn deep in the woods!

[Nature speaks:]
I am called a mother, what I am is a grave.

Love that which will never be seen more than once.

More than thy [Nature's] kingdom, more than its empty splendor, I love the majesty of human suffering.

Silence alone is great; all else is weakness.

The true God, the strong God, is the God of ideas.

My friends, what is a great life, if not a youthful idea translated into reality by the mature man?

The army is a nation within the nation; it is a disease of our time.

The existence of the soldier is (next to the death penalty) the most painful vestige of barbarism surviving among men.

Above all, we must abolish hope in the heart of man. A calm despair, without angry convulsions, without reproaches to Heaven, is the very essence of wisdom.

L'honneur, c'est la poésie du devoir.   *Id., 1835*

Les animaux lâches vont en troupes. Le lion marche seul dans
le désert. Qu'ainsi marche toujours le poète.   *Id., 1844*

AUGUSTE COMTE
(1798–1857)

Le sens de l'évolution humaine consiste surtout à diminuer de
plus en plus l'inévitable prépondérance . . . de la vie affective
sur la vie intellectuelle.   *Cours de philosophie positive*

L'amour pour principe, l'ordre pour base, et le progrès pour but.
                                    Système de politique positive

Il n'y a, au fond, de réel que l'Humanité.   *Id.*

La principale fonction de l'art est de construire des types sur la
base fournie par la Science.   *Id.*

Nul ne possède d'autre droit que celui de toujours faire son
devoir.   *Id.*

Les Morts gouvernent les Vivants.   *Catéchisme positiviste*

JULES MICHELET
(1798–1874)

L'Angleterre est un empire, l'Allemagne un pays, une race, la
France est une personne.   *L'Histoire de France*

Par devant l'Europe, la France, sachez-le, n'aura jamais qu'un
seul nom, inexpiable, qui est son vrai nom éternel: La Révolution.
                              Le Peuple (1846), Introduction

Honor is the poetry of duty.

Faint-hearted animals move about in herds. The lion walks alone in the desert. Let the poet always walk thus.

Comte, founder of Positivism; coined the term "sociology."

The direction of mankind's evolution consists above all in steadily reducing the inevitable preponderance of the emotional over the intellectual life.

Love our principle, order our foundation, and progress our goal.

At bottom only Humanity is real.

The principal function of Art is to construct types on the basis provided by Science.

No one has any right save that of always doing his duty.

The dead govern the living.

Michelet, historian, ardent champion of democratic ideals.

England is an empire, Germany is a country, a race, France is a person.

To the rest of Europe, France . . . will forever have but one name, never to be expiated, yet eternally, truly hers: Revolution.

Quelle est la première partie de la politique? L'éducation. La seconde? L'éducation. Et la troisième? L'éducation. *Id.*

La liberté, c'est l'homme. Même pour se soumettre, il faut être libre; pour se donner, il faut être à soi. Celui qui se serait abdiqué d'avance, ne serait plus homme, il ne serait qu'une chose.

Les Jésuites

Il n'y a point de vieille femme. Toute, à tout âge, si elle aime et si elle est bonne, donne à l'homme le moment de l'infini.

L'Amour (1858)

L'histoire est une résurrection de la vie intégrale non pas dans ses surfaces, mais dans ses organismes intérieurs et profonds.

L'Histoire de France, Préface de 1869

La France a fait la France, et l'élément fatal de race m'y semble secondaire. Elle est fille de sa liberté. Dans le progrès humain, la part essentielle est à la force vive, qu'on appelle homme. L'homme est son propre Prométhée. *Ibid.*

HONORÉ DE BALZAC

(1799–1850)

En amour il n'y a rien de plus persuasif qu'une courageuse bêtise.

Les Chouans (1829)

Il est plus facile d'être amant que mari, par la raison qu'il est plus difficile d'avoir de l'esprit tous les jours que de dire de jolies choses de temps en temps. *Physiologie du mariage (1829)*

La religion, l'amour et la musique ne sont-ils pas la triple expression d'un même fait, le besoin d'expansion dont est travaillé toute âme noble? *Histoire des Treize (1833–35)*

What is the first part of politics? Education. What is the second? Education. And the third? Education.

Freedom is the very essence of man. Even to submit, one must first be free; to bind oneself over to another, one must first belong to oneself. A man who would surrender his freedom in advance would not be a man, he would be but a thing.

There is no such thing as an old woman. Any woman, at any age, when she is good and when she loves, can give man his moment in infinity.

History is a reconstruction of life in its wholeness, not of the superficial aspects, but of the deeper, inner organic processes.

France has made France what she is, and the inevitable element of race seems to me secondary. She is the daughter of her own freedom. In human progress, the essential part is played by the living energy we call mankind. Man is his own Prometheus.

Balzac, author of *The Human Comedy* and many other writings; dubbed "a competitor of the civil register" for the countless characters he created. More or less apocryphal anecdotes illustrate his tremendous vitality ("I am a member of the opposition party called Life"), his love affairs, his prodigious capacity for work, his total immersion in his characters. On one occasion, he interrupted his secretary telling him of his father's dangerous illness with these words, "Now let us go back to reality: with whom shall we marry Eugénie Grandet?"

In matters of love, there is nothing more persuasive than a courageous stupidity.

It is easier to be a lover than a husband, for the reason that it is harder to be witty every day than to say pretty things now and then.

Are not religion, love, and music three expressions of one and the same situation, the need for extending the self which stirs in every noble spirit?

Qui peut se flatter d'être jamais compris? Nous mourons tous inconnus. *Id.*

La gloire est le soleil des morts.   *La Recherche de l'absolu (1834)*

Tout bonheur matériel repose sur des chiffres.
La Maison Nucingen (1838)

Les lois sont des toiles d'araignées à travers lesquelles passent les grosses mouches et où restent les petites.   *Id.*

La femme qu'on achète, et c'est la moins coûteuse, veut beaucoup d'argent; celle qui se donne prend tout notre temps!
Z. Marcas (1840)

Le hasard est le plus grand romancier du monde: pour être fécond, il n'y a qu'à l'étudier.
La Comédie humaine, Avant-Propos (1842)

La reconnaissance est un mot d'imbécile, on le met dans le dictionnaire, mais il n'est pas dans le cœur humain.
Modeste Mignon (1844)

Le travail constant est la loi de l'art comme celle de la vie; car l'art c'est la création idéalisée. Aussi les grands artistes, les poètes, n'attendent-ils ni les commandes, ni les chalands, ils enfantent aujourd'hui, demain, toujours.   *La Cousine Bette (1847)*

La vie peut être considérée comme un combat perpétuel entre les riches et les pauvres. Les uns sont retranchés dans une place forte à murs d'airain, pleine de munition; les autres tournent, virent, sautent, attaquent, et . . . en dépit des portes, des fossés, des batteries, il est rare que les assiégeants, ces cosaques de l'état social, n'emportent pas quelque avantage.
Code des gens honnêtes (1825)

Je suis un galérien de plume et d'encre.   *Lettres, 1832*

Who can feel sure that he has ever been understood? We all die unknown.

Fame is the sunshine of the dead.

All material happiness comes down to figures.

Laws are spider webs that catch little flies, but cannot hold big ones.

The woman who can be bought—and such a woman is the least costly—wants a great deal of money. The woman who gives herself takes up all our time.

Chance is the world's greatest novelist. If you would be a prolific writer, just study it closely.

Gratitude is a word only fools use. You can find it in the dictionary, but not in the human heart.

Work without respite is the law of art as well as of life, for art is idealized creation. This is why great artists and poets never wait for commissions or purchasers, but keep right on turning out new works day after day.

Life can be viewed as a perpetual battle between the rich and the poor. The former have dug themselves in behind impenetrable walls, and their strongpoint is well stocked with guns and ammunition. The latter go round and round it, wheel this way and that, attack, and . . . despite the gates, the ditches, the artillery of defense, it is rare that those who lay siege, the Cossacks of society, fail to carry off some advantage.

I am a galley slave to pen and ink.

Comment, vous osez dire qu'il n'y a qu'un homme en ce stupide
dix-neuvième siècle? Napoléon, n'est-ce pas? Et Cuvier, *Cara*!
Et Dupuytren, *Cara*! Et Geoffroy Saint-Hilaire, *Cara*! Et Rossini, *Carissima*! . . . Allons, vous êtes injuste.

Lettres à l'étrangère, 15 novembre 1838

EUGÈNE DELACROIX

(1799–1863)

O jeune artiste, tu cherches un sujet, tout est sujet. Ton sujet,
c'est toi-même, tes impressions, tes émotions devant la nature.

Oeuvres littéraires

La nature a mis une barrière entre mon âme et celle de mon
ami intime.   *Journal*

Le premier mérite d'un tableau est d'être une fête pour l'œil.

Id.

La peinture n'est qu'un pont jeté entre l'esprit du peintre et celui
du spectateur.   *Id.*

Il y a dans l'aurore du talent quelque chose de naïf et de hardi
en même temps qui rappelle les grâces de l'enfance et aussi son
heureuse insouciance des conventions qui régissent les hommes
faits.   *Id.*

Il y a deux choses que l'expérience doit apprendre: la première,
c'est qu'il faut beaucoup corriger; la seconde, c'est qu'il ne faut
pas trop corriger.   *Id.*

JEAN-JACQUES AMPÈRE

(1800–1864)

Ici l'homme fut grand, on le voit à son ombre.

Sonnet sur l'Egypte

How dare you say there has been only one real man in this stupid nineteenth century? You mean Napoleon, don't you? But what about Cuvier, *cara*? And Dupuytren, *cara*? And Geoffroy Saint-Hilaire, *cara*? And Rossini, *carissima*? . . . Come, come, you're being unfair.

Eugène Delacroix, the great romantic painter, author of essays on art and of an interesting *Journal* (publ. 1893/95).

You are seeking a subject, young artist? Everything is a subject. Your subject is yourself, your impressions, your emotions in the presence of nature.

Nature has erected a barrier between my soul and that of my closest friend.

A painting must first and foremost be a feast to the eye.

Painting is but a bridge connecting the painter's mind with the viewer's.

In the dawning of talent there is something at once naïve and daring that recalls the graces of childhood and its happy unconcern for the conventions that govern the adult.

We must learn two things from experience: to correct a great deal, and not to correct too much.

J.-J. Ampère, son of the physicist; historian and critic.

Here man was great, we can see that from his shadow.

[281]

EMILE LITTRÉ

(1801–1881)

Celui qui veut faire un emploi sérieux de la vie doit toujours agir comme s'il avait à vivre longuement et se régler comme s'il lui fallait mourir prochainement.

Dictionnaire de la langue française (1877), III

VICTOR HUGO

(1802–1885)

Le plus beau patrimoine est un nom révéré.

Odes et Ballades (1826)

Mes chants volent à Dieu, comme l'aigle au soleil. *Id.*

Ce siècle avait deux ans. Rome remplaçait Sparte.
Déjà Napoléon perçait sous Bonaparte.

Les Feuilles d'automne (1831), Ce siècle avait deux ans

Mon âme aux mille voix, que le Dieu que j'adore
Mit au centre de tout comme un écho sonore. *Ibid.*

Mon esprit plongea donc sous ce flot inconnu,
Au profond de l'abîme il nagea seul et nu,
Toujours de l'ineffable allant à l'invisible.

Id., Pente de la rêverie

Rêver c'est le bonheur, attendre c'est la vie. *Id., XVII*

Qui donne aux pauvres prête à Dieu.

Les Chants du crépuscule (1835), Dieu est toujours là

Littré, philosopher, disciple of Comte, philologist; his fame rests on his dictionary.

A man who would employ his life seriously must always act as though he had a great many years ahead of him and order his time as though he expected to die very soon.

Victor Hugo, the greatest of the French romantics; compared in his lifetime to Shakespeare, Vergil, Homer; "The towers of Notre-Dame formed the *H* of his name" (Auguste Vacquerie, a poet); "A magnificent repertory of human and divine analogies. . . . A genius without frontiers" (Baudelaire). Later critics are somewhat less enthusiastic. "Who is the greatest French poet? Victor Hugo, alas!" (André Gide, in an interview), and "Hugo is a billionaire—he is not a prince" (Paul Valéry). The sheer quantity of his verse is impressive; it ranges from purely verbal games (like his frequently quoted alexandrines

     Gall, amant de la reine, alla, tour magnanime
     Galamment, de l'arène à la Tour Magne, à Nîmes)

to bold probings of cosmic life. He even made an alexandrine on his deathbed: *C'est ici le combat du jour et de la nuit* ("This is the battle between darkness and light").

The noblest inheritance is a revered name.

My songs rise to God, as an eagle to the sun.

The century was two years old. Rome was replacing Sparta. Napoleon was beginning to show through Bonaparte.

My thousand-voiced soul, which the God I adore
Put at the center of all things as a sounding board.

And so my spirit plunged into that unknown sea,
In the depth of the abyss it swam naked and alone,
Forever going from the ineffable to the invisible.

To dream is happiness; to wait is life.

Who gives to the poor, lends to God.

L'avenir, fantôme aux mains vides,
Qui promet tout et qui n'a rien!
                    Les Voix intérieures (1837), *Sunt lacrymæ rerum*

Car personne ici-bas ne termine et n'achève;
Les pires des humains sont comme les meilleurs;
Nous nous réveillons tous au même endroit du rêve,
Tout commence en ce monde et tout finit ailleurs.
                    Les Rayons et les Ombres (1840) *Tristesse d'Olympio*

Waterloo! Waterloo! Waterloo! Morne plaine!
                    Les Châtiments (1853), *L'Expiation*

Peuple esclave, il te fait libre,
Peuple libre, il te fait grand!   *Id., L'Art*

Dieu n'avait fait que l'eau, mais l'homme a fait le vin.
                    Les Contemplations (1856), *La fête chez Thérèse*

Il descend, réveillé, l'autre côté du rêve.
                    Id., Ce que dit la bouche d'ombre

L'œil était dans la tombe et regardait Caïn.
                    La Légende des siècles (1859) *La Conscience*

Le cèdre ne sent pas une rose à sa base,
Et lui ne sentait pas une femme à ses pieds.   *Id., Booz endormi*

Une immense bonté tombait du firmament.   *Ibid.*

Quel Dieu, quel moissonneur de l'éternel été
Avait en s'en allant négligemment jeté
Cette faucille d'or dans le champ des étoiles?   *Ibid.*

Les chevaux de la Mort se mettent à hennir
Et sont joyeux, car l'âge éclatant va finir;
Ce siècle altier, qui sut dompter le vent contraire,
Expire . . .   *A Théophile Gautier* (1872)

O vivants, fils du temps, de l'espace et du nombre.
                    La Fin de Satan (1886), *Le Hibou*

The Future is an empty-handed ghost
That promises all things, and nothing has.

For no one here below can complete his task;
In this the worst of men are like the best;
We all awaken at the same point in the dream,
All things begin in this world, and all things end elsewhere.

Waterloo! Waterloo! Waterloo! Dismal plain!

Those who are slaves, art makes free,
Those who are free, art makes great.

God made only water, but man made wine.

Awakened, he descends the far side of dream.

The eye was in the tomb and stared at Cain.

The cedar tree does not feel the rose beneath it,
Nor did he feel the woman at his feet.

An immensity of goodness was falling from the firmament.

What God, what reaper of the eternal summer,
Had, departing, negligently thrown down
This golden sickle into the field of stars?

The horses of Death begin to neigh
And are joyful, for our brilliant age is ending;
This proud century which subdued the headwinds
Is dying . . .

O living beings, sons of space and time and number.

Hécate tient l'enfer, et comme un geôlier triste,
L'ombre Destin s'adosse au grand ciel constellé.

Id., Le Vautour

Nous sommes tous deux voisins du ciel, Madame,
Puisque vous êtes belle, et puisque je suis vieux.

Toute la Lyre (1888), A Mme Judith Gautier

Vous qui cherchez à plaire
Ne mangez pas l'enfant dont vous aimez la mère.

Id., Bon conseil aux amants

Et maintenant, Seigneur, expliquons-nous tous deux.   *Id.*

Il dit: Je suis. C'est tout. C'est en bas qu'on dit: J'ai.

• • •

Dieu n'a rien, étant tout.   *Dieu (1891), L'aigle*

Vous êtes mon lion superbe et généreux.

Hernani (1830), Acte I, 3

Ces deux moitiés de Dieu, le pape et l'empereur.   *Id., IV, 2*

Près de toi rien de moi n'est resté,
Et ton amour m'a fait une virginité.

Marion Delorme (1831), IV, 8

Dieu s'est fait homme; soit. Le diable s'est fait femme.

Ruy Blas (1838), II, 5

La popularité? c'est la gloire en gros sous.   *Id. III, 5*

J'ai l'habit d'un laquais et vous en avez l'âme.   *Id., V, 3*

L'on est parfois étranger comme homme à ce que l'on écrit
comme poète.   *Littérature et philosophie mêlées (1834)*

Tout poète véritable, indépendamment des pensées qui lui viennent de la vérité éternelle, doit contenir la somme des idées de
son temps.   *Les Rayons et les Ombres (1840), Préface*

[286]

Hecate guards hell, and like a cheerless jailer
Shadowy Fate leans against the great starry sky.

Both of us are close to Heaven, Madame:
You are beautiful, and I am old.

If you want to be liked,
Do not eat the child whose mother you would woo.

And now, Lord God, let us have it out, the two of us.

He says: "I am." That is all. It is here below that we say: "I have."

● ● ●

God *has* nothing, for he *is* all.

You are my proud and generous lion.

These two halves of God, the pope and the emperor.

At your side nothing of my old self is left,
Your love has made me virgin.

God made himself man; granted. The Devil made himself
woman.

Popularity is fame in the form of small change.

I wear a lackey's coat, you have a lackey's soul.

A man sometimes does not recognize as his own what he has written as a poet.

Every true poet, independently of the ideas that come to him
from eternal truth, should contain the sum of the ideas of his time.

Cette quantité de rêve inhérente au poète est un don suprême.
. . . Qui n'a pas cette quantité céleste de songe n'est qu'un philosophe! . . . L'art respire volontiers l'air irrespirable. Supprimer
cela, c'est fermer la communication avec l'infini.

Post-Scriptum de ma vie (1850)

Rien ne dompte la conscience de l'homme, car la conscience de
l'homme c'est la pensée de Dieu.

Les Châtiments (1853), Préface

Savoir, penser, rêver. Tout est là. *Ibid.*

Cette grande figure une et multiple, lugubre et rayonnante, fatale
et sacrée, l'Homme. *La Légende des siècles (1859), Préface*

La religion n'est autre chose que l'ombre portée de l'univers sur
l'intelligence humaine. *Préface philosophique*

Vous créez un frisson nouveau.

Lettre à Baudelaire, 6 octobre 1859

ALEXANDRE DUMAS, PÈRE

(1803–1870)

Oui, morte! Elle me résistait, je l'ai assassinée.

Antony (1831), Acte V, 4

L'histoire n'est qu'un clou où le tableau est accroché.

Catherine Howard, Préface

Cherchez la femme. *Les Mohicans de Paris, Acte II, 3*

This abundance of dreams inherent in the poet is a supreme gift. . . . Who has not this heavenly abundance of dreams is but a philosopher! . . . Art tends to breathe air that is unbreathable. To do away with that is to shut off communication with infinity.

Nothing can tame the conscience of man, for the conscience of man is God thinking.

To know, to think, to dream. That is everything.

This great figure, one and multiple, dismal and radiant, fatal and sacred, Man.

Religion is merely the shadow cast by the universe on human intelligence.

You create a new thrill.

Dumas *père*, author of plays and best-selling historical novels.

Yes, she's dead! She was resisting me, and so I murdered her.

History is but the nail on which the picture hangs.

Look for the woman.

GEORGE SAND (AMANDINE AURORE LUCIE, née DUPIN, BARONNE DUDEVANT)

(1803–1876)

Nulle créature humaine ne peut commander à l'amour.

Jacques

L'amour, heurtant son front aveugle à tous les obstacles de la civilisation.
Indiana (Préface)

Nous ne pouvons arracher une seule page de notre vie, mais nous pouvons jeter le livre au feu.
Mauprat

Le bon est dans le cœur de l'homme, puisqu'il est heureux quand il fait le bien, et triste, bête ou fou quand il fait le mal.
Nouvelles lettres d'un voyageur, III

L'art pour l'art est un vain mot. L'art pour le vrai, l'art pour le beau et le bon, voilà la religion que je cherche.
Lettre à Alexandre Saint-Jean (1872)

CHARLES-AUGUSTIN SAINTE-BEUVE

(1804–1869)

Chaque homme de plus qui sait lire est un lecteur de plus pour Molière.
Portraits littéraires. Molière

La poésie ne consiste pas à tout dire, mais à tout faire rêver.
Causeries du lundi. Raphaël

Les paradoxes du dix-huitième siècle ont fait plus pour l'avancement de l'espèce que les magnifiques lieux communs du dix-septième siècle.
Nouveaux lundis, 28 septembre 1862

G. Sand, a much-read novelist in her time, perhaps better known today for her liaisons with Musset and Chopin.

No human creature can give orders to love.

Love, bumping his head blindly against the obstacles of civilization.

We cannot tear out a single page from our life, but we can throw the whole book in the fire.

Goodness lies within man's heart, for he is happy when he does good, and is sad, stupid, or mad when he does evil.

Art for art's sake is an empty phrase. Art for the sake of the true, art for the sake of the good and the beautiful, that is the faith I am searching for.

Sainte-Beuve, founder of psychological criticism.

Every man who learns to read makes one more reader of Molière.

Poetry does not consist in telling all, but in leading the mind to meditate on all things.

The paradoxes of the eighteenth century have done more for the advancement of mankind than the magnificent commonplaces of the seventeenth century.

Charlatanisme! il en faut, je crois, dans la politique, dans l'art de gouverner les hommes. . . . mais dans l'ordre de la pensée, dans l'art, c'est la gloire et l'éternel honneur que le charlatanisme ne pénètre pas. *Les Cahiers*

C'est ne pas mépriser assez certains gens que de dire tout haut qu'on les méprise. Le silence seul est le souverain mépris. — Et ce que je dis ici est déjà trop. *Mes Poisons*

NESTOR ROQUEPLAN

(1804–1870)

L'ingratitude est l'indépendance du cœur.

Nouvelles à la main (1832)

La mauvaise foi est l'âme de la discussion. *Id.*

Un service n'oblige que celui qui le rend. *Id.*

ALEXIS CLÉREL, COMTE DE TOCQUEVILLE

(1805–1859)

L'Américain lutte contre les obstacles que lui oppose la nature; le Russe est aux prises avec les hommes. L'un combat le désert et la barbarie, l'autre la civilisation revêtue de toutes ses armes; aussi les conquêtes de l'Américain se font-elles avec le soc du laboureur, celles du Russe avec l'épée du soldat. Pour atteindre son but, le premier s'en repose sur l'intérêt personnel, et laisse agir, sans les diriger, la force et la raison des individus. Le second concentre en quelque sorte dans un homme toute la puissance de la société. L'un a pour principal moyen d'action la liberté; l'autre, la servitude. . . . Chacun d'eux semble appelé par un dessein secret de la Providence à tenir un jour dans ses mains les destinées de la moitié du monde.

De la Démocratie en Amérique (1835), I

Charlatanism—I suppose it is indispensable in politics, in the art of governing. . . . Yet it is to the eternal honor and glory of art, of the domain of the mind, that charlatanism never penetrates it.

To say out loud of certain people that we despise them is not to despise them enough. Silence is the sovereign contempt.—And what I am saying here is already too much.

Roqueplan, journalist and noted wit.

Ingratitude is independence of heart.

Insincerity is the soul of discussion.

A service obligates only the one who renders it.

Alexis de Tocqueville, historian; sent on mission to United States in 1831; minister of foreign affairs in 1849; opposed Napoleon III's policies; left France after the *coup d'état* of 1851.

The American struggles against obstacles set up by nature; the Russian comes to grips with men. The former combats the desert and barbarism; the latter, civilization in the full panoply of its armor; thus the American's conquests are made by the plow, the Russian's by the sword. In order to attain his goal, the former relies upon personal interest and the undirected strength and reason of individuals. The latter, so to speak, concentrates all social power in one man. As his principal means of action, the former uses freedom; the latter, servitude. . . . Each of them seems, by a secret design of Providence, called upon eventually to hold in his hands the fate of half the world.

Les Français . . . veulent l'égalité dans la liberté et, s'ils ne peuvent l'obtenir, ils la veulent encore dans l'esclavage.

L'Ancien Régime et la Revolution (1860), I, 2

HENRI MONNIER

(1805–1877)

Messieurs! Ce sabre . . . est le plus beau jour de ma vie. Je rentre dans la capitale, et si vous me rappelez à la tête de votre phalange, Messieurs, je jure de soutenir, de défendre nos institutions et au besoin de les combattre.

Grandeur et décadence de M. Joseph Prudhomme (1852), II 13

Le char de l'État navigue sur un volcan. *Id., III, 3*

C'est mon opinion, et je la partage. *(1857)*

Si Bonaparte fut resté lieutenant d'artillerie, il serait encore sur le trône. *(Dessin, 1870)*

FÉLIX ARVERS

(1806–1850)

Mon âme a son secret, ma vie a son mystère.

Toujours à ses côtés et pourtant solitaire

Elle dira, lisant ces vers tout remplis d'elle:
Quelle est donc cette femme? et ne comprendra pas.

Mes heures perdues (1833), Sonnet

The French want equality in freedom, and, when they cannot achieve this, they still want equality in slavery.

Monnier—actor, cartoonist, writer, creator of Joseph Prudhomme, a character who immortalizes the typical platitudinous bourgeois under Louis-Philippe.

Gentlemen! This saber is . . . the happiest day in my life. I am back in the capital, and if you summon me to the head of your phalanx, Gentlemen, I swear to support, to defend our institutions, and if need be, to fight against them.

The chariot of the State is sailing on a volcano.

This is my opinion, and I share it.

Had Bonaparte remained an artillery lieutenant, he would still be on the throne.

Arvers, poet and dramatist, remembered solely for his sonnet to an unknown woman.

My soul has its secret, my life its mystery.

Forever at her side, and yet always alone.

Reading these lines so full of her, will she not say, But what woman is this? And will not understand.

GÉRARD DE NERVAL

(1808–1855)

Je suis le ténébreux, le veuf, l'inconsolé,
Le prince d'Aquitaine à la tour abolie:
Ma seule étoile est morte, et mon luth constellé
Porte le Soleil noir de la Mélancolie.   *El desdichado*

Mes chants ont beau parler à la foule inconnue,
Ses applaudissements ne me sont qu'un vain bruit,
Et sur moi, si la joie est parfois descendue,
Elle semblait errer sur un monde détruit.   *Faust*

Ils reviendront, ces Dieux que tu pleures toujours!
Le temps va ramener l'ordre des anciens jours;
La terre a tressailli d'un souffle prophétique.   *Delfica*

Le désespoir et le suicide sont le résultat de certaines situations
fatales pour qui n'a pas foi dans l'immortalité, dans ses peines
et dans ses joies.   *Le Rêve et la vie, II*

Quoi qu'il en soit, je crois que l'imagination humaine n'a rien
inventé qui ne soit vrai, dans ce monde ou dans les autres, et je
ne pouvais douter de ce que j'avais *vu* si distinctement.
    Aurélia

Le geôlier est une autre sorte de captif.—Le geôlier est-il jaloux
des rêves de son prisonnier?   *Fragments*

Philosophie! dont la lumière, comme celle des enfers de Milton,
ne sert qu'à rendre les ténèbres visibles.   *Id., Paradoxe et vérité*

Je ne dis pas qu'une femme ne puisse pas avoir un caprice pour
son mari, car, après tout, c'est un homme.   *Id.*

Il n'y a qu'un seul vice dont on ne voie personne se vanter, c'est
l'ingratitude.   *Id.*

Nerval, poet, novelist, author of critical essays, was long considered one of the "minor" romantics, has slowly gained recognition as an important writer; Surrealists look upon him as one of their precursors.

I am the somber one, the unconsoled widower,
The prince of Aquitaine whose tower was destroyed.
My only star is dead, and my star-studded lute
Wears the black Sun of Melancholy.

My songs in vain speak to the unknown crowd:
Its applause is but an empty noise to me;
And when on me joy would sometimes perch,
It seemed a lost thing in a broken world.

They will return, those gods whom you still lament!
Time will bring back the order of bygone days;
The earth was shaken with a prophetic breath.

Despair and suicide are the result of certain fatal situations for those who have no faith in immortality, its joys and sorrows.

However that may be, I believe that the human imagination has invented nothing that is not true, in this world or in other worlds, and I could not doubt what I had *seen* so distinctly.

The jailer is just another kind of captive.—Is the jailer envious of his prisoner's dreams?

The light of philosophy, like the light of Milton's hell, serves only to make the darkness visible.

I won't say that a woman cannot have a fancy for her husband—after all, he is a man.

There is only one vice no one ever boasts of—ingratitude.

AUSONE DE CHANCEL

(1808–1876)

On entre, on crie
Et c'est la vie!
On bâille, on sort
Et c'est la mort.

(Inscrit dans un album, 1836)

JULES-AMÉDÉE BARBEY D'AUREVILLY

(1808–1889)

Les crimes de l'extrême civilisation sont certainement plus atroces que ceux de l'extrême barbarie; par le fait de leur raffinement, de la corruption qu'ils supposent, et de leur degré supérieur d'intellectualité.

Les Diaboliques. La vengeance d'une femme

Le naturalisme, qu'on proclame le dernier mot de la littérature (et il pourrait l'être en effet!) n'est que la cuistrerie d'un vieux peuple fini qui se croit savant parce qu'il n'a plus rien à inventer.

Le Roman contemporain

M. Emile Zola . . . cet Hercule souillé qui remue le fumier d'Augias et qui y ajoute. *Id.*

La Politesse: c'est le meilleur bâton de longueur qu'il y ait entre soi et les sots. Un bâton qui vous épargne même la peine de frapper. Etre poli avec un sot, c'est s'en isoler. Quelle bonne politique! *Disjecta membra*

Ausone de Chancel, man of letters, journalist.

> We come in, we scream,
> And that is life.
> We yawn and go out,
> And that is death.

Barbey d'Aurevilly, poet, novelist, noted critic.

The crimes of extreme civilization are certainly more atrocious than those of extreme barbarism; because of their refinement, the corruption they presuppose, and their superior degree of intellectuality.

Naturalism which is proclaimed the last word of literature (which it may well turn out to be, indeed!) is but the boorishness of an old exhausted nation which thinks it knows everything because it has become incapable of inventing anything new.

M. Emile Zola . . . this mudstained Hercules who wallows in the Augean dung and adds his little bit to it.

Politeness is the best stick there is to keep distance between ourselves and fools, a stick that saves us the trouble of hitting them. To be polite with a fool is to isolate oneself from him. What a good policy!

ALPHONSE KARR

(1808–1890)

Si l'on veut abolir la peine de mort en ce cas, que MM. les assassins commencent. *Les Guêpes, janvier 1840*

La Providence qui est le nom chrétien, le nom de baptême du hasard. *Id., décembre 1840*

Des malheurs évités le bonheur se compose. *Id., janvier 1842*

Plus ça change, plus c'est la même chose. *Id., janvier 1849*

Dans ces choses appelées guerres, on a toujours moins à se plaindre de ceux qu'on tue que de celui pour lequel on se fait tuer. *L'esprit d'A. Karr*

L'incertitude est le pire de tous les maux jusqu'au moment où la réalité vient nous faire regretter l'incertitude. *Id.*

PIERRE-JOSEPH PROUDHON

(1809–1865)

La propriété c'est le vol. *Qu'est-ce que la propriété?*

Voulez-vous préparer un pays à la servitude? faites que les personnes se méprisent, détruisez le respect. . . . *De la justice*

Toute la morale humaine . . . dépend de ce principe unique: respect égal et réciproque de la dignité humaine. *La Justice dans la Révolution et dans l'Église*

Karr, novelist, journalist, best known for his monthly pamphlets, *Les Guêpes* ("Wasps").

If the death penalty is to be abolished, let Messieurs the murderers take the first step.

Providence . . . is the Christian name, the baptismal name, for Chance.

Happiness is the sum total of misfortunes avoided.

The more things change, the more they remain the same.

In those things called "wars," we always have less reason for resenting those we kill than those for whom we get ourselves killed.

Uncertainty is the worst of evils until the moment when reality makes us regret uncertainty.

Proudhon, writer on social questions, influenced French socialist thought.

Property is theft.

Would you deliver a country into bondage? Persuade people to despise one another, destroy mutual respect. . . .

All human morality . . . rests upon this one principle: equal and mutual respect for human dignity.

ALFRED DE MUSSET

(1810–1857)

C'était, dans la nuit brune,
Sur le clocher jauni,
La lune,
Comme un point sur un *i*.

Premières Poésies (1829–35), Ballade à la lune

L'amour (hélas! l'étrange et la fausse nature!)
Vit d'inanition, et meurt de nourriture. *Id., Mardoche*

L'amour est tout—l'amour, et la vie au soleil.
L'amour est le grand point, qu'importe la maîtresse?
Qu'importe le flacon pourvu qu'on ait l'ivresse?

Id., La coupe et les lèvres

Doutez, si vous voulez, de l'être qui vous aime,
D'une femme ou d'un chien, mais non de l'amour même. *Ibid.*

Je suis venu trop tard dans un siècle trop vieux.
D'un siècle sans espoir naît un siècle sans crainte.

Poésies nouvelles (1833–52), Rolla

Rien ne nous rend si grands qu'une grande douleur.

Id., La Nuit de Mai

Les plus désespérés sont les chants les plus beaux
Et j'en sais d'immortels qui sont de purs sanglots. *Ibid.*

Rien n'est beau que d'aimer, n'est vrai que de souffrir.

Id., A la Malibran

Je ne puis; —malgré moi l'infini me tourmente.

Id., L'Espoir en Dieu

Un souvenir heureux est peut-être sur terre
Plus vrai que le bonheur. *Id., Souvenir*

Musset, the most graceful of the French romantics, author of plays still in repertory at the *Comédie Française*.

There stood the yellowed spire
Against the dark sky,
The moon over it
Dotting the *i*.

Love (alas! how strange and false is nature!)
Is most alive when starving, dies when fed.

Love is all—love and life in the sun.
Love is the main thing, the mistress does not matter:
What matters the bottle so long as we get drunk?

Doubt, if you will, the creature who loves you,
Woman or dog, but never doubt love itself.

I have come too late into a weary century.
An age without hope begets an age without fear.

Nothing makes us as great as does a great sorrow.

The most despairing songs are the loveliest of all,
I know immortal ones composed of one long sigh.

Nothing is good but love, nothing is true but suffering.

The inescapable thought of infinity destroys my peace of mind.

Here below a happy memory is perhaps
        Truer than happiness.

Rien n'est plus beau que le vrai, dit un vers respecté;
Et moi, je lui réponds, sans crainte d'un blasphème:
Rien n'est vrai que le beau, rien n'est vrai sans beauté.

Id., Après une lecture

Le jour où l'Hélicon m'entendra sermonner,
Mon premier point sera qu'il faut déraisonner.   *Ibid.*

On ne badine pas avec l'amour.

Titre d'une comédie (1834)

Les grands artistes n'ont pas de patrie.

Lorenzaccio (1834), Acte I, 5

Toute la maladie du siècle présent vient de deux causes; le peu-
ple qui a passé par 93 et par 1814 porte au cœur deux blessures.
Tout ce qui était n'est plus; tout ce qui sera n'est pas encore.
Ne cherchez pas ailleurs le secret de nos maux.

La Confession d'un enfant du siècle (1836)

Nous causerons sans nous écouter, c'est le meilleur moyen de
nous entendre.   *Il ne faut jurer de rien (1848), Acte I, 1*

La plus belle fille ne donne que ce qu'elle a.

Carmosine (1855), Acte III, 3

PIERRE BOSQUET

(1810–1861)

C'est magnifique, mais ce n'est pas la guerre.

Only the true is beautiful, runs a much-revered line,
And I reply, with no fear of sacrilege:
Only the beautiful is true, nothing is true without beauty.

The day when I preach on Mount Helicon,
My first point will be that the poet must rave.

Do not trifle with love.

Great artists have no fatherland.

All the sickness of our century comes from two causes; our nation, having gone through 1793 and 1814, has two deep wounds.
All that was is no more; all that will be is not yet. Do not look
further for the secret of our evils.

We'll talk without listening to each other, that is the best way to
get along.

The prettiest girl can give only what she has.

Bosquet: French general in the Crimean war.

    It is magnificent, but it isn't war.
       [*Comment on the charge of the Light Brigade*]

THÉOPHILE GAUTIER

(1811–1872)

Ce que j'écris n'est pas pour les petites filles
Dont on coupe le pain en tartines . . .

Albertus ou l'âme et le péché (1832)

Tandis qu'à leurs œuvres perverses
Les hommes courent haletants,
Mars qui rit, malgré les averses
Prépare en secret le printemps.

Emaux et camées (1852), Premier sourire du printemps

Les dieux eux-mêmes meurent,
Mais les vers souverains
    Demeurent
Plus fort que les airains.

Id., L'Art

Sur l'autel idéal entretenez la flamme,
Guidez le peuple au bien par le chemin du beau,
Par l'admiration et l'amour de la femme.

Le Triomphe de Pétrarque

En général, dès qu'une chose devient utile, elle cesse d'être belle.
Elle rentre dans la vie positive, de poésie elle devient prose, de
libre, esclave. . . . L'art, c'est la liberté, le luxe, l'efflorescence,
c'est l'épanouissement de l'âme dans l'oisiveté.

Poésies complètes (1832), Préface

Virginité, mysticisme, mélancolie! Trois mots inconnus, trois
maladies nouvelles apportées par le Christ.

Mademoiselle de Maupin (1835)

Hélas! Les femmes n'ont lu que le roman de l'homme et jamais
son histoire.

Ibid.

L'orgueil sort du cœur le jour où l'amour y entre.

Ibid.

Gautier, poet, novelist, critic, exponent of art for art's sake. "A perfect man of letters" (Baudelaire).

What I write is not for little girls
Whose bread is sliced and buttered.

While to their senseless tasks
Men run panting,
March laughs, in spite of showers,
Quietly preparing spring.

The gods themselves must die,
But poems endure
    Sovereign
More resistant than brass.

Feed the flame on the altar of the ideal,
Guide the people to the good by way of the beautiful,
By way of admiration and love for woman.

Generally speaking, the moment a thing becomes useful, it ceases to be beautiful. In fitting into practical life, it ceases to be poetry and becomes prose, where it was free it now becomes a slave. . . . Art is freedom, luxury, a breaking out, the flowering of the soul in idleness.

Virginity, mysticism, melancholy: three words hitherto unknown, three new diseases which Christ brought.

Alas, women have read only the novel, not the history, of man.

Pride quits the human heart the moment love enters it.

CLAUDE BERNARD

(1813–1878)

La science n'admet pas les exceptions; sans cela il n'y aurait aucun déterminisme dans la science, ou plutôt il n'y aurait plus de science.   *Leçons de pathologie expérimentale*

Il n'y a jamais d'influence du moral sur le physique. C'est toujours le physique qui modifie le moral, et quand on croit que c'est le moral qui est atteint, c'est une illusion.   *Pensées*

La haine est ce qu'il y a de plus clairvoyant après le génie.   *Id.*

CHARLES LECONTE DE LISLE

(1818–1894)

Midi, rois des étés, épandu sur la plaine,
Tombe en nappes d'argent des hauteurs du ciel bleu.
Tout se tait. L'air flamboie et brûle sans haleine;
La terre est assoupie en sa robe de feu.
                        Poèmes antiques (1852), Midi

Je ne livrerai pas ma vie à tes huées,
Je ne danserai pas sur ton tréteau banal
Avec tes histrions et tes prostituées.
                    Poèmes barbares (1862), Les Montreurs

Hommes, tueurs de Dieux, les temps ne sont pas loin
Où sur un grand tas d'or vautrés dans quelque coin
Ayant rongé le sol nourricier jusqu'aux roches,
Ne sachant faire rien ni des jours ni des nuits,
Noyés dans le néant des suprêmes ennuis,
Vous mourrez bêtement en emplissant vos poches.
                        Id., Aux modernes

Claude Bernard, famous physiologist, standard-bearer of nineteenth-century scientific spirit; his *Introduction à l'étude de la médecine expérimentale* was widely read.

Science admits no exceptions; otherwise there would be no determinism in science, or rather there would be no science.

The mental never influences the physical. It is always the physical that modifies the mental, and when we think that the mind is diseased, it is always an illusion.

Next to genius, nothing is more clear-sighted than hatred.

Leconte de Lisle, born on the island of Réunion, leader of the Parnassian school. "The distinctive character of his poetry is a sense of intellectual aristocracy" (Baudelaire).

Noon, king of summers, spread upon the plain,
In silver sheets comes down from the blue sky.
The world falls silent. The breathless air's ablaze;
The earth lies drowsing in her gown of fire.

I will not expose my life to your jeering,
I will not dance on your banal boards,
With your ham actors and your whores.

Men, killers of gods, the time is not far off
When, wallowing secretly in a great pile of gold,
Having eaten away the earth down to the rocks,
Not knowing what to do with your days or your nights,
Drowned in the nothingness of ultimate boredom,
You will die a stupid death, filling your pockets.

CHARLES BAUDELAIRE

(1821–1867)

Tous les êtres aimés
Sont des vases de fiel qu'on boit les yeux fermés.
Poèmes divers, XXI, A Sainte-Beuve (1844)

Hypocrite lecteur—mon semblable—mon frère!
Les Fleurs du mal (1857), Au lecteur

Le Poète est semblable au prince des nuées
Qui hante la tempête et se rit de l'archer;
Exilé sur le sol au milieu des huées,
Ses ailes de géant l'empêchent de marcher. *Id., L'Albatros*

Les parfums, les couleurs et les sons se répondent.
Id., Correspondances

Là, tout n'est qu'ordre et beauté,
Luxe, calme et volupté. *Id., L'Invitation au voyage*

Rappelez-vous l'objet que nous vîmes, mon âme
Ce beau matin d'été si doux:
Au détour d'un sentier une charogne infâme
Sur un lit semé de cailloux. *Id., La Charogne*

Je suis la plaie et le couteau!
Je suis le soufflet et la joue!
Je suis les membres et la roue,
Et la victime et le bourreau! *Id., L'Héautontimorouménos*

Ah! Seigneur! donnez-moi la force et le courage
De contempler mon cœur et mon corps sans dégoût.
Id., Un Voyage à Cythère

Certes, je sortirai quant à moi satisfait
D'un monde où l'action n'est pas la sœur du rêve.
Id., Le Reniement de Saint-Pierre

Baudelaire, little appreciated in his lifetime; treated conde-
scendingly by Sainte-Beuve as a belated Romantic. Now
recognized as precursor of modern poetry and great critic of
literature and painting.

All beings we love
Are vessels full of gall, which we drink eyes closed.

Hypocrite reader—my fellow man—my brother!

The Poet is like that prince of the clouds
Who haunts the storms and laughs at the archer;
Exiled to the ground in the midst of jeers,
His giant wings prevent him from walking.

Scents, colors, and sounds echo one another.

There, everything is order and beauty,
Luxury, calm, delight of all the senses.

Recall the thing we saw, my love,
	That gentle summer's morning:
At the bend of a path, a disgusting carrion
	On a bed of pebbles.

I am the wound and the knife!
I am the slap and the cheek!
I am the limbs and the wheel—
The victim and the torturer!

Oh Lord, give me the strength and the courage
To see my heart and my body without disgust.

Indeed, as for me, I shall be satisfied to leave
A world where action is not sister to the dream.

Ah! que le monde est grand à la clarté des lampes!
Aux yeux du souvenir que le monde est petit!

Id., Le Voyage

Amer savoir, celui qu'on tire du voyage!   *Ibid.*

O Mort, vieux capitaine, il est temps! levons l'ancre!
Ce pays nous ennuie, ô Mort! Appareillons!
Si le ciel et la mer sont noirs comme de l'encre,
Nos cœurs que tu connais sont remplis de rayons!   *Ibid.*

Il est l'heure de s'enivrer! Pour n'être pas les esclaves martyrisés
du Temps, enivrez-vous sans cesse! De vin, de poésie ou de
vertu, à votre guise.

Le Spleen de Paris (1869), Enivrez-vous

Cette vie est un hôpital où chaque malade est possédé du désir
de changer de lit.   *Id., Anywhere out of the world*

Tout homme bien portant peut se passer de manger pendant deux
jours, — de poésie, jamais.   *L'Art romantique*

En décrivant ce qui est, le poète se dégrade et descend au rang
de professeur; en racontant le possible, il reste fidèle à sa fonction; il est une âme collective qui interroge, qui pleure, qui
espère et qui devine quelquefois.   *Id.*

Le public est relativement au génie une horloge qui retarde.

Id.

Quand même Dieu n'existerait pas, la religion serait encore
sainte et divine. — Dieu est le seul être qui, pour régner, n'ait
même pas besoin d'exister.   *Journaux intimes. Fusées, I*

La volupté unique et suprême de l'amour gît dans la certitude
de faire le *mal*.   *Id., II*

Être un homme utile m'a paru toujours quelque chose de bien
hideux.   *Mon Cœur mis à nu, IX*

How great is the world in the light of lamps!
How small is the world in the eyes of memory!

Bitter is the knowledge gained in traveling.

O Death, old captain, it is time! Lift anchor!
Enough of this place, O Death! Spread the sails!
Though the sky and sea are black as ink,
Our hearts that you know well are agleam with light!

This is the time for drunkenness! Be not the martyred slaves of Time, drink without stopping! Drink wine, poetry, or virtue, as you please.

Life is a hospital in which every patient is possessed by the desire to change his bed.

Every healthy man can do without eating for two days: without poetry, never.

In describing what *is*, the poet lowers himself to the rank of a professor; in recounting the possible, he remains faithful to his task; he is a collective soul which questions, weeps, hopes, and sometimes divines.

In relation to genius the public is a clock that runs slow.

Even if God did not exist, religion would still be holy and divine. God is the only being who, in order to reign, need not even exist.

The unique, supreme pleasure of love consists in the certainty of doing *evil*.

To be useful has always seemed to me quite hideous.

Il faut travailler sinon par goût, au moins par désespoir. Tout bien vérifié, travailler est moins ennuyeux que s'amuser.

Id., XVIII

Il y a dans tout homme, à toute heure, deux postulations simultanées, l'une vers Dieu, l'autre vers Satan. *Id., XIX*

L'enthousiasme qui s'applique à autre chose que les abstractions est un signe de faiblesse et de maladie. *Id., VI*

Qu'est-ce que l'amour? Le besoin de sortir de soi. L'homme est un animal adorateur. Adorer, c'est se sacrifier et se prostituer. Ainsi tout amour est-il prostitution. *Id., XLV*

L'être le plus prostitué, c'est l'être par excellence, c'est Dieu, puisqu'il est l'ami suprême pour chaque individu, puisqu'il est le réservoir commun, inépuisable de l'amour. *Id., XLVI*

GUSTAVE FLAUBERT

(1821–1880)

Il ne faut pas toujours croire que le sentiment soit tout. Dans les arts, il n'est rien sans la forme.

Correspondance, A Mme Louise Colet, 12 août 1846

On reproche aux gens qui écrivent en bon style de négliger l'Idée, le but moral; comme si le but du médecin n'était pas de guérir, le but du rossignol de chanter, comme si le but de l'art n'était pas le Beau avant tout. *Id., A Louise Colet, 18 septembre 1846*

Quelle atroce invention que celle du bourgeois, n'est-ce pas? Pourquoi est-il sur la terre, et qu'y fait-il, le misérable? Pour moi, je ne sais pas à quoi peuvent passer le temps ici les gens qui ne s'occupent pas d'art. La manière dont ils vivent est un problème. *Id., A Louise Colet, 22 septembre 1846*

We should work: if not by preference, at least out of despair. Everything considered, work is less boring than amusement.

Every man at every moment has two simultaneous tendencies, one toward God, the other toward Satan.

To be enthusiastic over anything but abstractions is a sign of weakness and sickness.

What is love? The need to get out of oneself. Man is an adoring animal. To adore is to sacrifice and prostitute oneself. And so all love is prostitution.

The most prostituted being, the Being par excellence, is God, since he is supreme friend to every individual, since he is the common, inexhaustible reservoir of love.

Flaubert began as a Romantic, then wrote the "realistic" *Mme Bovary.*

You must not think that feeling is everything. Art is nothing without form.

Writers distinguished for their style are reproached for neglecting the Idea, the moral goal; as though the physician's goal were not to cure, the nightingale's to sing, as though the goal of art were not the beautiful, first and foremost.

What a horrible invention, the bourgeois, don't you think? Why is he on earth, this wretch, what is he doing here? For my part, I do not know what people unconcerned with art can spend their time on. Their way of living is a riddle to me.

On fait de la critique quand on ne peut pas faire de l'art, de même qu'on se met mouchard quand on ne peut pas être soldat.

Id., A Louise Colet, 22 octobre 1846

Ah! je les aurai connues les *affres* de l'Art!

Id., A Louise Colet, 14 janvier 1852

Les œuvres les plus belles sont celles où il y a le moins de matière; plus l'expression se rapproche de la pensée, plus le mot colle dessus et disparaît, plus c'est beau. Je crois que l'avenir de l'art est dans ces voies.   *Id., A Louise Colet, 16 janvier 1852*

Il n'y a ni beaux ni vilains sujets . . . on pourrait presque établir comme axiome en se posant au point de vue de l'Art pur, qu'il n'y en a aucun, le style étant à lui seul une manière absolue de voir les choses.   *Ibid.*

Moins on sent une chose, plus on est apte à l'exprimer comme elle est (comme elle est toujours en elle-même, dans sa généralité) et dégagée de tous ses contingents éphémères.

Id., A Louise Colet, 6 juillet 1852

La courtisane est un mythe. Jamais une femme n'a inventé une débauche.   *Id., A Louise Colet, août 1852*

Qui sait? La beauté deviendra peut-être un sentiment inutile à l'humanité et l'Art sera quelque chose qui tiendra le milieu entre l'algèbre et la musique.

Id., A Louise Colet, 4 septembre 1852

A l'heure qu'il est, je crois même qu'un penseur (et qu'est-ce que l'artiste si ce n'est un triple penseur?) ne doit avoir ni religion, ni patrie, ni même aucune conviction sociale.

Id., A Louise Colet, 26 avril 1853

Axiome: la haine du bourgeois est le commencement de la vertu. Moi, je comprends dans ce mot de "bourgeois", les bourgeois en blouse comme les bourgeois en redingote. C'est nous, et nous seuls, c'est-à-dire, les lettrés, qui sommes le Peuple, ou pour parler mieux, la tradition de l'Humanité.

Id., A Georges Sand, 10 mai 1867

A man is a critic when he cannot be an artist, just as a man becomes a stool pigeon when he cannot be a soldier.

Yes, I will have known the agonies of art!

The most beautiful works are those that have least content; the closer the expression is to the thought, the more indistinguishable the word from the content, the more beautiful is the work. I think that the future of art lies in that direction.

There are neither beautiful nor ugly subjects . . . one might almost regard it as an axiom, from the viewpoint of pure art, that there is no such thing as a subject, style alone being an absolute mode of seeing things.

The less we feel a thing, the more capable we are of expressing it as it is (as it is always in itself, in its universal essence), freed from all ephemeral contingencies.

The courtesan is a myth. No woman has ever invented anything in the realm of sensual pleasure.

Who can tell? Beauty may become a feeling useless to mankind, and Art will be something midway between algebra and music.

At the present moment, I even believe that a thinker (and what is an artist if not a triple thinker?) ought to have no religion, no fatherland, nor even any social conviction.

Axiom: Hatred of the bourgeois is the beginning of wisdom. By the term "bourgeois" I understand the bourgeois in overalls as well as the bourgeois in frock coat. It is we, and we alone, who love literature, who are the People, or better, the tradition of Humanity.

Quand j'écrivais l'empoisonnement d'Emma Bovary, j'avais si bien *le goût* d'arsenic dans la bouche, j'étais si bien empoisonné moi-même que je me suis donné deux indigestions coup sur coup, deux indigestions très réelles, car j'ai vomi tout mon dîner.

Id., A Hippolyte Taine, 1868(?)

Les honneurs déshonorent, les titres dégradent, la fonction abrutit.

Id., A Mme Brainne, 25 janvier 1879

J'appelle bourgeois quiconque pense bassement.

(Cité par Maupassant)

Ce qui est beau est moral, voilà tout, rien de plus.

Lettre à Maupassant, 26 octobre 1880

HENRI-FRÉDÉRIC AMIEL

(1821–1881)

Un paysage quelconque est un état de l'âme, et qui lit dans tous les deux est étonné de retrouver la similitude dans chaque détail.

Fragments d'un journal intime

Une erreur est d'autant plus dangereuse qu'elle contient plus de vérité.

Id.

Il y a deux degrés d'orgueil: l'un où l'on s'approuve soi-même; l'autre où l'on ne peut s'accepter. Celui-ci est probablement le plus raffiné.

Id.

Le charme: ce qui dans les autres nous rend plus contents de nous-mêmes.

Id.

L'homme ne sait jamais ce qu'il veut: il aspire à percer les mystères et dès qu'il les a pénétrés, il désire les rétablir. L'ignorance l'irrite et la connaissance le rassasie.

Id.

Mille choses avancent; neuf cent quatre-vingt-dix-neuf reculent: c'est là le progrès.

Id.

When I described how Emma Bovary poisoned herself, I had such a strong *taste* of arsenic in my mouth, I was so poisoned myself, that I had two attacks of indigestion one after another, very real attacks, for I vomited my entire dinner.

Honors dishonor, titles degrade, an office dulls the mind.

I call a bourgeois anyone whose thinking is vulgar.

What is beautiful is moral, that is all there is to it.

> Amiel, Swiss critic; his diaries (publ. in part in 1883) enjoyed great popularity.

Any landscape is a state of the soul, and who reads both is surprised to discover their similarity in every detail.

An error is the more dangerous the more truth it contains.

There are two degrees of pride: the first, when we approve of ourselves; the second, when we cannot accept ourselves. The latter is probably the more refined.

Charm: the quality in others that makes us more satisfied with ourselves.

Man never knows what he wants: he aspires to penetrate mysteries, but the moment he has penetrated them, he wishes to restore them. Ignorance annoys him, and knowledge surfeits him.

A thousand things move forward; nine-hundred-ninety-nine move backward: that is progress.

[Les Chrétiens] ne sont guère meilleurs [que les Païens], mais ils se font plus de reproches. Ils font presque autant de mal, mais ils le font avec une mauvaise conscience. Ce qu'il y a donc de gagné, c'est un peu plus de délicatesse et de scrupule. *Id.*

La pensée est mauvaise sans l'action et l'action sans la pensée. L'idéal est un poison s'il ne s'intègre pas dans le réel, et réciproquement, le réel se vicie sans le parfum de l'idéal. *Id.*

EDMOND ET JULES DE GONCOURT

(1822–1896) (1830–1870)

De tout tableau qui procure une impression morale, on peut dire, en thèse générale, que c'est un mauvais tableau. *Journal, 1860*

Le peuple n'aime ni le vrai ni le simple: il aime le roman et le charlatan. *Id., 31 mars 1861*

Souvent les honnêtes femmes parlent des fautes des autres femmes, comme de fautes qu'on leur aurait volées.

Id., février 1864

Le commerce est l'art d'abuser du besoin ou du désir, que quelqu'un a de quelque chose. *Id., juillet 1864*

L'histoire est un roman qui a été, le roman est de l'histoire qui aurait pu être. *Idées et sensations (1866)*

Ce qui entend le plus de bêtises dans le monde est peut-être un tableau de musée. *Id.*

Il faut plus que du goût, il faut un caractère pour apprécier une chose d'art. L'indépendance des idées est nécessaire à l'indépendance de l'admiration. *Id.*

Ne jamais parler de soi aux autres et leur faire parler toujours d'eux-mêmes, c'est tout l'art de plaire. Chacun le sait et tout le monde l'oublie. *Id.*

Christians are no better than pagans, but they blame themselves more. They do almost as much evil, but they do it with a bad conscience. All that is gained is a little more squeamishness.

Thought is bad without action, as is action without thought. The ideal is poison if it does not become part of reality, and conversely, reality deteriorates without the fragrance of the ideal.

The brothers Goncourt collaborated on novels and their *Journal*.

Of any painting that produces a moral impression, it may be said as a general principle that it is a bad painting.

The man in the street cares neither for truth nor for simplicity. He likes novels and charlatans.

Virtuous women often speak of other women's lapses from virtue as of failings that have been stolen from them.

Trade is the art of taking advantage of someone's need or desire for something.

History is a novel that did happen; the novel is history as it might have happened.

Surely nothing has to listen to so many stupid remarks as a painting in a museum.

More than taste, character is required to appreciate a work of art. To have individuality of taste, it is necessary to have a mind of one's own.

The whole art of pleasing lies in never speaking of oneself, always persuading others to speak of themselves. Everyone knows this and everyone forgets it.

En province, la pluie devient une distraction. *Id.*

Il faut prendre garde de confondre le canaille avec le commun:
le canaille est toujours plus distingué. *Id.*

La misère des idées dans les intérieurs riches arrive parfois à
nous apitoyer. *Id.*

THÉODORE DE BANVILLE

(1823–1891)

"Cherchez les effets et les causes,"
Nous disent les rêveurs moroses.
Des mots! Des mots! cueillons les roses!
Les Cariatides, V

Licenses poétiques. Il n'y en a pas.
Petit traité de poésie française

Malherbe vint et la poésie s'en alla. *Id.*

ERNEST RENAN

(1823–1892)

L'homme fait la sainteté de ce qu'il croit comme la beauté de
ce qu'il aime. *Études d'histoire religieuse (1857)*

Nous vivons d'une ombre . . . du parfum d'un vase vide; après
nous on vivra de l'ombre d'une ombre; je crains par moments
que ce ne soit un peu léger. *Discours et conférences*

Une patrie se compose des morts qui l'ont fondée aussi bien que
des vivants qui la continuent. *Id.*

In the provinces, rain is a diversion.

You must be careful not to confuse low-life with the lower classes: low-life is invariably more distinguished.

The poverty of ideas in rich homes sometimes moves us to pity.

Théodore de Banville wrote plays, poems, novels, and critical essays.

"Seek out effects and causes,"
We're told by cheerless dreamers.
Words, words! Let's go pick roses!

Poetic license: there is no such thing.

Came Malherbe—good-by poetry!

Renan, Semitic scholar, historian, critic, best known for his *Vie de Jésus*.

Man endows his faith with holiness as he endows his beloved with beauty.

We live by a shadow . . . the perfume that clings to an empty vase. After us, people will live by the shadow of a shadow, and at moments I fear that it may prove a bit insubstantial.

A fatherland is composed of the dead who founded it as well as of the living who continue it.

Le faible, que nous dédaignons, nous est d'ordinaire supérieur; la somme de vertu est chez ceux qui obéissent (servantes, ouvriers, soldats, marins, etc.) plus grande que chez ceux qui commandent et jouissent.   *Les Apôtres*

La religion n'est pas une erreur populaire; c'est une grande vérité d'instinct, entrevue par le peuple, exprimée par le peuple.   *Id.*

Tous les symboles qui servent à donner une forme au sentiment religieux sont incomplets, et leur sort est d'être rejetés les uns après les autres.   *Id.*

Toute l'histoire est incompréhensible sans le Christ.
                                                   Vie de Jésus

O Seigneur, s'il y a un Seigneur; sauvez mon âme, si j'ai une âme.
                                              Prière d'un sceptique

L'immortalité, c'est de travailler à une œuvre éternelle.
                                     L'Avenir de la science (Préface)

Rien de grand ne se fait sans chimères.   *Id., XIX*

Un immense fleuve d'oubli nous entraîne dans un gouffre sans nom.   *Souvenirs d'enfance et de jeunesse (1883)*

C'est M. Homais qui a raison. Sans M. Homais nous serions tous brûlés vifs.   *Id.*

Le siècle où j'ai vécu n'aura probablement pas été le plus grand, mais il sera tenu sans doute pour le plus amusant des siècles. . . . Je n'aurai, en disant adieu à la vie, qu'à remercier la cause de tout bien de la charmante promenade qu'il m'a été donné d'accomplir à travers la réalité.   *Id.*

ALEXANDRE DUMAS, FILS

(1824–1895)

Les affaires? C'est bien simple, c'est l'argent des autres.
                                  La Question d'Argent (1857), II, 7

Those whom we disdain for their weakness are usually our betters; the sum total of virtue in those who obey (servants, workers, soldiers, sailors, etc.) is greater than in those who give orders and enjoy their services.

Religion is not a popular error; it is a great instinctive truth, sensed by the people, and expressed by the people.

All the symbols that serve to give form to religious feeling are incomplete, and it is their fate to be rejected one after another.

The whole of history would be incomprehensible without the Christ.

O Lord, if there is a Lord, save my soul, if I have a soul.

Immortality is to labor at an eternal task.

Nothing great is achieved without chimeras.

An immense river of oblivion is sweeping us away into a nameless abyss.

M. Homais was right. Without the Homais' of this world we would all be burned alive.

The century in which I have lived will probably not turn out to have been the greatest of centuries, but it will surely be regarded as the most entertaining. . . . When I say farewell to life I shall feel only gratitude toward the cause of all good for having made my stroll through reality so fascinating.

Dumas *fils*, natural son of the novelist; author of successful plays (best known of these is *La Dame aux camélias*, 1848).

Business? Perfectly simple: other people's money.

Mme Leverdet. Il n'y a pas d'honnêtes femmes, alors?

De Ryons. Si! plus qu'on ne le croit mais pas tant qu'on le dit. *L'Ami des Femmes (1864), I, 5*

Comment se fait-il que les petits enfants étant si intelligents, la plupart des hommes soient si bêtes? Ça doit tenir à l'éducation!
L'Esprit d'Alexandre Dumas (L. Treich)

La femme est, selon la Bible, la dernière chose que Dieu a faite. Il a dû la faire le samedi soir. On sent la fatigue. *Id.*

Toutes les femmes veulent qu'on les estime, elles tiennent beaucoup moins à ce qu'on les respecte. *Id.*

La chaîne du mariage est si lourde à porter qu'il faut être deux pour la porter, quelquefois trois. *Id.*

HIPPOLYTE TAINE

(1828–1893)

On peut considérer l'homme comme un animal d'espèce supérieure qui produit des philosophies et des poèmes à peu près comme les vers à soie font leurs cocons et comme les abeilles font leurs ruches. *La Fontaine et ses Fables (1853), Préface*

Le vice et la vertu sont des produits comme le vitriol et le sucre.
Histoire de la littérature anglaise (1863), Introduction

Nous regardons l'idée de substance comme une illusion psychologique. Nous considérons la substance, la force, et tous les êtres métaphysiques des modernes comme un reste des entités scolastiques. Nous pensons qu'il n'y a rien au monde que des faits et des lois. *Id., IV*

L'œuvre d'art est déterminée par un ensemble qui est l'état général de l'esprit et des mœurs environnantes.
Philosophie de l'art (1865)

MME L. So, then, there are no virtuous women?

De R. Oh yes, there are, there are more than people think, though not as many as they say.

How is it that although little children are so intelligent, most adults are so stupid? Education must have something to do with it!

According to the Bible, woman was the last thing God made. It must have been a Saturday night. Clearly, He was tired.

All women want to be appreciated. They care a lot less about being respected.

The bonds of matrimony are so heavy that it takes two to bear them, sometimes three.

Taine, critic, philosopher, historian; theorist of naturalism.

Man may be viewed as a higher species of animal that produces poems and philosophical systems in much the same way silkworms produce cocoons and bees construct hives.

Virtue and vice are products like sulphuric acid or sugar.

We hold the idea of substance to be a psychological illusion. We regard substance, force, and the other metaphysical notions of the moderns as leftovers from Scholastic entities. In our view, nothing exists but facts and laws.

The work of art is determined by a complex of factors, which represents the general spirit of a given period influenced by the manners and customs of the day.

L'honnête homme à Paris ment dix fois par jour, l'honnête femme vingt fois par jour, l'homme du monde cent fois par jour. On n'a jamais pu compter combien de fois par jour ment une femme du monde.   *Notes sur Paris. Vie et opinions de M. Frédéric-Thomas Graindorge (1868)*

Quatre sortes de personnes dans le monde: les amoureux, les ambitieux, les observateurs et les imbéciles. Les plus heureux sont les imbéciles.   *Id.*

On peut assez exactement comparer l'intérieur d'une tête anglaise à un guide de Murray: beaucoup de faits et peu d'idées.
     Notes sur l'Angleterre (1872)

PHILIPPE-AUGUSTE VILLIERS DE L'ISLE-ADAM
(1838–1889)

Vivre? Les serviteurs feront cela pour nous.   *Axël (1890)*

J'ai trop pensé pour daigner agir.   *Id.*

PAUL CÉZANNE
(1839–1906)

Il y a une minute du monde qui passe! la peindre dans sa réalité! et tout oublier pour cela. Devenir elle-même, être alors la plaque sensible . . . donner l'image de ce que nous voyons, en oubliant tout ce qui a paru avant nous.
     (*Cité par Joachim Gasquet* in Paul Cézanne, 1926)

Est-ce qu'une botte de carottes, peinte naïvement dans la note personnelle où on la voit, ne vaut pas les éternelles tartines de l'École, cette peinture au jus de chique, honteusement cuisinée, d'après des recettes? Le jour vient où une seule carotte originale sera grosse d'une révolution.   *Id.*

The ordinary decent Parisian male lies ten times a day, the ordinary decent female twenty times a day, the man of fashion a hundred times a day. It has never been possible to calculate how many times a day the lady of fashion lies.

There are four kinds of people in the world: those in love, those who are trying to get ahead, those who look on and watch the others, and those who are merely stupid. The last-named ones are the happiest.

The inside of an Englishman's head may fairly accurately be likened to one of Murray's Handbooks—many facts and few ideas.

Villiers de l'Isle-Adam, novelist and dramatist; early Symbolist.

Living? We'll leave that to the servants.

I have thought too much to stoop to action.

Cézanne, the painter; close friend of Zola.

Right now a moment of time is fleeting by! Capture its reality in paint! To do that we must put all else out of our minds. We must become that moment, make ourselves a sensitive recording plate . . . give the image of what we actually see, forgetting everything that has been seen before our time.

Surely, a single bunch of carrots painted naïvely just as we personally see it, is worth all the endless banalities of the Schools, all those dreary pictures concocted out of tobacco juice according to time-honored formulas? The day is coming when a single carrot, freshly observed, will set off a revolution.

[329]

Je suis trop vieux . . . je reste le primitif de la voie que j'a'
découverte.   (*Cité par Émile Bernard* in Paul Cézanne, 1925)

. . . traiter la nature par le cylindre, la sphère, le cône, le tout
mis en perspective. . . . La nature, pour nous, hommes, est plus
en profondeur qu'en surface.   *Id.*

Le sentiment de sa force rend modeste.
                    Correspondance de Paul Cézanne (Rewald, 1937)

SULLY-PRUDHOMME (RENÉ-FRANÇOIS-ARMAND)

(1839–1907)

D'innombrables liens, frêles et douloureux,
Dans l'univers entier vont de mon âme aux choses.
                    Stances et Poèmes (1865), Les Chaînes

Ici-bas tous les lilas meurent,
Tous les chants des oiseaux sont courts;
Je rêve aux étés qui demeurent
      Toujours.   *Id., Ici-Bas*

En mon âme se livre un combat sans vainqueur,
Entre la foi sans preuve et la raison sans charme.
                    La Justice (1878), Le Chercheur

ÉMILE ZOLA

(1840–1902)

Si vous me demandez ce que je viens faire en ce monde, moi
artiste, je vous répondrai: "Je viens vivre tout haut."
                                Mes haines (1866)

Je n'ai guère souci de beauté ni de perfection. Je me moque des
grands siècles. Je n'ai souci que de vie, de lutte, de fièvre. Je
suis à l'aise parmi ma génération.   *Id.*

I am too old . . . I remain the primitive of the path I opened up.

. . . Treat nature in terms of the cylinder, the sphere, and the cone, all in perspective. . . . So far as we are concerned, nature lies in depth rather than on the surface.

Awareness of one's own strength makes one modest.

Sully-Prudhomme, Parnassian poet and critic; first recipient of Nobel Prize for literature (1901).

Innumerable bonds, fragile and hurtful,
Tie my spirit to all things in the universe.

Here below all lilacs die
And all birds' songs are short;
I dream of summers that stay
    Forever.

In my soul rages a battle without victor
Between faith without proof and reason without charm.

Zola, novelist, leader of so-called naturalism; played prominent part in helping to clear Dreyfus.

If you ask me what I have come to do in this world, I who am an artist, I will reply: "I am here to live aloud."

I don't worry very much about beauty or perfection. I don't give a fig for the classical ages. All I care about is life, struggle, intensity. I feel at home in my generation.

Mon art, à moi . . . est une négation de la société, une affirmation de l'individu, en dehors de toutes les règles et de toutes les nécessités sociales.   *Id.*

Une œuvre d'art est un coin de la création vu à travers un tempérament.   *Id.*

La vérité est en marche; rien ne peut plus l'arrêter.
                                    Article dans le Figaro, 25 novembre 1897

J'accuse.   *Titre, Lettre au Président de la République,*
                                    L'Aurore, 13 janvier 1898

GEORGES CLEMENCEAU

(1841–1929)

Il n'y a pas de repos pour les peuples libres; le repos, c'est une idée monarchique.   *Discours à la Chambre, 1883*

La guerre! c'est une chose trop grave pour la confier à des militaires.   *(1886, cité par G. Suarez in Clemenceau)*

La justice militaire est à la justice ce que la musique militaire est à la musique.   *(Attr.)*

STÉPHANE MALLARMÉ

(1842–1898)

L'hiver, saison de l'art serein, l'hiver lucide . . .
                                                    Poésies, Renouveau

La chair est triste, hélas! et j'ai lu tous les livres.
                                                    Id., Brise marine

Le vierge, le vivace et le bel aujourd'hui.   *Id., Sonnet*

My own art is a negation of society, an affirmation of the individual, outside all rules and demands of society.

A work of art is one nook or cranny of creation as viewed through an individual temperament.

Truth is on the march; nothing can stop it now.

I accuse.

Clemenceau, "the Tiger," wartime Premier of France.

There is no rest for free peoples; rest is a monarchical idea.

War is much too serious a business to be entrusted to the military.

Military justice is to justice what military music is to music.

Mallarmé, poet. "Who would have told Zola and Daudet that this amiable, well-spoken little man, Stéphane Mallarmé, was to exert a greater and more lasting influence with his few short poems, so peculiar and obscure, than their books, their observation of life, their realistic novels? A diamond lasts longer than a capital or a civilization . . ." (Paul Valéry).

Winter, season of art serene, lucid winter . . .

The flesh is sad, alas, and I've read all the books.

The virginal, hardy, beautiful today.

Tel qu'en Lui-Même enfin l'éternité le change . . .

> *Id., Le Tombeau d'Edgar Poe*

Donner un sens plus pur aux mots de la tribu . . .   *Ibid.*

Nuit blanche de glaçons et de neige cruelle . . .   *Hérodiade*

Un coup de dés n'abolira jamais le hasard.

> *Id., (Titre de poème)*

Il n'y a que la Beauté — et elle n'a qu'une expression parfaite, la
Poésie.   *Lettre à Cazalis, 1867*

La Poésie est l'expression, par le langage humain ramené à son
rythme essentiel, du sens mystérieux des aspects de l'existence;
elle doue ainsi d'authenticité notre séjour et constitue la seule
tâche spirituelle.   *Lettre à M. Léo d'Orfer, 27 juin 1884*

Nommer un objet, c'est supprimer les trois-quarts de la jouissance
du poème qui est faite de deviner peu à peu: le *suggérer*, voilà
le rêve. C'est le parfait usage de ce mystère qui constitue le
symbole.   *Réponse à une enquête sur l'évolution littéraire, 1891*

Ce n'est point avec des idées que l'on fait des vers. C'est avec
des mots.   *(Cité par P. Valéry in Degas Danse Dessin)*

Dire au peintre qu'il faut prendre la nature comme elle est, vaut
dire au virtuose qu'il peut s'asseoir sur le piano.

> *Le Ten o'clock de M. Whistler (1888)*

JOSÉ-MARIA DE HÉRÉDIA

(1842–1905)

Toute une mer immense où fuyaient des galères.

> *Les Trophées (1893), Antoine et Cléopâtre*

Ils regardaient monter en un ciel ignoré
Du fond de l'Océan des étoiles nouvelles.

> *Id., Les Conquérants*

Such as into himself at last Eternity has changed him . . .

To give a purer sense to the words of the tribe . . .

White night of icicles and cruel snow . . .

A throw of the dice will never abolish chance.

There is only beauty, and beauty has only one perfect expression—Poetry.

Poetry is the expression, through human language reduced to its essential rhythm, of the mysterious meaning of aspects of existence; it thereby endows our stay on earth with authenticity and poses us our only spiritual task.

To *name* an object is to obliterate three-quarters of our pleasure in the poem, which consists in gradually divining it; to *suggest* it, that is the ideal. That is making the best possible use of the mystery which constitutes the symbol.

You don't make a poem with ideas, but with words.

To tell a painter that he ought to take nature as it is, is like telling a virtuoso that he may sit on the piano.

Hérédia was born in Cuba; Parnassian poet, noted for masterful sonnets.

A boundless sea where galleys were in flight.

They saw new stars emerging from the ocean
And rising toward an unknown sky.

FRANÇOIS COPPÉE

(1842–1908)

Mon histoire, messieurs les juges, sera brève.
Voilà. Les forgerons s'étaient tous mis en grève.

Poésies (1864–69), La Grève des Forgerons

C'était un tout petit épicier de Montrouge
Et sa boutique sombre, aux volets peints en rouge,
Exhalait une odeur fade sur le trottoir.

Poésies (1869–74), Le Petit Epicier

PAUL VERLAINE

(1844–1896)

Je fais souvent ce rêve étrange et pénétrant
D'une femme inconnue, et que j'aime, et qui m'aime,
Et qui n'est, chaque fois, ni tout à fait la même,
Ni tout à fait une autre, et m'aime et me comprend.

Poèmes saturniens, Mon rêve familier

Les sanglots longs
Des violons
De l'automne
Blessent mon cœur
D'une langueur
Monotone.

Id., Chanson d'automne

Votre âme est un paysage choisi.

Fêtes galantes, Clair de lune

Il pleure dans mon cœur
Comme il pleut sur la ville.

Romances sans paroles, III

Coppée, poet and playwright, enjoyed great popularity toward the end of the nineteenth century.

My story, your honors, will be short.
Here it is. The blacksmiths all went out on strike.

He was a little grocer in Montrouge,
And his dark shop with its red-painted shutters
Had a stale odor you smelled from the sidewalk.

Verlaine classed himself among the "accursed poets"—*Les Poètes Maudits* (title of his essays publ. 1884)—with Corbière, Rimbaud, Desbordes-Valmore, and Villiers de l'Isle-Adam, whose eventual fame he did much to promote. In the same book he says of himself that he had always suffered from his "rage to love," and that the story of his life was the story of "the disasters of his heart."

I often have this strange and moving dream
of an unknown woman whom I love and who loves me,
and who each time is neither quite the same
nor quite another, and who loves me and understands.

The long sobbings
of the violins
of autumn
wound my heart
with monotonous
languor.

Your soul is a choice landscape.

Weeping in my heart—
Rain falling on the city.

Voici des fruits, des fleurs, des feuilles et des branches
Et puis voici mon cœur qui ne bat que pour vous.

Id., Green

—Qu'as-tu fait, ô toi que voilà
    Pleurant sans cesse,
Dis, qu'as-tu fait, toi que voilà
    De ta jeunesse?

Sagesse, III, 6

De la musique avant toute chose,
Et pour cela préfère l'Impair.

•   •   •

Prends l'éloquence et tords lui son cou!

•   •   •

Et tout le reste est littérature.

Jadis et Naguère, L'art poétique

ANATOLE FRANCE

(1844–1924)

Le bon critique est celui qui raconte les aventures de son âme
au milieu des chefs-d'œuvres.   *La Vie littéraire (Préface)*

La faim et l'amour sont les deux axes du monde. L'humanité
roule toute entière sur l'amour et la faim.

Id., III, George Sand

L'artiste doit aimer la vie et nous montrer qu'elle est belle. Sans
lui nous en douterions.   *Le Jardin d'Epicure*

L'Ironie et la Pitié sont deux bonnes conseillères; l'une, en sou-
riant, nous rend la vie aimable; l'autre, qui pleure, nous la rend
sacrée.   *Id.*

Here are fruits, flowers, leaves, and branches,
And here is my heart which beats only for you.

What have you done—yes, you,
        Weeping there ceaselessly;
Tell me, what have you—yes, you—
        Done with your youth?

Music must be paramount:
Prefer an Uneven rhythm.

* * *

Take eloquence and wring its neck!

* * *

And all else is literature.

Anatole France, celebrated in his lifetime for his polished
literary style and gentle irony, wrote novels, poems, critical
essays; Nobel Prize for literature in 1921.

A good critic is one who tells the story of his mind's adventures
among the masterpieces.

Hunger and love are the pivots on which the world turns. Mankind is entirely determined by love and hunger.

The artist should love life and show us that it is beautiful. Without him we might not find it so.

Irony and Pity are excellent counselors. With a smile, the former
makes life pleasant; the latter, with its tears, makes it sacred.

La paix universelle se réalisera un jour non parce que les hommes deviendront meilleurs (il n'est pas permis de l'espérer); mais parce qu'un nouvel ordre de choses, une science nouvelle, de nouvelles nécessités économiques leur imposeront l'état pacifique.   *Sur la pierre blanche*

J'aime la vérité. Je crois que l'humanité en a besoin; mais elle a bien plus grand besoin encore du mensonge qui la flatte, la console, lui donne des espérances infinies. Sans le mensonge, elle périrait de désespoir et d'ennui.   *La Vie en fleur, Postface*

Le poireau, c'est l'asperge du pauvre.   *Crainquebille*

...la majestueuse égalité des lois, qui interdit au riche comme au pauvre de coucher sous les ponts, de mendier dans les rues et de voler du pain.   *Le Lys rouge*

Aimer la guerre parce qu'elle fait des héros, c'est aimer le croup, parce que des médecins et des infirmières sont morts en voulant sauver un enfant.   *Dernières Pages inédites*

TRISTAN CORBIÈRE

(1845-1875)

Tu ne me veux pas en rêve?
—Tu m'auras en cauchemar!
                    Les Amours jaunes (1873), Elixir d'amour

Qu'ils se payent des républiques,
Hommes libres!—carcan au cou—
Qu'ils peuplent leurs nids domestiques! . . .
—Moi je suis le maigre coucou.   *Id., Paria*

L'idéal à moi: c'est un songe
Creux; mon horizon—l'imprévu—
Et le mal du pays me ronge . . .
Du pays que je n'ai pas vu.   *Ibid.*

World peace will become a reality one day, not because men have become better (that is more than we can hope for), but because a new order of things, a new science, and new economic necessities will require the state of peace.

I love truth. I believe humanity has need of it. However, what it has even greater need of is a lie to flatter it, console it, and give it infinite hope. Without lies, humanity would perish of despair and boredom.

The leek is the poor man's asparagus.

The law, in its majestic equality, forbids the rich as well as the poor to sleep under bridges, to beg in the streets, and to steal bread.

To love war because it produces heroes, is to love the croup because doctors and nurses died of it trying to save a child.

Corbière, an original poet, one of Verlaine's "discoveries": "His verse lives, laughs, weeps very little, jeers very well, and jokes even better. He is bitter and salty like his beloved ocean" (Verlaine).

You don't want me as a dream?
—Then you'll have me as a nightmare!

Let them treat themselves to republics,
Free men!—with yokes around their necks—
Let them fill their domestic nests! . . .
—I am the lean cuckoo.

My own ideal is a hollow dream,
My horizon the unforeseen,
And I am homesick,
Homesick for a land I have not seen.

ISIDORE DUCASSE, COMTE DE LAUTRÉAMONT

(1846–1870)

Vieil Océan, ta forme harmonieusement sphérique, qui réjouit la face grave de la géométrie, ne me rappelle que trop les petits yeux de l'homme, pareils à ceux du sanglier pour la petitesse et à ceux des oiseaux de nuit pour la perfection circulaire du contour. ...   *Les Chants de Maldoror, I*

O pou, ô ta prunelle recroquevillée. ... Saleté, reine des empires, conserve aux yeux de ma haine le spectacle de l'accroissement insensible des muscles de ta progéniture affamée. ...   *Id., II*

Beau ... comme la rencontre fortuite sur une table de dissection d'une machine à coudre et d'un parapluie.   *Id., VI*

Le doute est un hommage rendu à l'espoir. Ce n'est pas un hommage volontaire. L'espoir ne consentirait pas à n'être qu'un hommage.   *Poésies*

Si la morale de Cléopâtre eût été moins courte, la face du monde aurait changé. Son nez n'en serait pas devenu plus long.
                                              Poésies, II

La poésie doit être faite par tous. Non par un. Pauvre Hugo!
                                                   Id.

LÉON BLOY

(1846–1917)

La douleur est l'auxiliaire de la création.
                        *Pages de Léon Bloy, choisies par
                        Raïssa Maritain (1951)*

Lautréamont, born in Montevideo, came to Paris in 1867; claimed by the Surrealists as one of their forerunners.

Old Ocean, your harmoniously spherical form, which rejoices the solemn face of geometry, reminds me only too much of man's little eyes, by their littleness like those of the boar, and by the circular perfection of their outline like those of the night birds. . . .

O louse, O the tiny twisted pupil of your eye. . . . Filth, queen of empires, preserve in the eyes of my hatred the spectacle of your starving offspring's imperceptibly growing muscles. . . .

Beautiful . . . as the chance encounter on a dissecting table of a sewing machine and an umbrella.

Doubt is a tribute paid to hope. It is not a voluntary tribute. Hope would never consent to being no more than a tribute.

If Cleopatra's morality had been less short, the face of the world would have been altered. Her nose would not thereby have grown longer.

Poetry ought to be composed by everyone. Not by one. Poor Hugo!

Léon Bloy wrote novels and religious and polemical essays.

Suffering is an auxiliary of creation.

La sentimentalité, c'est d'avoir compassion des bourreaux de Jésus-Christ. Pauvres gens si mal payés pour tant de fatigue!

Id., Pensées détachées

Quand on demande à Dieu la souffrance, on est toujours sûr d'être exaucé. *Id.*

Le temps est un chien qui ne mord que les pauvres. *Journal*

Je me suis demandé souvent quelle pouvait être la différence entre la *charité* de tant de chrétiens et la méchanceté des démons.

Le sang du pauvre

GUY DE MAUPASSANT

(1850–1893)

Quand on a le physique d'un emploi, on en a l'âme. *Mont-Oriol*

Causer, qu'est cela? Mystère! C'est l'art de ne jamais paraître ennuyeux, de savoir tout dire avec intérêt, de plaire avec n'importe quoi, de séduire avec rien du tout.
Comment définir ce vif effleurement des choses par les mots, ce jeu de raquette avec des paroles souples, cette espèce de sourire léger des idées que doit être la causerie? *Sur l'eau*

L'histoire, cette vieille dame exaltée et menteuse. *Id.*

Une femme a toujours, en vérité, la situation qu'elle impose par l'illusion qu'elle sait produire. *Notre Cœur*

PAUL BOURGET

(1852–1935)

Il faut vivre comme on pense, sans quoi l'on finira par penser comme on a vécu. *Le Démon du midi. Conclusion*

Sentimentality is feeling sorry for Christ's executioners. Poor men, they worked so hard and were so poorly paid!

When you ask God to send you trials, you may be sure your prayer will be granted.

Time is a dog who bites only the poor.

Just what might the difference be, I have often wondered, between the so-called charity of many Christians and the wickedness of demons?

Maupassant, novelist and short-story writer; highly praised by Anatole France for his limpid prose.

A man who looks a part has the soul of that part.

What is conversation really? . . . It is the art of never seeming a bore, the ability to say everything in an interesting way, to make a trifle sound pleasant, and nothing at all perfectly charming. How are we to define this swift verbal skimming over of things, this batting of words back and forth like balls over a net, this graceful intellectual game that conversation should be?

History, that excitable and lying old lady.

A woman's actual position is always the one she imposes by means of the illusion she creates.

Bourget wrote novels and important critical essays.

We had better live as we think, otherwise we shall end up by thinking as we have lived.

La pensée est à la littérature ce que la lumière est à la peinture.

La Physiologie de l'amour moderne (1890)

Un amour qui a passé la jalousie est comme un joli visage qui a passé par la petite vérole: il est toujours un peu grêlé. *Id.*

Il n'y a qu'une manière d'être heureux par le cœur: c'est de ne pas en avoir. *Id.*

Ce qui prouve que l'expérience ne sert à rien, c'est que la fin de nos anciennes amours ne nous dégoûte pas d'en commencer d'autres. *Id.*

ARTHUR RIMBAUD

(1854–1891)

Et j'ai vu quelquefois ce que l'homme a cru voir.

Poésies, Le Bateau ivre (1871)

Je regrette l'Europe aux anciens parapets! *Ibid.*

J'ai vu des archipels sidéraux! et des îles
Dont les cieux délirants sont ouverts au vogueur:
—Est-ce en ces nuits sans fonds que tu dors et t'exiles,
Million d'oiseaux d'or, ô future vigueur? *Ibid.*

A noir, E blanc, I rouge, U vert, O bleu: voyelles,
Je dirai quelque jour vos naissances latentes. *Id., Voyelles*

Oisive jeunesse
A tout asservie,
Par délicatesse
J'ai perdu ma vie.
Ah! Que le temps vienne
Où les cœurs s'éprennent!

Chanson de la plus haute tour (1872)

Ideas are to literature what light is to painting.

Love that survives jealousy is like a pretty face after smallpox: a bit pockmarked forever after.

There is only one way of being happy by the heart: namely, to have none.

The best proof that experience is useless is that the end of one love does not disgust us from beginning another.

Rimbaud produced all his poetic work before the age of twenty when he abandoned writing to become trader in Abyssinia. Crucial influence in modern poetry.

I've sometimes seen what men have only dreamed of seeing.

I long for Europe of the ancient parapets!

I've seen sidereal archipelagoes! and isles
Where raving skies are opened to the sailor:
—Is it in these depthless nights that you sleep, exiled,
A million golden birds, O future Vigor?

Black A, white E, red I, green U, blue O: vowels,
Someday I shall recount your latent births.

Idle youth
To everything enslaved,
Out of delicacy
I have wasted my life.
Ah, would the time come
When hearts fall in love!

Elle est retrouvée.
Quoi? L'Eternité.
C'est la mer allée
Avec le soleil.   *L'Éternité (1872)*

Science avec patience,
Le supplice est sûr.   *Ibid.*

O saisons, ô châteaux,
Quelle âme est sans défauts?   *Bonheur*

J'ai fait la magique étude
Du bonheur que nul n'élude.   *Ibid.*

Un soir, j'ai assis la beauté sur mes genoux.—Et je l'ai trouvée
amère.—Et je l'ai injuriée.   *Une Saison en enfer (1873)*

J'ai horreur de tous les métiers. Maîtres et ouvriers, tous paysans,
ignobles. La main à plume vaut la main à charrue.
                                        Id., Le Mauvais Sang

Je dis qu'il faut être *voyant*, se faire *voyant*.
Le poète se fait *voyant* par un long, immense et raisonné *dérèglement* de *tous les sens* . . . il a besoin de toute la foi, de toute
la force surhumaine . . . il devient entre tous le grand malade,
le grand criminel, le grand maudit— et le suprême Savant!—
Car il arrive à l'*inconnu!*   *Lettre à Paul Demeny, 15 mai 1871*

Le poète est vraiment voleur de feu.   *Ibid.*

Baudelaire est le premier voyant, roi des poètes, *un vrai Dieu.*
Encore a-t-il vécu dans un milieu trop artiste; et la forme si
vantée en lui est mesquine. Les inventions d'inconnu réclament
des formes nouvelles.   *Ibid.*

It is found again.
What? Eternity.
It is the sea
Gone with the sun.

Science with patience:
Martyrdom is sure.

O seasons, O châteaus,
What soul has no flaws?

I have pursued the magic study
Of happiness, which no one can evade.

One night I seated Beauty in my lap.—And I found her bitter-tasting.—And I called her bad names.

I loathe all trades. Master workmen, workmen, all peasants —unspeakable. The hand that holds the pen is worth no more than that which holds the plow.

I say one must be a *seer*, make oneself a *seer*.
The Poet makes himself a *seer* by an immense, lengthy, deliberate *derangement* of all his *senses* . . . he has need of all his faith, all his superhuman strength . . . he becomes of all men the sickest, the most criminal, the most accursed—and the supreme Scientist!—For he attains the *unknown*.

The poet is truly a thief of fire.

Baudelaire was the first seer, king of poets, a *true God*. Even so, he lived in too artistic a milieu; his so highly praised form is shoddy. Ventures into the unknown cry out for new forms.

ÉMILE VERHAEREN

(1855–1916)

Avec ses suçoirs noirs et ses rouges haleines,
Hallucinant et attirant les gens des plaines,
C'est la ville que le jour plombe et la nuit éclaire,
La ville en plâtre, en stuc, en bois, en marbre, en fer, en or,
    Tentaculaire!

Les Campagnes hallucinées, Le Départ

Rien n'est plus beau, malgré l'angoisse et le tourment,
Que la bataille avec l'énigme et les ténèbres.

Les Forces tumultueuses, Les Cultes

EDMOND HARAUCOURT

(1856–1941)

Partir, c'est mourir un peu;
C'est mourir à ce qu'on aime.
On laisse un peu de soi-même
En toute heure et dans tout lieu.

Choix de poésies (1891). Rondel de l'Adieu

REMY DE GOURMONT

(1858–1915)

La beauté est une logique qui est perçue comme un plaisir.

Culture des idées

Quand on réussit à opposer au géant Ennui l'armée des nains
Plaisirs, le géant étouffe les nains en quelques gestes et reprend
sa pose lassée. *Promenades philosophiques, III*

Verhaeren, poet and dramatist, was the leading Belgian Symbolist.

This thing with sucking black mouths and scarlet breath,
Hallucinating, luring the people of the plains,
Is the city, leaden by day and lit up by night,
The city in plaster, stucco, wood, marble, iron, gold—
        The Tentacular city!

There is nothing nobler, despite the anguish and the torment,
Than to battle against mystery and darkness.

Haraucourt, poet and dramatist.

To leave is to die a little,
To die to what we love.
We leave behind a bit of ourselves
Wherever we have been.

Gourmont, Symbolist poet, novelist, critic.

Beauty is a logic that we perceive as a pleasure.

When we succeed in setting against the giant called Boredom the army of dwarfs called Pleasures, the giant strangles the dwarfs with almost no effort, and resumes his blasé pose.

L'homme est un animal arrivé, voilà tout.

Promenades philosophiques

Un imbécile ne s'ennuie jamais; il se contemple. *Id.*

Les malades sont toujours optimistes. Peut-être que l'optimisme lui-même est une maladie. *Id.*

La pensée fait mal aux reins. On ne peut à la fois porter des fardeaux et des idées. *Id.*

La pudeur sexuelle est un progrès sur l'exhibitionnisme des singes. *Id.*

Le citoyen est une variété de l'homme; variété dégénérée ou primitive, il est à l'homme ce que le chat de gouttière est au chat sauvage. *Epilogues. Paradoxes sur le citoyen*

Il est à peu près évident que ceux qui soutiennent la peine de mort ont plus d'affinités avec les assassins que ceux qui la combattent. *Pensées inédites*

ALFRED CAPUS

(1858–1922)

Les imbéciles ont toujours été exploités et c'est justice. Le jour où ils cesseraient de l'être, ils triompheraient, et le monde serait perdu. *Mariage bourgeois, IV, 6*

Les meilleurs souvenirs sont ceux que l'on a oubliés.
Notes et pensées (in *L'Esprit d'A.C.*, 1926)

Combien de gens ne se brouillent que parce qu'ils ont des amis communs? *Id.*

Aujourd'hui ceux qui ont de la noblesse d'âme sont sans énergie et ceux qui ont de la volonté sont sans scrupules. *Id.*

Man is merely a *successful* animal.

A blockhead is never bored: he always has himself to think about.

Sick people are invariably optimistic. Optimism itself may be a sickness.

Thinking is hard work. You can't simultaneously carry burdens and have ideas.

Sexual modesty marks some advance over the exhibitionism of monkeys.

The citizen is one variety of mankind. Whether a primitive or a degenerate variety, he is in human terms what the alley cat is to the wild cat.

It is well-nigh obvious that those who are in favor of the death penalty have more affinities with murderers than those who oppose it.

Capus, journalist, author of successful comedies.

Fools have always been exploited, and that's as it should be. The day they ceased being exploited, they would triumph, and the world would be wrecked.

The best memories are those we have forgotten.

How many people quarrel simply because they have mutual friends!

Today those who have noble aspirations lack all energy, and those who go after what they want lack all scruples.

On ne doit se résigner qu'au bonheur. *Id.*

Ce n'est pas la peine de te répéter chaque jour que tu es mortel: tu le verras bien. *Id.*

Epouser une femme qu'on aime et qui vous aime, c'est parier avec elle à qui cessera le premier d'aimer. *Id.*

On peut obtenir la justice pour les autres, jamais pour soi. *Id.*

On aimerait à savoir si c'est la littérature qui corrompt les mœurs ou les mœurs au contraire qui corrompent la littérature. *Id.*

Il y a des femmes qui n'aiment pas faire souffrir plusieurs hommes à la fois et qui préfèrent s'appliquer à un seul: ce sont les femmes fidèles. *Id.*

HENRI BERGSON

(1859–1941)

Celles-là seules de nos idées qui nous appartiennent le moins sont adéquatement exprimables par le mot.
Essai sur les données immédiates de la conscience (1889)

Nous sommes libres quand nos actes émanent de notre personnalité entière, quand ils l'expriment, quand ils ont avec elle cette indéfinissable ressemblance qu'on trouve parfois entre l'œuvre et l'artiste. *Id.*

Ce qu'on appelle ordinairement un *fait*, ce n'est pas la réalité telle qu'elle apparaîtrait à une intuition immédiate, mais une adaptation du réel aux intérêts de la pratique et aux exigences de la vie sociale. *Matière et Mémoire (1896)*

Explorer l'inconscient, travailler dans le sous-sol de l'esprit avec des méthodes spécialement appropriées, telle sera la tâche principale du siècle qui s'ouvre. *Le Rêve (1901)*

Happiness is the only thing one should ever be resigned to.

It's no use reminding yourself daily that you are mortal: it will be brought home to you soon enough.

To marry a woman you love and who loves you is to lay a bet with her as to which of you will fall out of love first.

It is possible to get justice done to others, never to oneself.

It would be nice to know whether it is literature that is corrupting morality or whether it is morality that is corrupting literature.

There are women who do not like to cause suffering to many men at a time, and who prefer to concentrate on one man: these are the faithful women.

Bergson, philosopher whose theories of time and intuition considerably influenced writers and artists; Nobel Prize for literature, 1927.

Only those ideas that are least truly ours can be adequately expressed in words.

We are free when our actions emanate from our total personality, when they express it, when they resemble it in the indefinable way a work of art sometimes seems to us to resemble its maker.

What is commonly called "a fact" is not reality as it would appear to direct intuition, but an adaptation of reality to practical interests and to demands of life in society.

The major task of the twentieth century will be to explore the unconscious, to investigate the subsoil of the mind by specially devised methods.

Originellement, nous ne pensons que pour agir. C'est dans le moule de l'action que notre intelligence a été coulée. La spéculation est un luxe, tandis que l'action est une nécessité.

L'Évolution créatrice (1707)

L'intelligence est caractérisée par une incompréhension naturelle de la vie.   *Id.*

La création continue d'imprévisibles nouveautés . . . semble se poursuivre dans l'univers. Pour ma part, je crois l'expérimenter à chaque instant.   *Le Possible et le Réel (1930)*

L'univers . . . est une machine à faire des dieux. . . .

Les deux sources de la morale et de la religion (1932)

Les termes qui désignent le temps sont empruntés à la langue de l'espace. Quand nous évoquons le temps, c'est l'espace qui répond à l'appel.   *La Pensée et le Mouvant (1935)*

JULES LAFORGUE

(1860–1887)

Automne, automne, adieux de l'Adieu,

.   .   .

Est-il de vrais yeux?
Nulle ne songe à m'aimer un peu.

*Les Complaintes (1883), Complainte
de l'automne monotone*

Jupes de quinze ans, aurores de femmes,
Qui veut, enfin, du palais de mon âme?
Id., Complainte du pauvre Chevalier-Errant

Ah! que la vie est quotidienne . . .
Et du plus vrai qu'on se souvienne
Comme on fut piètre et sans génie.

Id., Complainte sur certains ennuis

At its origins, thinking served only action. It is in the mold of action that our intelligence was cast. Speculation is a luxury, whereas action is a necessity.

Intelligence is characterized by a natural inability to understand life.

A process of continuous creation of the new and unforeseeable seems to be taking place in the universe. For my part, I think I experience it at every moment.

The universe is a machine for making gods.

The terms denoting time are borrowed from the language of space. When we summon time, it is space that answers.

Jules Laforgue, born in Montevideo, was a Symbolist poet, one of the first to use *vers libre;* influenced T. S. Eliot.

Autumn, autumn, good-bys of the Good-by,

.   .   .

Are there eyes that tell the truth?
No woman thinks of loving me a little.

Fifteen-year-old nymphs, dawn of womanhood,
Who will at last enter the palace of my soul?

Ah, Life is so banal!
Deep down we know
How paltry we were, how devoid of genius.

GEORGES COURTELINE

(1860–1929)

Un des plus clairs effets de la présence d'un enfant dans le ménage est de rendre complètement idiots de braves parents qui,
sans lui, n'eussent peut-être été que de simples imbéciles.

La Philosophie de Georges Courteline

Peut-être est-on fondé à reprocher au bon Dieu d'avoir fait les
hommes mauvais mais il faut le louer sans réserve d'avoir placé
en contrepoids à leur méchanceté probable leur extraordinaire
bêtise qui, elle, ne fait aucun doute.   *Id.*

Qu'est l'orgueil d'un Leverrier, voyant apparaître au jour dit et
à la place désignée, en l'immensité des espaces, l'astre annoncé
depuis vingt ans, comparé à la gloire d'une brute qui a trouvé
plus bête qu'elle?   *Id.*

Il est évidemment bien dur de ne plus être aimé quand on aime,
mais cela n'est pas comparable à l'être encore quand on n'aime
plus.   *Id.*

Passer pour un idiot aux yeux d'un imbécile est une volupté de
fin gourmet.   *Id.*

Il vaut mieux gâcher sa jeunesse que de n'en faire rien du tout.

Id.

MAURICE MAETERLINCK

(1862–1949)

Si j'étais Dieu, j'aurais pitié du cœur des hommes.

Pelléas et Mélisande

On se trompe toujours lorsqu'on ne ferme pas les yeux pour pardonner ou pour mieux regarder en soi-même.   *Id.*

Courteline, humorist, satirist, author of short stories, sketches, comedies.

One of the most unmistakable effects of a child's presence in the household is that the worthy parents turn into complete idiots. Without the child, they might have been mere imbeciles.

We may be justified in criticizing God for having made men wicked, but we should praise Him unreservedly for having counterbalanced their presumable wickedness by extraordinary stupidity. Nothing "presumable" about that.

The pride of a Leverrier at the appearance, in the immensity of space, on the right day and at the right place, of the star he foretold twenty years earlier is as nothing compared to the elation of a brute who has just found someone stupider than himself.

It is of course quite painful to be loved no longer when one is still in love, but that is incomparably less painful than being loved still when one has fallen out of love.

To be taken for an idiot by an imbecile is as exquisite a delight as any the most refined gourmet knows.

It is better to waste one's youth than to do nothing with it at all.

Maeterlinck, Belgian Symbolist poet, essayist, dramatist, Nobel Prize, 1911.

If I were God, I should be merciful to the human heart.

It is always a mistake not to close our eyes, whether to forgive or to look more closely into ourselves.

Seigneur, j'ai fait ce que j'ai pu! Est-ce ma faute si vous n'avez
pas parlé plus clairement? Je n'ai cherché qu'à comprendre.

L'autre monde

MAURICE BARRÈS

(1862–1923)

Amusons-nous aux moyens sans souci du but. Faisons des rêves
chaque matin, et avec une extrême énergie, mais sachons qu'ils
n'aboutiront pas. Soyons ardents et sceptiques.

Un Homme libre, Préface

Mon indulgence, faite de compréhension, doit s'étendre jusqu'à
ma propre faiblesse. *Id.*

Le réaliste trie les réalités, choisit l'immonde et dit: "Les abeilles,
les lys, les soleils ont des taches." *Mes Cahiers, XII*

L'homme politique est un équilibriste. Il s'équilibre en disant le
contraire de ce qu'il fait. *Id.*

JULES RENARD

(1864–1910)

La clarté est la politesse de l'homme de lettres. *Journal*

Pour arriver, il faut mettre de l'eau dans son vin, jusqu'à ce qu'il
n'y ait plus de vin. *Id.*

On est si heureux de donner un conseil à un autre qu'il peut
arriver, après tout, qu'on le lui donne dans son intérêt. *Id.*

La vie est courte, mais l'ennui l'allonge. Aucune vie n'est assez
courte pour que l'ennui n'y trouve pas sa place. *Id.*

Lord, I did what I could! Is it my fault Thou didst not speak more clearly? I tried my best to understand.

Barrès, novelist, essayist, politician; began as an individualist aesthete exalting the *"culte du moi,"* later developed into an extreme nationalist.

Let us enjoy the means without worrying about the end. Let us dream daily, and with extreme energy, but always keeping in mind that our dreams will come to nothing. Let us be ardent and skeptical.

My indulgence, based on understanding, must extend to my own weakness.

The realist sorts out realities, selects the filth, and says, "The bees, the lilies, the suns have spots."

The politician is an acrobat. He keeps his balance by saying the opposite of what he does.

Jules Renard, known as the author of *Poil de Carotte;* his *Journal* is a revealing document, replete with his characteristic wry humor.

Clarity is the politeness of the man of letters.

To succeed, you must add water to your wine, until there is no more wine.

We are so happy to give advice that occasionally our advice is even disinterested.

Life is short, but boredom lengthens it. No life is short enough to leave no room for boredom.

Il y a des gens si ennuyeux qu'ils vous font perdre une journée en cinq minutes. *Id.*

Il ne suffit pas d'être heureux: il faut encore que les autres ne le soient pas. *Id.*

L'espérance, c'est sortir par un beau soleil et rentrer sous la pluie. *Id.*

Je sais enfin ce qui distingue l'homme de la bête: ce sont les ennuis d'argent. *Id.*

Dieu nous jette aux yeux de la poudre d'étoiles. Qu'y a-t-il derrière elles? Rien. *Id.*

Il y a des moments où tout réussit: il ne faut pas s'effrayer, ça passe. *Id.*

Je ne suis pas sincère, et je ne le suis pas, même au moment où je dis que je ne le suis pas. *Id.*

On ne comprend pas plus la vie à quarante ans qu'à vingt, mais on le sait et on l'avoue. *Id.*

Dieu. "Aux petits oiseaux il donne la pâture," et il les laisse, ensuite, l'hiver, crever de faim. *Id.*

ROMAIN ROLLAND

(1866–1944)

Je hais l'idéalisme couard, qui détourne les yeux des misères de la vie et des faiblesses de l'âme. Il faut le dire à un peuple sensible aux illusions décevantes des paroles sonores: le mensonge héroïque est une lâcheté. Il n'y a qu'un héroïsme au monde: c'est de voir le monde tel qu'il est, et de l'aimer.

Vie de Michel-Ange

Some people are so boring that they make you waste an entire day in five minutes.

It is not enough to be happy; it is necessary, in addition, that others not be.

What hope is: the weather is fine when you start out, but it rains on the way back.

I know at last what distinguishes man from animals: financial worries.

God throws star dust in our eyes. What is behind the stars? Nothing.

There are moments when everything goes as you wish; don't be frightened, it won't last.

I am not sincere, even when I am saying that I am not sincere.

We don't understand life any better at forty than at twenty, but we know it and admit it.

God. "The heavenly Father feedeth the fowls of the air"—and in winter He letteth them starve to death.

Romain Rolland, novelist, playwright, essayist; Nobel Prize for literature in 1916; his best-known work is his novel in many volumes, *Jean-Christophe;* prominent pacifist.

I hate the cowardly kind of idealism, the kind that turns its eyes away from life's miseries and the weakness of the spirit. This must be said to a nation prone to fall for the deceptive illusions of sonorous words: the heroic lie is an act of cowardice. There is only one kind of heroism in the world: this is to see the world as it is, and to love it.

On ne vit pas pour être heureux. . . . Souffre. Meurs. Mais sois ce que tu dois être: un Homme. *Jean-Christophe*

Par toute son éducation, par tout ce qu'il voit et entend autour de lui, l'enfant absorbe une telle somme de mensonges et de sottises, mélangées à des vérités essentielles, que le premier devoir de l'adolescent qui veut être un homme sain est de tout dégorger. *Id.*

Un héros c'est celui qui fait ce qu'il peut. Les autres ne le font pas. *Id.*

Tout homme qui est un vrai homme doit apprendre à rester seul au milieu de tous, à penser seul pour tous— et au besoin contre tous. *Clérambault*

TRISTAN BERNARD
(1866–1947)

Les hommes sont toujours sincères. Ils changent de sincérité, voilà tout. *Ce que l'on dit aux femmes*

Quand on n'est pas assez fortuné pour se payer le bonheur, il ne faut pas s'en approcher trop et le regarder. . . . Non, non, ne regardons pas les étalages. *Le Danseur inconnu*

A certains maris il ne suffit pas de n'être pas trompés par leur femme. Ils veulent avoir toute la gloire de ne pas l'être et courir tous les risques possibles. *Mémoires d'un jeune homme rangé (1899)*

We do not live to be happy. . . . Suffer. Die. But be what you should be: a Man.

As a result of all his education, of all he sees and hears around him, the child absorbs such an amount of lies and stupidities, mingled with essential truths, that the first duty of the adolescent who wants to be a healthy man is to disgorge everything.

A hero is one who does what he can. The others don't.

Every man who is truly a man must learn to be alone in the midst of all others, and if need be against all others.

Tristan Bernard, noted raconteur, humorist, author of successful comedies, and a novel, *Mémoires d'un jeune homme rangé*.

People are always sincere. They change sincerities, that's all.

When you are not rich enough to buy happiness, you must not come too close to watch it. . . . No, don't indulge in window-shopping.

Not to be betrayed by his wife is not enough for a certain type of husband. He takes pride in her fidelity and at the same time exposes her to every possible temptation.

MARCEL SCHWOB

(1867–1905)

Toute pensée qui dure est contradiction. Tout amour qui dure est haine. Toute sincérité qui dure est mensonge. Toute justice qui dure est injustice. Tout bonheur qui dure est malheur.

Le Livre de Monelle (1894)

PAUL-JEAN TOULET

(1867–1920)

On a dit de la beauté que c'était une promesse de bonheur. On n'a pas dit qu'elle fût tenue. *Les Trois Impostures*

D'aimer son mari, c'est un fournisseur que l'on paie. Mais son amant, c'est comme donner aux pauvres. *Id.*

La fièvre, à ce que l'on dit, nous délivre des puces, et l'infortune de nos amis. *Id.*

Passe que l'amour porte des épines: il est une fleur. Mais quoi? l'amitié? Ce n'est qu'un légume. *Id.*

L'amour est comme ces hôtels meublés dont tout le luxe est au vestibule. *Le Carnet de Monsieur du Paur, homme public*

L'exactitude de la femme désirée n'est pas un plaisir proportionné aux souffrances que cause son retard. *Id.*

Schwob, Symbolist essayist and critic.

Every thought that endures is contradictory. Every love that endures is hatred. Every sincerity that endures is a lie. Every justice that endures is injustice. Every happiness that endures is unhappiness.

P.-J. Toulet, poet (author of *Contrerimes*) and novelist.

It was said of beauty that it is a promise of happiness. It was not said that the promise is kept.

A woman who loves her husband is merely paying her bills. A woman who loves her lover gives alms to the poor.

Fever, it is said, frees us from fleas; misfortune frees us from our friends.

Love has its thorns: all right, it is a flower. But friendship? Friendship is a vegetable.

Love is like those second-rate hotels where all the luxury is in the lobby.

Punctuality on the part of a woman we desire is not a pleasure commensurable with the pain she causes us when she is late.

EDMOND ROSTAND

(1868–1918)

O Soleil! toi sans qui les choses
Ne seraient que ce qu'elles sont.

Chantecler, I, 2 (Ode au Soleil)

Et si de tous les chants mon chant est le plus fier,
C'est que je chante clair afin qu'il fasse clair!   *Id., II, 3*

C'est la nuit qu'il est beau de croire à la lumière.   *Ibid.*

ANDRÉ SUARÈS

(1868–1948)

L'hérésie est la vie de la religion. C'est la foi qui fait les héré-
tiques. Dans une religion morte, il n'y a plus d'hérésies.   *Péguy*

Comme on fait la guerre avec le sang des autres, on fait fortune
avec l'argent d'autrui.   *Voici l'homme*

La morale est l'hygiène des niais, et désormais, l'hygiène est la
morale de toutes les turpitudes.   *Id.*

L'art du clown va bien au-delà de ce qu'on pense. Il n'est ni
tragique ni comique. Il est le miroir comique de la tragédie et
le miroir tragique de la comédie.   *Remarques, Essai sur le clown*

Rostand, poet and dramatist.

O Sun, thou but for whom things
Would be no more than what they are.

And if my song is of all songs the proudest,
Why, I sing so piercingly that there may be light!

It is at night that faith in light is sublime.

André Suarès, essayist and critic.

Heresy is the lifeblood of religions. It is faith that begets heretics.
There are no heresies in a dead religion.

Just as war is waged with the blood of others, so fortunes are
made with other people's money.

Morality is the hygiene of the simple minded, and eventually
hygiene becomes the moral justification of every sort of turpitude.

The art of the clown goes well beyond what people generally
suppose. It is neither tragic nor comic. It is a comic mirror of
tragedy and a tragic mirror of comedy.

ALAIN (ÉMILE CHARTIER)

(1868–1951)

Le plus difficile au monde est de dire en y pensant ce que tout le monde dit sans y penser.   *Histoire de mes pensées*

Une idée que j'ai, il faut que je la nie; c'est une manière de l'essayer. . . . Je suis bien sûr qu'à secouer ainsi l'arbre de la connaissance, les bons fruits seront sauvés, et les mauvais jetés à l'inutile.   *Id.*

Penser, c'est dire non.   *Le citoyen contre les pouvoirs.*

L'âme, c'est ce qui refuse le corps. Par exemple ce qui refuse de fuir quand le corps tremble, ce qui refuse de frapper quand le corps s'irrite, ce qui refuse de boire quand le corps a soif.   *Définitions*

On prouve tout ce qu'on veut, et la vraie difficulté est de savoir ce qu'on veut prouver.   *Système des beaux-arts*

Le mauvais goût n'est peut-être que la passion d'orner pour orner.   *Id.*

Le doute n'est pas au-dessous du savoir mais au-dessus.   *Libres-propos*

Rien de plus dangereux qu'une idée, quand on n'a qu'une idée.   *Id.*

PAUL CLAUDEL

(1868–1955)

Ma vie à moi, cette chose qu'aucune femme n'épouse, qu'aucune mère ne berce, qu'aucun contrat n'engage . . .   *Tête d'or (1890)*

Alain, teacher of philosophy, author of numerous essays and aphorisms on philosophy, the arts, etc.

The hardest thing in the world is to say, thinking it, what everybody says without thinking.

When I have an idea, I feel the need to deny it: it is one way of testing it. . . . I am persuaded that if the tree of knowledge were shaken in this way, the good fruit would be saved, the bad fruit discarded.

To think is to say No.

The soul is that which refuses to comply with the body. For instance, that which refuses to run away when the body shivers in dread, that which refuses to strike when the body is angry, that which refuses to drink when the body is thirsty.

We prove what we want to prove; the real difficulty lies in knowing what we want to prove.

Bad taste may be merely a passion to decorate for the sake of decorating.

Doubt is not a stage below knowledge, but a stage above it.

Nothing is more dangerous than an idea, when that is the only idea we have.

Claudel, poet, essayist, best known for his lyrical dramas.

My own life, that thing which no woman marries, no mother cradles, no contract commits.

Tu n'expliques rien, ô poète, mais toutes choses par toi deviennent explicables. *La Ville*

Ouvrez les yeux! Le monde est encore intact; il est vierge comme au premier jour, frais comme le lait! *Art poétique (1907)*

Toute créature est, par cela même que créée, créatrice. *Id.*

O mon âme! le poème n'est point fait de ces lettres que je plante comme des clous, mais du blanc qui reste sur le papier.
Cinq Grandes Odes (1910). Les Muses

D'un bout de votre création jusqu'à l'autre,
Il ne cesse point continuité, non plus que de l'âme au corps.
Ibid.

Les mots que j'emploie,
Ce sont les mots de tous les jours, et ce ne sont point les mêmes!
Vous ne trouverez point de rimes dans mes vers ni aucun sortilège. Ce sont vos phrases mêmes. . . .
Id., La muse qui est la grâce

Notre résurrection n'est pas tout entière dans le futur, elle est aussi en nous, elle commence, elle a déjà commencé.
Correspondance avec André Gide (1899–1926)

Quand l'homme essaie d'imaginer le Paradis sur terre, ça fait tout de suite un Enfer très convenable.
Conversations dans le Loir-et-Cher (1929)

Le temps, tout le consume et l'amour seul l'emploie.
L'Oiseau noir dans le soleil levant

You explain nothing, O poet, but thanks to you all things become explicable.

Open your eyes! The world is still intact; it is as pristine as it was on the first day, as fresh as milk!

Every creature, by the very fact of having been created, is creative.

O my soul! the poem is not made up of these letters I set down as though driving nails, but of the blank space that is left on the paper.

From end to end of Thy creation,
There is no break in continuity, no more than between body and
    soul.

The words I use
Are everyday words, and yet they are not at all the same!
You will not find rhymes in my verse, nor wizardry.
They are your very own expressions. . . .

Our resurrection does not wholly lie in the future; it is also within us, it is starting now, it has already started.

When man tries to imagine Paradise on earth, the immediate result is a very respectable Hell.

Time: all things consume it, love alone makes use of it.

ANDRÉ GIDE

(1869–1951)

Nous avons bâti sur le sable
Des cathédrales impérissables.   *Paludes (1895)*

Que mon livre t'enseigne à t'intéresser plus à toi qu'à lui-même
—puis à tout le reste plus qu'à toi.
                          Les Nourritures terrestres (1897)

Familles! je vous hais! Foyers clos; portes refermées; possessions
jalouses du bonheur.   *Id.*

Le péché, c'est ce qui obscurcit l'âme.
                              La Symphonie pastorale (1919)

Les actions les plus décisives de notre vie . . . sont le plus souvent des actions inconsidérées.   *Les Faux Monnayeurs (1925)*

Il est bon de suivre sa pente, pourvu que ce soit en montant.   *Id.*

Mon bonheur est d'augmenter celui des autres. J'ai besoin du
bonheur de tous pour être heureux.
                          Les Nouvelles Nourritures (1935)

Connais-toi toi-même. Maxime aussi pernicieuse que laide. Quiconque s'observe arrête son développement. La chenille qui cher-
cherait à se bien connaître ne deviendrait jamais papillon.   *Id.*

L'art commence à la résistance; à la résistance vaincue. Aucun
chef-d'œuvre humain, qui ne soit laborieusement obtenu.
                                                  Poétique

Pour paraître affecté, il n'est qu'à chercher à être sincère.
                                Journal, 27 juillet 1922

Le bonheur de l'homme n'est pas dans la liberté, mais dans l'ac-
ceptation d'un devoir.   *Id., 8 février 1932*

C'est avec de beaux sentiments qu'on fait de la mauvaise littérature.   *Lettre à François Mauriac, 1928*

Gide, novelist, critic, dramatist; Nobel Prize for literature, 1947.

We have built imperishable
Cathedrals on sand.

May my book teach you to be concerned more with yourself than with it—and then with everything more than with yourself.

Families, I hate you! Shut-in lives, closed doors, jealous protectors of happiness.

Sin is whatever obscures the soul.

The most crucial actions of our life . . . are most often unconsidered ones.

It is good to follow one's own bent, so long as it leads upward.

My happiness lies in increasing the happiness of others. I need the happiness of all to be happy myself.

Know thyself. A maxim as pernicious as it is ugly. Whoever studies himself arrests his own development. A caterpillar that set out really "to know itself" would never become a butterfly.

Art begins with resistance—at the point where resistance is overcome. There is no masterpiece by man that has not been achieved laboriously.

To seem affected, all you have to do is try to be sincere.

Man's happiness does not lie in freedom, but in the acceptance of a duty.

It is with noble sentiments that bad literature gets written.

MARCEL PROUST

(1871–1922)

La réalité ne se forme que dans la mémoire, les fleurs qu'on me montre aujourd'hui pour la première fois ne me semblent pas de vraies fleurs. *Du Côté de chez Swann, I, 2*

Non seulement on ne retient pas tout de suite les œuvres vraiment rares, mais même au sein de chacune des ces œuvres-là ce sont les parties les moins précieuses qu'on perçoit d'abord. Moins décevants que la vie, ces grands chef-d'œuvres ne commencent pas par nous donner que ce qu'elles ont de meilleur.
A l'ombre des jeunes filles en fleur, I

Nous sommes tous obligés pour rendre la réalité supportable d'entretenir en nous quelques petites folies. *Id.*

Toute action de l'esprit est aisée si elle n'est pas soumise au réel.
Sodome et Gomorrhe, II, 1

On a dit que la beauté est une promesse de bonheur. Inversément, la possibilité du plaisir peut être un commencement de beauté. *La Prisonnière*

L'adultère introduit l'esprit dans la lettre que bien souvent le mariage eût laissée morte. *Id.*

Le plagiat humain auquel il est le plus difficile d'échapper, c'est le plagiat de soi même. *Albertine disparue, I*

La reconnaissance en soi-même, par le lecteur, de ce que dit ce livre, est la preuve de sa vérité. *Le Temps retrouvé, II*

Le temps qui change les êtres ne modifie pas l'image que nous avons gardée d'eux. *Id.*

Il vaut mieux rêver sa vie que la vivre, encore que la vivre ce soit encore la rêver. *Les Plaisirs et les Jours*

Proust is recognized as one of the greatest novelists of our century.

Reality takes shape only in memory: the flowers I am shown today for the first time do not seem true flowers to me.

Not only do we not take in the truly rare works all at once, but even within each such work it is the least valuable parts that we perceive first. Less deceptive than life, the great masterpieces do not give us their best at first meeting.

All of us must indulge in a few small follies if we are to make reality bearable.

Every mental operation is easy so long as it is not controlled by reality.

It has been said that beauty is a promise of happiness. Conversely, the possibility of pleasure can be a beginning of beauty.

Adultery introduces spirit into what might otherwise have been the dead letter of marriage.

The human plagiarism hardest to avoid is self-plagiarism.

The reader's recognition within himself of what is said in this book is proof of its truth.

Though time changes people, it does not alter the image we have kept of them.

It is better to dream one's life than to live it, even though to live it is also to dream it.

PAUL VALÉRY

(1871–1945)

Génie! ô longue impatience . . .

Charmes (1922), Ébauche d'un serpent

La mer, la mer toujours recommencée!   *Id., le cimetière marin*

O récompense après une pensée
Qu'un long regard sur le calme des dieux!   *Ibid.*

Le temps scintille et le songe est savoir.   *Ibid.*

. . . rendre la lumière
Suppose d'ombre une morne moitié.   *Ibid.*

Patience, patience,
Patience dans l'azur!
Chaque atome de silence
Est la chance d'un fruit mûr.   *Id., Palme*

La bêtise n'est pas mon fort.   *Monsieur Teste*

Monsieur Teste, d'ailleurs, pense que l'amour consiste à être bête ensemble.   *Id.*

La plupart des hommes ont de la poésie une idée si vague que ce vague même de leur idée est pour eux la définition de la poésie.   *Littérature (1930)*

La poésie n'est que la littérature réduite à l'essentiel de son principe actif. On l'a purgée des idoles de toute espèce et des illusions réalistes; de l'équivoque possible entre le langage de la "vérité" et le langage de la "création".   *Ibid.*

Nous autres, civilisations, nous savons maintenant que nous sommes mortelles.   *Variété I. La Crise de l'esprit*

Paul Valéry, poet, essayist, aphorist. "Valéry's conversation puts me into a frightful dilemma: either I must find ridiculous what he says, or I must find ridiculous what I do" (Gide).

Genius! O long impatience . . .

The sea, the sea that ever starts anew!

O what a reward after a thought
Is a long glance at the calm of the gods!

Time sparkles and the dream is knowledge.

. . . the rendering of light
Entails a gloomy moiety of shadow.

Patience, patience,
Patience in the azure!
Every atom of silence
Is a chance for a ripe fruit.

Stupidity is not my strong suit.

Monsieur Teste, however, thinks that love consists in being stupid together.

Most people have so vague an idea of poetry that their vagueness on this score serves as their definition of poetry.

Poetry is simply literature reduced to the essence of its active principle. It is literature purged of all idols, of all realistic illusions, of every conceivable equivocation between the language of "truth" and the language of "creation."

Speaking for civilizations, we know today that we are mortal.

L'Histoire est la science des choses qui ne se répètent pas.

Variété, IV

Le silence éternel de ces espaces infinis m'effraie (Pascal, *Pensées*, 206). Cette phrase, dont la force de ce qu'elle veut imprimer aux âmes et la magnificence de sa forme ont fait une des paroles les plus fameuses qui aient jamais été articulées, est un *Poème*, et point du tout une *Pensée*. Car *Eternel* et *Infini* sont des symboles de non-pensée. Leur valeur est tout affective. Ils n'agissent que sur une certaine sensibilité. Ils provoquent la sensation particulière de l'impuissance d'imaginer. *Variété*

Je n'aime pas trop les musées. Il y en a beaucoup d'admirables, il n'en est point de délicieux. *Pièces sur l'art (1934)*

Le moi est haïssable . . . mais il s'agit de celui des autres.

Mélanges

Choses rares ou choses belles
Ici savamment assemblées
Instruisent l'œil à regarder
Comme jamais encore vues
Toutes choses qui sont au monde.

Inscription, Musée de L'Homme (1937)

Une femme intelligente est une femme avec laquelle on peut être aussi bête que l'on veut.

Mauvaises pensées et autres (1941)

Qu'est-ce qu'un sot?—Peut-être ce n'est qu'un esprit peu exigeant, qui se contente de peu. Un sot serait-il un sage? *Id.*

Le peintre ne doit pas faire ce qu'il voit, mais ce qui sera vu. *Id.*

Dieu a tout fait de rien. Mais le rien perce. *Id.*

Chaque pensée est une exception à une règle générale qui est de ne pas penser. *Id.*

History is the science of things that do not repeat themselves.

"The eternal silence of those infinite spaces frightens me" (Pascal, *Pensées*, 206). This sentence, so vigorous in its imprint upon our minds and so magnificent in its form that it has become one of the most famous ever uttered, is a *Poem*, not at all a *Thought*. For "eternal" and "infinite" are symbols of non-thought. The value of these terms is entirely emotional. Their appeal is wholly to a certain sensibility. They provoke the specific sensation of incapacity to imagine things.

I don't much care for museums. There are many admirable ones, but no delightful ones.

The self is hateful . . . that is, any except our own.

Things rare, things beautiful
Here artfully assembled
Teach the eye to look upon
As though for the first time
All the things the world contains.

An intelligent woman is a woman with whom we can be as stupid as we like.

What is a fool?—Perhaps simply an undemanding mind, which is satisfied with little. Could it be that a fool is really wise?

The painter should not paint what he sees, but what will be seen.

God made everything out of nothing. But the nothingness shows through.

Every thought is an exception to this general rule: people don't think.

Ut eritis sicut Dei . . .
—Je n'y tiens pas le moins du monde, cher Serpent.
. . . *bonum malumque scientes.*
—J'aimerais mieux savoir autre chose.   *Id.*

Ne dites jamais: *Aime-moi.* Cela ne sert de rien. Toutefois Dieu
le dit.   *Id.*

La femme est ennemie de l'esprit, soit qu'elle donne, soit qu'elle
refuse l'amour. — Ennemie naturelle et nécessaire; et même le
meilleur ennemi de l'esprit. — Le meilleur ennemi est celui qui
fait créer les plus subtils et les plus sages moyens de défense
ou de l'attaque.   *Id.*

Les bons souvenirs sont des bijoux perdus.   *Id.*

Louange de l'hypocrite.
L'hypocrite ne peut pas être aussi entièrement méchant ou
mauvais que le sincère.   *Id.*

Dieu créa l'homme et ne le trouvant pas assez seul, il lui donna
une compagne pour lui faire mieux sentir sa solitude.

Tel quel (1943)

L'objet de la psychologie est de nous donner une idée tout autre
des choses que nous connaissons le mieux.   *Id.*

La politique est l'art d'empêcher les gens de se mêler de ce qui
les regarde.   *Id.*

Le poème—cette hésitation prolongée entre le son et les sens.
                                                                                      Id.

Le martyr: j'aime mieux mourir que . . . réfléchir.   *Id.*

THE TEMPTATION OR ADAM'S ANSWERS

Ye shall be as gods . . .
—Nothing could interest me less, dear Serpent.
. . . knowing good and evil.
—I'd rather know something else.

Never say, "Love me." It is of no use. And yet God says it.

Woman is an enemy of the spirit, whether she gives or withholds love. A natural and necessary enemy, the spirit's best enemy, really. One's best enemy forces you to invent ever subtler, wiser means of attack and defense.

Good memories are lost jewels.

In praise of the hypocrite: The hypocrite cannot be as wholly vicious or unkind as the sincere man.

God created man, and, finding him not sufficiently alone, gave him a female companion to make him feel his solitude more keenly.

The purpose of psychology is to give us an entirely different idea of the things we know best.

Politics is the art of preventing people from busying themselves with what is their own business.

The poem—this protracted hesitation between sound and sense.

The martyr: I'd rather die than . . . reconsider.

ALFRED JARRY

(1873–1907)

Quant à l'action, elle se passe en Pologne, c'est-à-dire nulle part.
Ubu Roi (1896), Introduction

Mère Ubu, tu es bien laide aujourd'hui. Est-ce parce que nous avons du monde? *Id.*

Avec ce système, j'aurai vite fait fortune, alors je tuerai tout le monde et je m'en irai. *Id.*

S'apercevoir que sa mère est vierge.
—*Les 36 situations dramatiques*
trente-septième *situation.*
L'Amour absolu (1899), Ch. III, épigraphe

L'indiscipline aveugle et de tous les instants fait la force principale des hommes libres. *Ubu enchaîné (1900)*

CHARLES PÉGUY

(1873–1914)

C'est embêtant, dit Dieu. Quand il n'y aura plus ces Français,
Il y a des choses que je fais, il n'y aura plus personne pour les
comprendre. *Les Sept contre Paris*

Heureux ceux qui sont morts, car ils sont retournés
Dans la première argile et la première terre.
Heureux ceux qui sont morts dans une juste guerre.
Heureux les épis mûrs et les blés moissonnés.
Les Tapisseries (1914), Eve

Jarry, poet and humorist who tried to live like his own fantastic characters; the hero of his satirical farce, *Ubu Roi*, has become the prototype of the petty tyrant.

As for the action, it is laid in Poland, that is to say, nowhere.

Mother Ubu, you're very ugly today. Is it because you have company?

This way I'll get rich quick, and then I'll kill off everybody and clear out of here.

The thirty-seventh dramatic situation:
To become aware that one's mother is a virgin.
    [*Refers to Georges Polti's* Thirty-Six Dramatic Situations]

Blind indiscipline, always and everywhere, is the main strength of free men.

Péguy, mystical poet and polemical writer; killed in the battle of the Marne.

It's a nuisance, God said. When the Frenchmen are gone,
No one will be left to understand certain things I do.

Happy those who are dead, for they have returned
To the original dust and the primal earth.
Happy those who died in a just war,
Happy the ripe ears of grain and wheat in sheaves.

Voici la nudité, le reste est vêtement . . .
Voici la pauvreté, le reste est ornement.

Présentation de la Beauce

Une capitulation est essentiellement une opération par laquelle
on se met à expliquer au lieu d'agir.

Les Cahiers de la quinzaine, 1905

Quand il s'agit d'histoire ancienne, on ne peut pas faire d'histoire
parce qu'on manque de références. Quand il s'agit d'histoire
moderne, on ne peut pas faire d'histoire, parce qu'on regorge
de références.   *Clio*

Homère est nouveau ce matin, et rien n'est peut-être aussi vieux
que le journal d'aujourd'hui.

Note sur M. Bergson et la philosophie bergsonienne (1914)

Une grande philosophie n'est point une philosophie sans reproche. C'est une philosophie sans peur . . .
Une grande philosophie n'est pas celle qui prononce des jugements définitifs, qui installe une vérité définitive. C'est celle
qui introduit une inquiétude, qui ouvre un ébranlement.   *Id.*

Il y a des idées qui sont toutes faites pendant qu'on les fait, avant
qu'on les fasse.   *Id.*

SIDONIE-GABRIELLE COLETTE

(1873–1954)

Sens qui savent goûter un parfum sur la langue, palper une
couleur et voir, fine comme un cheveu, fine comme une herbe,
la ligne d'un chant imaginaire.   *La Maison de Claudine*

Ces plaisirs qu'on nomme, à la légère, physiques . . .   *Mélanges*

Connaître ce qui lui était caché, c'est la griserie, l'honneur et
la perte de l'homme.   *Id.*

Here is true nakedness, the rest is dressing up . . .
Here is true poverty, the rest is adornment.

Surrender is essentially an operation by means of which we set about explaining instead of acting.

In the case of ancient history, we cannot write history for lack of source materials. In the case of modern history, we cannot write history because we have too great an abundance of source materials.

Homer is new and fresh this morning, while there is nothing, perhaps, as old and tired as today's newspaper.

A great philosophy is not a flawless philosophy, but a fearless philosophy . . . A great philosophy is not one that utters definitive judgments, that lays down some definitive truth. It is one that introduces restlessness, that stirs things up.

There are ideas that are ready-made even while they are just being worked out, even before they have been worked out.

Colette, novelist noted for her sensuous prose and subtle psychological analyses of childhood.

Senses capable of tasting a fragrance on the tongue, of feeling a color at the fingertips, and of seeing, thin as a hair, thin as a blade of grass, the line of an imaginary song.

Those pleasures so lightly called physical . . .

Knowledge of the hidden is man's intoxication, honor, and ruin.

MAX JACOB

(1876–1944)

Le poète cache sous l'expression de la joie le désespoir de n'en
avoir pas trouvé la réalité.   *La Défense de Tartufe*

Il se peut qu'un rêve étrange
Vous ait occupée ce soir,
Vous avez cru voir un ange
Et c'était votre miroir.   *Le laboratoire central*

Terre où pourrit le péché et l'erreur,
terre où la vie dure quelques heures,
te quitter est la seule envie
que me laissent mes terreurs.   *Fond de l'eau. Méditation*

La grande affaire est de vivre, de vivre par l'imagination et la
poitrine, d'inventer, de savoir, de jouer. L'art es un jeu. Tant
pis pour celui qui s'en fait un devoir. *Conseils à un jeune poète*

C'est au moment où l'on triche pour le beau que l'on est artiste.
                    Art poétique

Qui a compris une fois le vrai beau a gâté pour l'avenir toutes
ses joies artistiques.   *Id.*

Ce qu'on appelle une œuvre sincère, est celle qui est douée
d'assez de force pour donner de la réalité à une illusion.   *Id.*

Une personnalité n'est qu'une erreur persistante.   *Id.*

La poésie moderne ou le dessous des cartes.   *Id.*

Max Jacob, poet and novelist, of Jewish origin; became Catholic after seeing the Virgin in a vision; died in a German concentration camp.

The poet's expression of joy conceals his despair at not having found the reality of joy.

A strange dream perhaps
Has haunted you tonight:
You thought you saw an angel,
It was your mirror only.

Earth where sin and error rot,
earth where life endures a short time,
to quit you is the only desire
that terrors leave me.

The important thing is to live, to live by your imagination and your lungs, to invent, to know, to play. Art is a game. So much the worse for those who turn it into a piece of homework.

When you get to the point where you cheat for the sake of beauty, you're an artist.

He who has once grasped true beauty, spoils all his future artistic joys.

What is called a sincere work is one that is endowed with enough strength to give reality to an illusion.

Personality is merely a persistent error.

Modern poetry: the more-than-meets-the-eye.

APOLLINAIRE (GUILLAUME KOSTROWITZKY)

(1880–1918)

A la fin tu es las de ce monde ancien
Bergère ô tour Eiffel le troupeau des ponts bêle ce matin
Tu en as assez de vivre dans l'antiquité grecque et romaine

Alcools (1913), Zone

Vienne la nuit sonne l'heure
Les jours s'en vont je demeure   *Id., Le Pont Mirabeau*

Je connais gens de toutes sortes
Ils n'égalent pas leur destin   *Id., Marizibill*

    Perdre
Mais perdre vraiment
Pour laisser place à la trouvaille
    Perdre
La vie pour trouver la Victoire   *Calligrammes, Toujours*

Nous voulons vous donner de vastes et d'étranges domaines
Où le mystère en fleurs s'offre à qui veut les cueillir
Il y a là des feux nouveaux de couleurs jamais vues
Mille phantasmes impondérables
Auxquels il faut donner de la réalité   *Id., La jolie rousse*

Pitié pour nous qui combattons toujours aux frontières
De l'illimité et de l'avenir   *Ibid.*

Et toi mon cœur pourquoi bats-tu
Comme un guetteur mélancolique
J'observe la nuit et la mort   *Le Guetteur mélancolique*

Apollinaire, poet, author of stories and essays, friend of Picasso, Braque, etc. Inventor of the word "Surrealism." "A gypsy Villon" (Marcel Arland).

In the end you are weary of this world so old
Shepherdess O Eiffel Tower the flock of bridges is bleating this
    morning
You've had enough of living amid Greek and Roman monuments

Night comes the hour sounds
The days go by I endure

I know people of every sort
They don't measure up to their fates

     To lose
But really to lose
To make room for the chance discovery
     To lose
Life so as to find Victory

We want to give you vast and strange domains
Where the flowers of mystery await whoever cares to pluck them
Where there are new fires colors never seen before
A myriad imponderable phantasms
Clamoring to be endowed with reality

Pity us who have always to fight on the frontiers
Of the unlimited of the future

And you my heart why do you pound
Like some melancholy watchman
I am looking into night and death

JEAN GIRAUDOUX

(1882–1944)

Il n'est de parfait en ce bas monde que les calamités. En ce qu'elles détruisent et en ce qu'elles épargnent, elles font toujours une œuvre raffinée et définitive. *Littérature*

Le plagiat est la base de toutes les littératures, excepté de la première, qui d'ailleurs est inconnue. *Siegfried et le Limousin*

La principale difficulté avec les femmes honnêtes n'est pas de les séduire, c'est de les amener dans un endroit clos. Leur vertu est faite de portes entr'ouvertes. *Amphitryon 38*

Les femmes fidèles sont toutes les mêmes, elles ne pensent qu'à leur fidélité, jamais à leur mari. *Id.*

Les gens ont pitié des autres dans la mesure où ils auraient pitié d'eux-mêmes. Le malheur ou la laideur sont des miroirs qu'ils ne supportent pas. *La Guerre de Troie n'aura pas lieu*

GEORGES BERNANOS

(1888–1948)

La bêtise féminine est déjà bien irritante, la bêtise cléricale l'est plus encore que la bêtise féminine dont elle semble parfois le mystérieux surgeon. *Le journal d'un curé de campagne*

L'enfer, Madame, c'est de ne plus aimer. *Ibid.*

Les démocraties ne peuvent pas plus se passer d'être hypocrites que les dictatures d'être cyniques. *Nous autres Français*

Giraudoux, novelist, playwright; chief of French propaganda in 1939–40.

Nothing here below is as perfect as calamities. In what they destroy and in what they spare, they are always the last word in refinement and completeness.

Plagiarism is the basis of all literatures, except the first one, which is, however, unknown.

The main problem with honest women is not how to seduce them, but how to take them to a private place. Their virtue hinges on half-open doors.

Faithful women are all alike, they think only of their fidelity, never of their husbands.

People pity others to the extent that they would pity themselves. Misfortune and ugliness are mirrors they cannot bear.

Bernanos, novelist and polemical writer.

Feminine stupidity is annoying enough, but clerical stupidity is even more annoying than feminine stupidity whose mysterious offshoot it sometimes seems to be.

Hell, Madame, is to love no longer.

Democracies cannot dispense with hypocrisy any more than dictatorships can with cynicism.

Les plus dangereux de nos calculs sont ceux que nous appelons des illusions. *Le Dialogue des Carmélites*

L'optimisme est une fausse espérance à l'usage des lâches et des imbéciles.
L'espérance est une vertu, *virtus*, une détermination héroïque de l'âme.
La plus haute forme de l'espérance, c'est le désespoir surmonté.
La liberté pour quoi faire

LOUIS-FERDINAND CÉLINE (L. F. DESTOUCHES)

(1894–1960)

Celui qui parle de l'avenir est un coquin. C'est l'actuel qui compte. Invoquer sa postérité, c'est faire un discours aux asticots.
Voyage au bout de la nuit (1932)

Engraisser les sillons du laboureur anonyme, c'est le véritable avenir du véritable soldat. Ce monde n'est, je vous l'assure, qu'une immense entreprise à se foutre du monde. *Id.*

Trahir, qu'on dit, c'est vite dit. Faut encore saisir l'occasion. C'est comme d'ouvrir une fenêtre dans une prison. Trahir, tout le monde en a envie, mais c'est rare qu'on puisse. *Id.*

Les Anglais, c'est drôle quand même comme dégaîne, c'est mi-curé, mi-garçonnet. *Mort à crédit (1935)*

Dès que dans l'existence ça va un tout petit peu mieux, on ne pense plus qu'aux saloperies. *Id.*

PAUL ÉLUARD

(1895–1952)

Je fis un feu
L'azur m'ayant abandonné. *Pour vivre ici (1918)*

The most dangerous of our calculations are those we call illusions.

Optimism is a false hope made for fools and cowards. Hope is a virtue, *virtus*, a heroic resolve of the soul. The highest form of hope is despair overcome.

Céline, novelist noted for his free use of colloquial language.

Those who talk about the future are scoundrels. It is the present that matters. To invoke one's posterity is to make a speech to maggots.

The real future of the real soldier is to fertilize the soil of the anonymous tiller. I assure you, this world is nothing but a vast attempt to swindle.

Treason, that's easier said than done. You still have to know how to seize the opportunity. It's like opening a window in a prison. Everybody wants to betray, but you can do it only rarely.

The English are certainly peculiar—half-clergyman, half-little-boy.

The moment things begin to look up a bit in life, one thinks only of obscenities.

Eluard who began as a Surrealist is considered one of the leading modern French poets.

I made a fire
The blue sky having deserted me.

Ta bouche aux lèvres d'or n'est pas en moi pour rire.

Capitale de la douleur (1926)

Je suis né pour te connaître
Pour te nommer
Liberté.

Poésie et vérité (1942), Liberté

Le poète est celui qui inspire bien plus que celui qui est inspiré.

L'Évidence poétique (1936)

RAYMOND RADIGUET

(1903–1923)

La saveur du premier baiser m'avait déçu comme un fruit que l'on goûte pour la première fois. Ce n'est pas dans la nouveauté, c'est dans l'habitude que nous trouvons les plus grands plaisirs.

Le Diable au corps (1923)

C'est lorsqu'un mal entre en nous que nous nous croyons en danger. Dès qu'il sera installé, nous pourrons faire bon ménage avec lui, voire même ne pas soupçonner sa présence.

Le Bal du comte d'Orgel (1924)

Les manoeuvres inconscientes d'une âme pure sont encore plus singulières que les combinaisons du vice.   *Id.*

SIMONE WEIL

(1909–1943)

Dieu ne peut être présent dans la création que sous forme de l'absence.   *La Pesanteur et la Grâce (1947)*

L'attachement est fabricateur d'illusions, et quiconque veut le réel doit être détaché.   *Id.*

Your golden-lipped mouth is not in mine to laugh.

I was born to know you
To give you your name
Freedom.

The poet is much more the inspirer than the one who is inspired.

Radiguet died at the age of twenty having written two out-
standing novels.

The taste of the first kiss disappointed me like a fruit tasted for
the first time. It is not in novelty, it is in habit that we find the
greatest pleasures.

It is only at our first contact with evil that we feel threatened.
Once it has made itself at home within us, we are able to get along
with it, indeed, we may not suspect its presence.

The unconscious maneuvers of a naïve soul are even more aston-
ishing than the complicated schemes of vice.

Simone Weil wrote essays on religion and philosophy.

God can be present in creation only in the form of absence.

Attachment is the great fabricator of illusions; reality can be attained only by someone who is detached.

La chair est dangereuse pour autant qu'elle se refuse à aimer Dieu, mais aussi pour autant qu'elle se mêle indiscrètement de l'aimer. *Id.*

La pureté est le pouvoir de contempler la souillure. *Id.*

Seul l'être humain a une destinée éternelle. Les collectivités humaines n'en ont pas. Aussi n'y a-t-il pas à leur égard d'obligations directes qui soient éternelles. Seul est éternel le devoir envers l'être humain comme tel. *L'Enracinement (1949)*

La culture est un instrument manié par les professeurs pour fabriquer des professeurs qui, à leur tour, fabriqueront des professeurs. *Id.*

ALBERT CAMUS

(1913–1960)

Je veux que tout me soit expliqué ou rien. Et la raison est impuissante devant ce cri du cœur. . . . L'absurde naît de cette confrontation entre l'appel humain et le silence déraisonnable du monde. *Le Mythe de Sisyphe (1942)*

L'absurde est la notion essentielle et la première vérité. *Id.*

Peut-on être un saint sans Dieu: c'est le seul problème concret que je connaisse aujourd'hui. *La Peste (1947)*

La vérité, comme la lumière, aveugle. Le mensonge, au contraire, est un beau crépuscule qui met chaque objet en valeur. *La Chute (1956)*

The flesh is dangerous to the extent that it refuses to love God, but also to the extent that it involves itself indiscreetly in the love of Him.

Purity is the ability to contemplate defilement.

Only the individual human being has an eternal destiny. Human collectivities do not have one. Nor are our direct obligations to them eternal. Only our duty to the human being as such is eternal.

Culture is an implement professors wield to turn out more professors, who will then turn out more professors.

Camus, born in Algeria, wrote novels, essays, and plays. Nobel Prize, 1957.

I want everything to be explained to me or nothing. And reason is helpless before this cry from the heart. . . . The absurd springs from this confrontation between the human call and the world's unreasonable silence.

The absurd is the essential concept and the first truth.

Is it possible to be a saint when there is no God? This is the only concrete problem I know today.

Truth, like light, is dazzling. By contrast, untruth is a beautiful sunset that enhances everything.

INDEX OF AUTHORS

Giraudoux, Jean, 392–93.

Gombauld, Jean Ogier de, 64–65.

Goncourt, Edmond et Jules de, 320–23.

Gourmont, Remy de, 350–53.

Gresset, Jean-Baptiste Louis, 190–91.

Guillaume d'Aquitaine, 2–3.

Guillaume de Lorris, 8–11.

Guizot, François, 266–69.

Haraucourt, Edmond, 350–51.

Hélinand de Froidmont, 6–7.

Helvétius, Claude-Adrien, 204–7.

Henri IV, 60–63.

Hérédia, José-Maria de, 334–35.

Holbach, Paul Thiry, Baron d', 208–11.

Houdar de la Motte, Antoine, 164–65.

Hugo, Victor, 181, 282–89.

Jacob, Max, 388–89.

Jarry, Alfred, 384–85.

Jean de Meung, 14–15.

Jeanne d'Arc, 18–19.

Jodelle, Étienne, 42–45.

Joinville, Jean, Sire de, 12–13.

Joubert, Joseph, 236–37.

Karr, Alphonse, 300–1.

Labé, Louise, 40–41.

La Bruyère, Jean, 148–57.

La Farce de Mestre Pathelin, 22–23.

La Fayette, Mme de, 132–33.

La Fontaine, Jean de, 100–7.

Laforgue, Jules, 356–57.

La Harpe, Jean-François de, 220–21.

Lamartine, Alphonse de, 268–69.

Lamennais, Félicité-Robert de, 260–61.

La Mettrie, Julien Offray de, 192–93.

La Meurthe, Antoine Boulay de, 244–45.

La Rochefoucauld, François, Duc de, 88–95.

Lautréamont (Isidore Ducasse), 342–43.

Leconte de Lisle, Charles, 308–9.

Legouvé, Gabriel, 246–47.

Lemierre, Antoine-Marin, 210–11.

Lenclos, Ninon de, 98–101.

Lesage, Alain-René, 162–63.

Lespinasse, Julie de, 212–15.

Lettres Portugaises, 138–39.

Levis, Gaston-Pierre-Marc, Duc de, 246–47.

The Life of St. Alexis, 2–3.

Littré, Émile, 282–83.

Louis XIV, 140–41.

Louis XVIII, 242–43.

Maeterlinck, Maurice, 358–61.

Malebranche, Nicolas, 140–43.

Malherbe, François de, 62–63.

Mallarmé, Stéphane, 332–35.

Marguerite de Navarre, 24–25.

Marie de France, 8–9.

Marivaux, Pierre Carlet de Chamblain de, 170–73.

Marmontel, Jean-François, 212–13.

Marot, Clément, 26–27.

Massillon, Jean-Baptiste, 162–63.

Maupassant, Guy de, 344–45.

Maynard, François, 66–69.

INDEX OF FIRST LINES, FRENCH

Nommer un objet, c'est supprimer les trois-quarts de la jouissance du poème, 334

Non, j'ai trop souffert dans cette vie, 196

Non seulement on ne retient pas tout de suite les œuvres, 376

Nos prêtres ne sont pas, 182

Nos vertus ne sont le plus souvent, 88

Notre résurrection n'est pas tout entière dans le futur, 372

Notre vie est du vent tissu, 236

Nourri dans le sérail, 144

Nous aimons toujours ceux, 92

Nous aurions souvent honte, 92

Nous autres, civilisations, 378

Nous avons bâti sur le sable, 374

Nous avons tous assez de force, 88

Nous causerons sans nous écouter, 304

Nous cherchons tous le bonheur, 186

Nous faisons de nous-mêmes un personnage, 126

. . . Nous mourons tous inconnus, 278

Nous n'avons pas originairement été faits, 192

Nous n'avouons de petits défauts, 92

Nous ne pouvons arracher une seule page de notre vie, 290

Nous ne pouvons pas dire, 60

Nous pardonnons souvent, 92

Nous pouvons saisir la vertu, 46

Nous sommes des créatures . . . mobiles, 252

Nous sommes libres quand nos actes émanent, 354

Nous sommes nés à quêter, 50

Nous sommes tous deux voisins du ciel, 286

Nous sommes tous obligés pour rendre la réalité supportable, 376

Nous trouvons dans nos sensations l'origine, 206

Nous vivons d'une ombre, 322

Nous voulons vous donner, 390

Nuit blanche de glaçons, 334

Nul ne possède d'autre droit que . . . de toujours faire son devoir, 274

Nul n'est content de sa fortune, 140

Nulle créature humaine ne peut commander à l'amour, 290

Nulles propositions, 50

Les nymphes, de qui l'œil, 106

O doux plaisir, 44

O doux sommeil, 40

O femmes, c'est à tort qu'on vous nomme timides, 246

O jeune artiste . . . tout est sujet, 280

O le bon temps que ce siècle de fer!, 180

O liberté, que de crimes, 234

O mon âme! le poème n'est point fait de ces lettres, 372

O Mort, vieux capitaine, 312

O nuit désastreuse!, 128

O pou, ô ta prunelle, 342

O que c'est un doux et mol chevet, 52

O que trois et quatre fois heureux, 30

O récompense après une pensée, 378

O reine de la nuit, 52

O saisons, ô châteaux, 348

O Seigneur, s'il y a un Seigneur, 324

INDEX OF FIRST LINES, ENGLISH

[439]

As for the calumnies, the insults, 269

As for the love or hatred God has, 19

As soon as I was old enough, 77

Ask the young: they know everything!, 237

At Aulis, when fair Iphigenia bled, 135

At dawn and dusk, night kisses the day, 75

At its origins, thinking served only action, 357

At Mass he would say his beads, 167

At your side nothing of my old self is left, 287

Atheism does not necessarily lead to moral corruption, 157

Attachment is the great fabricator of illusions, 397

Attention is the natural prayer, 143

Author of a treatise on cycloids, 117

Autumn, autumn, 357

An autumn rose, 61

Awakened, he descends the far side of dream, 285

Awareness of one's own strength, 331

. . . back to our sheep!, 23

Bad taste may be . . . a passion to decorate, 371

Bare precepts . . . inert and tedious, 103

Baudelaire was the first Seer, 349

Be sure to show my head to the people, 243

Beautiful as the chance encounter, 293

A beautiful Woman who has the Qualities of an accomplished Man, 151

Beauty has graced you since your early years, 65

Beauty is a logic that we perceive as a pleasure, 351

Beauty is . . . a promise of happiness, 263

. . . Beauty may become a feeling useless to mankind, 317

Because you are an aristocrat, 217

Begotten some morning, aboard a ship, 191

Behold what wreake, what ruine, 37

The best memories, 353

The best proof that experience is useless, 347

Better honor than, 17

A big fellow they singled out, 15

Birth counts for nothing where virtue lacks, 111

Bitter is the knowledge gained in traveling, 313

Black A, white E, 347

Blind indiscipline . . . is the main strength of free men, 385

A blockhead is never bored, 353

The body's evils are discerned, 49

Bolts and bars will not keep our wives, 109

The bonds of matrimony, 327

. . . books have their uses, 259

Both of us are close to Heaven, 287

Bounded in his nature, limitless in his dreams, 269

A boundless sea where galleys were in flight, 335

"The eternal silence of those infinite spaces, 381

Equality . . . is a law of nature, 179

Even if God did not exist, religion would still be holy, 313

Even were there no God, we should still have to love justice, 175

Even when a bird is walking, 211

The evening of life, 237

Ever since Adam, fools have been in the majority, 271

Every abridgment of a good book, 51

Every creature . . . is creative, 373

Every goal adulterates art, 253

Every grocer wants a château, 103

Every healthy man can do without eating for two days, 313

Every man bears the whole stamp of human condition, 49

Every man . . . has two simultaneous tendencies, 315

Every man who is truly a man must learn to be alone, 365

Every man who learns to read, 291

Every mental operation is easy, 377

Every moment of life, 85

Every moment of my life, 213

Every nation has the government it deserves, 233

. . . every star may well be a world, 161

Every thought is an exception, 381

Every thought that endures is contradictory, 367

Every time a government meddles in our affairs, 253

Every true poet . . . should contain the sum of the ideas of his time, 287

Everyone complains of his memory, 91

Everyone . . . is the child of somebody, 215

Everything belongs to the fatherland, 243

Everything comes with time, 113

Everything is good when it leaves the hands of the Creator, 197

Everything Mr. Clarke and the other theologians, 209

Everything peters out in a song, 217

. . . excellent, but . . . long-winded, 231

Excessive eagerness in paying off an obligation, 91

The exclusion of women from public and civic life, 249

The existence of the soldier . . . vestige of barbarism, 273

Experimental philosophy, 201

The eye was in the tomb, 285

Faint-hearted animals move about in herds, 275

Faithful women are all alike, 393

Fall at the feet of this sex, 247

Fame is the sunshine of the dead, 279

Familiarity is at the root of . . . friendships and . . . hatreds, 231

Families, I hate you!, 375

Fantastic wits their darling Follies love, 137

Greater qualities are needed to make a leader of a faction, 95

The greatest minds are more dangerous than useful, 71

The greatest minds . . . capable of the greatest vices, 77

The greatest part of Mankind employ their first years, 155

The greatest thing in the world is for a man, 47

The greatest weakness . . . is the too great fear of becoming weak, 129

Guess if you can, 83

Guess what I am doing, 127

Had Bonaparte remained an artillery officer, 295

A half-revenge exposes us to risks, 83

Hamlet is a coarse and barbarous play, 185

Happiness, 355

Happiness is the sum total of misfortunes avoided, 301

Happy he who like Ulysses, 37

Happy those who are dead, 385

The hardest thing in the world is to say . . . what everybody says, 371

Harlay was a scrawny little man, 167

Has God forgotten all I have done for him, 141

Hatred is so durable and obstinate, 155

. . . Hatred of the bourgeois is the beginning of wisdom, 317

Have pity on this armchair, 109

He always looked a gift horse, 29

He asked me whether I washed, 13

He cannot write, who knows not to give o'er, 137

He commanded a regiment of cavalry, 109

He did not increase his domain, 259

He died in pursuit of a lofty adventure, 57

He fought three men, 81

He had threescore and three tricks, 31

He had passed his life in idleness, 53

He is far gone in Cunning, 153

He must have killed quite a number of people, 117

He says: "I am," 287

He walks, sleeps, eats, and drinks like everybody else, 117

He was a little grocer, 337

He who has once grasped true beauty, 389

He who laughs last, 241

He who's quick to run away, 55

He would be served only by very young people, 167

The heart has its reasons, 123

. . . the heart must break or become as bronze, 225

Heaven and hell lie within the heart of man, 213

Hecate guards hell, 287

Hell, Madame, is to love no longer, 393

Here are fruits, flowers, 339

Here below a happy memory, 303

Here below all lilacs die, 331

Here is the dagger, cravenly defiled, 73

Here is true nakedness, 387

Here lies my wife, 69

Here lies Piron, 173

I know at last what distinguishes man from animals, 363

I know my merit, 85

I know nothing as insipid as a stupid little goose who surrenders, 229

I know people of every sort, 391

I know to what rage your jealousy leads you, 165

. . . I know what I shun, 51

I like easygoing vice better, 113

I live on hearty broth, 115

I loathe all trades, 399

I long for Europe, 347

I love him well enough to leave him forever, 145

I love luxury, 181

I love the sound of the horn, 273

I love the very tears I made her shed, 145

I love truth, 341

I loved him too much, 143

I loved you despite your betrayals, 143

I made a fire, 395

I made, in other fashion than the ancients, 41

. . . I number not my borrowings, 47

I often have this strange and moving dream, 337

I praise the gods for not having made me Roman, 81

I prefer the pleasing to the surprising, 159

I rule myself, 83

I salute thee, O Earth, 57

I should gladly exchange half the wit, 251

I still feel the fire, 85

I thank you . . . for the despair you cause, 139

I think, therefore I am, 77

I treated him, 33

I understand and know, 5

I utterly condemn all manner of violence in the education, 47

I want everything to be explained to me, 399

I want to be like my father, 109

I want to flee the cruelties of fate, 69

I wanted to rule the world, 257

I was born to know you, 397

I was but twenty, had a crazy mistress, 261

I wear a lackey's coat, 287

I will defend my opinion, 109

I will follow the best side, 47

I will not expose my life to your jeering, 309

I won't say that a woman cannot have a fancy, 297

I would let death seize upon me, 45

The idea of the soul is something so great, 143

The ideal is . . . truth glimpsed from afar, 269

Ideas are to literature what light is to painting, 347

Idle youth, 347

If a man is devout, we accuse him, 131

If a man urge me to tell wherefore I loved him, 47

If Cleopatra's morality had been less short, 343

If conceal you must, 69

If God did not exist, we would have to invent him, 181

If God give me life, 63

If God made us in his own image, 187

If I did fault, I have the punishment, 41

If I hated her I shouldn't be fleeing, 145

If I held every truth in my head, 161

If I knew of something that could serve my nation, 177

If I were God, 359

If it is proper for kings to judge their peoples, 131

If man were robbed of all his chimeras, 161

If serving merits a reward, 35

If the death penalty is to be abolished, 301

If the joys we find in nature are crimes, 193

If the multiplicity of religions is harmful, 157

If this novel burns you, 227

If 'tis common to be touched by things rare, 149

If triangles had a god, 175

If Vergil and Tasso and Ronsard, 65

If we had no faults of our own, 89

If you tell a prince that he is accountable . . . to God alone, 211

If you want to be liked, 287

If youth but knew, 43

Ignorance and lack of curiosity are two soft pillows, 199

. . . ignorance has never produced evil, 197

Ills come all too soon, 187

I'm dying of thirst, 19

I'm fond of games, and love, 107

The imagination is the eccentric, 141

Imagination.—It is that deceitful part in man, 121

. . . imagine, he is still such a fool, 227

An immense river of oblivion, 325

An immensity of goodness, 285

Immortality is to labor at all eternal task, 325

Impiety is not becoming in women, 239

The important thing is to live, 389

Impossible is a word I never use, 241

Impossible . . . is not French, 257

In a major matter no details, 97

In a month, in a year, 145

In an attic, life is sweet, 261

In describing what is, the poet lowers himself, 313

In every government there are three sorts of power, 177

In France, the first day we are infatuated, 221

In great matters men try to show themselves, 223

In important affairs no account must be taken, 97

In jealousy there is more self-love, 93

In love, victory goes to the man who runs away, 257

In matters of love . . . nothing more persuasive than . . . stupidity, 277

In most men, love of justice, 91

In my heart hate abounds, 77

In my soul rages a battle, 331

In our brutal age, 69

In our day, men of genius have transferred philosophy . . . to the real world, 201

It has not been granted to all men to be great, 213

It is a fine kind of justice that has a river for its boundary, 123

It is a folly unsurpassed, 113

It is a kind of sickness with me to compose books, 177

It is a natural, simple, and unaffected speech, 47

It is a strange and long war, 119

It is a very ordinary and common thing among men, 31

It is always a mistake not to close our eyes, 359

It is an absolute perfection . . . for a man . . . to enjoy his being, 53

It is at night that faith in light is sublime, 369

It is better to dream one's life than to live it, 377

It is better to risk saving a guilty man, 183

It is better to waste one's youth, 359

. . . it is convention . . . that makes what we call virtue praiseworthy, 193

It is easier to be a lover than a husband, 277

It is easy to imitate a constrained manner, 207

It is easy to see . . . that God is a man, 171

It is fairly easy to find a mistress, 247

It is found again, 349

It is good to follow one's own bent, 375

It is imperative that I possess this woman, 227

It is impossible to reign and be innocent, 251

It is just a step from the sublime to the ridiculous, 257

It is less dangerous to injure most men, 91

It is magnificent, but it isn't war, 305

It is . . . more natural for fear to seek counsel, 95

It is no longer a passion lurking in my heart, 147

It is no time for joking, 189

It is not enough to be happy, 363

It is not enough to have a good mind, 75

It is not right to mourn a private loss, 81

It is not what is criminal that is hardest to acknowledge, 197

It is of course quite painful to be loved no longer, 359

It is only at our first contact with evil, 397

It is possible . . . to be quite dissolute . . . and at the same time persuaded of the truth of a religion, 157

It is possible to get justice done to others, 355

It is proper . . . that I should seek the truth, 199

It is pure illusion to suppose that an opinion which passes from century to century, 157

It is the Romance of the Rose, 9

It is usually difficult to approach those, 203

It is well sometimes to fool ourselves, 169

It is with noble sentiments that bad literature gets written, 375

It takes greater qualities to cope
with good fortune, 89
It takes . . . more intelligence
to make love, 101
It was correct to suppose that
Mme de Maintenon was all-
powerful, 167
It was said of beauty that it is a
promise, 367
It's a nuisance, God said, 385
It's all very well to keep food
for another day, 101
It's only the wicked who drink
water, 235
It's very well to be thrifty, 19
I've pursued the magic study,
349
I've seen it, I'm telling you, 111
I've seen sidereal archipelagoes!,
347
I've sometimes seen what men
have only dreamed, 347

The jailer is just another kind
of captive, 297
Jealousy is the greatest of all
sufferings, 95
Jean Passerat lies sleeping here,
55
Jean went as he came, 101
Joy, joy, joy, 119
Just as war is waged with the
blood of others, 369
Just what might the difference
be?, 345
Justice comes before generosity,
225
Justice must always be done,
143
Justice without strength is help-
less, 123

Kill them all, 9
The king feared the great lords,
167

The king liked to inspire con-
fidence, 167
King who can't read, 17
Kings must be spoken to, 71
Know Phaedra, then, 147
Know thyself. A maxim as per-
nicious as it is ugly, 375
Knowledge of the hidden, 387

Landscape is the background
. . . of human life, 219
The last thing one knows when
writing a book, 121
The law . . . forbids the rich
as well as the poor, 341
Laws are spider webs, 279
Lazy people, 203
A learned fool is more foolish,
115
The leek is the poor man's asparagus, 341
Leibniz never married, 161
. . . less deceptive than life, the
great masterpieces, 377
The less we feel a thing, the
more capable we are of expressing it, 317
The less we talk of the Great
. . . the better, 155
Let France be free, 243
. . . let me kiss you for the sake
of Greek, 115
Let others speak badly, 85
Let people talk . . . but publish what you think, 259
Let them treat themselves to
republics, 341
. . . let us be too scornful of
fame, 255
Let us enjoy the means, 361
Let us weigh the gain and the
loss in wagering that God is,
123

A maker of romances . . . is a public menace, 125

The malady of love kills, 25

[Malherbe] came at last, 137

Man comes as a novice to each age of his life, 225

Man endows his faith with holiness, 323

The man in the street cares neither for truth nor for simplicity, 321

A man is a critic when he cannot be an artist, 317

. . . man is a wonderfull, vaine, divers and wavering subject, 45

Man is but a reed, 123

Man is merely a *successful* animal, 353

A man is more faithful . . . to another Person's secret, 151

Man is neither angel nor beast, 123

A man may always continue his study, 49

Man may be viewed as a higher species of animal, 327

A man must choose between loving women and knowing them, 101

A man must know how to defy opinion, 249

Man never knows what he wants, 319

Man runs hither and yon, 157

A man should not be mourned at his death, 173

A man sometimes does not recognize as his own, 287

Man was born free, 195

A man who believes that he eats his God, 207

A man who does not trust himself, 97

The Man who is in pain to know, 151

A man who looks a part, 345

A man who reaches the age of forty, 225

A man who would employ his life seriously, 283

. . . a man's ability to recognize his errors, 95

Man's destructive hand spares nothing, 233

The man's emphatically mad, 31

Man's greatest weakness is love of life, 111

Man's greatness is sublime, 123

Man's happiness does not lie in freedom, 375

. . . many people do not know how to waste time alone, 239

Marriage . . . has two good days, 173

Marriage may be compared to a cage, 51

The martyr: I'd rather die, 383

. . . the matter of transubstantiation, 61

"May God forbid," Roland says, 5

May my book teach you, 375

May't please the king to give, 27

Mediocrity and groveling, 215

Men, brother men, 21

Men do not understand one another, 205

Men, killers of gods, 309

Men of genius as nature forms them, 209

The men who make revolution are always despised, 267

Men would not long be social creatures, 91

The mental never influences the physical, 309
The messenger of death, 245
Military justice, 333
The mind fully develops, 249
The mind is always the Dupe, 91
Mine, thine, 123
Mistrust your first impulse, 239
Mme de Castries was a quarter of a woman, 167
Modern poetry, 389
Modesty is to Merit, what Shadows are to the Figures, 149
. . . the moment a thing becomes useful, it ceases to be beautiful, 307
The moment things begin to look up, 395
Money buys everything, 195
Monsieur l'abbé, I detest what you write, 189
Monsieur: Since in dealing with you I can no longer put any dependence, 141
Monsieur Teste, however, thinks, 379
Morality is the hygiene of the simple-minded, 369
. . . morals should be treated as any other science, 205
The more ancient the abuse, 183
More are taken in by hope, 205
More delightful to me my forebears' home, 37
The more implausible a slander, 271
The more intelligent one is, the greater the differences one finds, 121
More than taste, character is required, 321
More than thy kingdom, 273

The more things change, 301
The more wit we have, 209
The most beautiful works . . . have least content, 317
The most crucial actions of our life, 375
The most dangerous of our calculations, 395
The most despairing songs are the loveliest, 303
. . . the most important of all rules . . . to please, 109
Most men die of their medicines, 117
Most men, in politics and elsewhere, ascribe the results of their imprudence, 253
The most mistrustful . . . the greatest dupes, 97
Most people have so vague an idea of poetry, 379
The most profitable knowledge . . . for a matron, 51
The most prostituted being, 315
Mother Ubu, you're very ugly, 385
Much has he learned, 5
Murder is an action that fools . . . condemn, 223
Music must be paramount, 339
My dearest hope is to lose all hope, 79
My defense is weak, 83
My desire is therefor that the parent be very circumspect, 47
My fame I owe entirely to myself, 85
My foot is on the brink, 69
My good Crillon, now go hang yourself, 61
My happiness lies in increasing the happiness of others, 375

My indulgence . . . must extend to my own weakness, 361

My lady, time is passing, 41

My life is in your hands, 85

My love, let's go see if the rose, 39

My meditations, my musings, 197

My only hope lies in my despair, 145

My own art is a negation of society, 333

My own ideal is a hollow dream, 341

My own life, that thing which no woman marries, 371

My revenge will be nought, 143

My songs in vain speak, 297

My songs rise to God, 283

My soul has its secret, 295

My story, your honors, will be short, 337

My thoughts are my trollops, 199

My thousand-voiced soul, 283

. . . Natural law is no more than an individual feeling, 193

Naturalism which is proclaimed the last word of literature, 299

Nature has erected a barrier, 281

Never be eager, 239

Never has so much wit been used to make us stupid, 187

Never say, "Love me," 383

Next to genius, nothing is more clear-sighted than hatred, 309

Night comes the hour sounds, 391

. . . no Amphitryon where dinner there is none, 87

No attitude is less aristocratic than unbelief, 239

No dowry! Who can resist, 113

No human creature can give orders to love, 291

No, I have suffered too much in this life, 197

No kingdom has ever been so rent by civil wars as Christ's, 173

No longer write I of obscure loves, 59

No man can live without folly, 15

No man is so exquisitely honest, 51

No matter how this may shock mankind, 221

No money, no Swiss guard, 143

. . . no one can do better than that, 115

No one has any right save that of . . . doing his duty, 275

No one is satisfied with his lot, 141

No one who ever lived in the years before, 239

No poem . . . could match a dinner, 247

No propositions amaze me, 51

No, trust not, my soul, 63

. . . no use reminding yourself . . . that you are mortal, 355

No venom has ever poisoned my pen, 165

No woman ever tells herself . . . that she is not loved, 171

Noble birth, 247

The noble fire which blazes in my heart, 87

Noble passions seek out noble minds, 125

Noble thoughts are too hard to form, 197

The nobles have only one means of getting rich, 257

The noblest conquest man has ever made, 189

The noblest inheritance, 283

Noon, king of summers, 309

The north wind at Grignam, 127

Not once, since God afflicted me, 15

Not the least of the qualities that go to make up a ruler, 69

Not to be betrayed by his wife is not enough, 365

. . . not to confuse low-life with the lower classes, 323

Not too high nor too low, 39

Nothing but Truth is lovely, 135

Nothing can tame the conscience of man, 289

Nothing great is achieved without chimeras, 325

Nothing here below is as perfect as calamities, 393

Nothing in the world endures, 71

Nothing is absolutely unjust, 193

Nothing is as varied in nature as . . . love, 101

Nothing is good but love, 303

Nothing is more dangerous than an idea, 371

Nothing is more dangerous to the state, 71

Nothing is more important when we deal with the populace, 95

Nothing is more precious than time, 131

Nothing is so powerful as a Commonwealth in which the Laws are . . . observed, 175

Nothing makes us as great as does a great sorrow, 303

Nothing resembles the sublime style, 73

. . . Nothing should disturb the gentleman who dines, 247

A novel is a mirror, 265

[The novelist] must show us man, 221

Now I am going to tell you a piece of news, 127

Now love's commandment is forgotten, 27

Now that justice has spoken, 231

The nymphs, whose eyes see future things, 107

O Death, old captain, 313

O dreadful night!, 129

O Freedom, what crimes, 235

O gods who are witness to my sickness, 53

O hope, misery's comforter, 19

O living beings, sons of space, 285

O Lord, if there is a Lord, 325

O louse, O the tiny twisted pupil of your eye, 343

O my soul! the poem is not made up of these letters, 373

O past felicity, 59

O Queen of Night, Hecate, 53

O seasons, O châteaux, 349

O silver-bowed god, god of Claros, 245

O Sun, thou but for whom things, 369

Sentimentality is feeling sorry for Christ's executioners, 345

A service obligates, 293

Servitude degrades, 203

Sexual modesty, 353

She has quite pretty eyes, 191

She is really delicious!, 227

She is too virtuous not to be a Christian, 83

She took care to paint and to adorn her face, 149

Shepherdess O Eiffel tower, 391

The shortest-lived mistakes, 107

Sick people are invariably optimistic, 353

. . . the sickness of our century, 305

Silence alone is great, 273

The silence of peoples, 229

Sin is whatever obscures the soul, 375

. . . a single bunch of carrots painted naïvely, 329

Sitting in the shadow of a rock, 131

A Slave has but one Master, 153

So long as we have something to give, 267

So, then, there are no virtuous women?, 327

So which of us will bell the cat?, 17

So, without leaving a single trace behind, 235

Soldiers, you are naked, 255

Solemnity is the fool's shield, 179

Some lavish givers earn no gratitude, 83

Some people are so boring, 363

Some things are insupportable if they are but indifferent, 149

Some Truths may be too strong, 137

. . . someone . . . has more wit than Voltaire, 237

The soul is that which refuses to comply with the body, 371

Spartacus' uprising, 179

Speaking for civilizations, 379

A spirit of Party and Faction, 155

Staircase wit, 201

. . . the state of reflection is an anti-natural state, 195

Strange conqueror, love!, 103 ·

A strange dream perhaps, 389

Stretch out your hands, 7

The strongest is never strong enough, 195

Stubbornly I sought icicles in fire, 57

Study has been my sovereign remedy, 177

Stupidity is not my strong suit, 379

Submission is woman's lot, 109

Such as into himself at last Eternity has changed him, 335

A sudden impulse that cannot be defined, 79

Suffering is an auxiliary of creation, 343

. . . the sun of Austerlitz, 257

The superfluous, a very necessary thing, 181

Surely nothing has to listen to so many stupid remarks, 321

Surrender is essentially an operation, 389

The sword of justice, 233

Systems are like rats, 187

Take away love, and there are no more passions, 129

To *name* an object is to obliterate . . . our pleasure in the poem, 335

To Paris no place else compares, 17

To picture his torment fills me with delight, 145

To prove the Gospels by a miracle, 199

To read a good book is like conversing, 77

To say out loud of certain people that we despise them, 293

To say that man is a compound of strength and weakness, 199

To seem affected . . . try to be sincere, 375

To share you wife with Jupiter, 113

To succeed, you must add water, 361

To suffer rather than to die, 103

To take my ease is all I ask, 17

To teach is to learn twice, 237

To tell a painter that he ought to take nature as it is, 335

To tell one's ills, 83

To the Caucasus of my torment bound, 33

To think that all's discovered is a bad mistake, 211

To those capable only of ordinary actions, 97

To win so great, so precious a prize, 79

Today . . . noble aspirations lack all energy, 353

Today we see forty-year-old priests, 263

Together they can long endure, 9

The towers of Notre Dame, 283

Trade is the art of taking advantage, 321

Treason, that's easier said than done, 395

Treasure, riches, heaped-up wealth, 17

Treat nature in terms of the cylinder, 331

. . . a true democracy has never existed, 195

True eloquence takes no heed of eloquence, 119

True friendship is never without anxiety, 127

The true God . . . is the God of ideas, 273

True, Heaven forbids us certain pleasures, 111

A true King is neither husband nor father, 85

. . . the true poet such as I wish to see, 35

Truly absurd is the man who never changes, 271

Truth is a torch that gleams through the fog, 205

Truth is on the march, 333

Truth, like light, is dazzling, 399

The turtledoves shunned each other's company, 103

Two cocks in peace were living, 105

. . . two degrees of pride, 319

Two great princes who wish to live, 23

The Tyme, that passeth, 11

Uncertainty is the worst of evils, 301

The unconscious maneuvers of a naïve soul, 397

Under a pine tree, 3

The unique, supreme pleasure of love, 313

The United States has thirty-two religions, 239

The universe baffles me, 183

The universe is a machine for making gods, 357

Unjustified joy . . . often preferable, 77

Useless laws debilitate such as are necessary, 177

Valour hath its limits, 45

Vanity is so anchored in the heart of man, 121

Vice foments war; virtue does the . . . fighting, 203

Vices are component parts of virtues, 91

The virginal, hardy, beautiful today, 333

Virginity, mysticism, melancholy, 307

A virgin's longing is a consuming fire, 191

Virgins should practice, 65

Virtue and vice are products, 327

Virtue . . . becomes the worst path to choose, 223

Virtue is a pleasant . . . quality, 49

. . . Virtue . . . should be superseded by the term "useful," 201

Virtues are engulfed in self-interest, 91

. . . the virtues that are required of a servant, 215

Virtuous women often speak of other women's lapses, 321

War begun without good provision of money, 29

War is . . . divine, 233

War is much too serious a business, 333

A war with no enemy, 61

Waterloo! Waterloo!, 285

We acknowledge little failings, 93

We add nothing to his fame, 107

. . . We all die unknown, 279

We all have sufficient fortitude, 89

We always love those who admire us, 93

We are born to quest and seek, 51

We are free when our actions, 355

We are never as happy or as unhappy, 89

We are so happy to give advice, 361

We are such impressionable creatures, 253

We assume the part of a player, 127

We can always make ourselves liked, 143

We can develop . . . personal qualities in solitude, 263

We cannot tear out a single page from our life, 291

We come in, we scream, 299

We die but once, 107

We do not live to be happy, 365

We don't understand life any better at forty, 363

We drink when we're not thirsty, 215

We feel nothing more sharply than the loss of the woman we love, 205